dtv

Wie ist es für ein Kind, wenn sein Vater katholischer Priester ist? Wenn er sonntags auf der Kanzel von Nächstenliebe predigt, aber am Ausgang dem eigenen Sohn nicht in die Augen schaut? Wenn der Vater ein angesehener Mann ist, während seine Tochter mit der Mutter von Sozialhilfe leben muss?
Allein in Deutschland gibt es mehrere tausend Priesterkinder. Die Kirche behandelt sie wie ein Tabu, obwohl die meisten Katholiken den Zwang der Ehelosigkeit ihrer Priester für überholt halten. Die Autoren haben auf dem Land wie in der Stadt Menschen getroffen, die es nach dem Willen des Papstes und seiner Bischöfe nicht geben dürfte. Sie beschreiben Familien, die sich und ihre Liebe zueinander verbergen müssen. Sie schildern die Leiden und Hoffnungen der Betroffenen, die sich nichts sehnlicher wünschen, als dass sie sich nicht länger schämen und verstecken müssen.

Annette Bruhns, geboren 1966, ist Politikredakteurin des ›Spiegel‹. Zuvor arbeitete sie beim ›Greenpeace-Magazin‹ und lebte als Unesco-Stipendiatin in einem brasilianischen Kloster, das sich der Theologie der Befreiung angeschlossen hatte.
Peter Wensierski, geboren 1954, arbeitet im Deutschland-Ressort des ›Spiegel‹. Als Dokumentarfilmer und Fernsehjournalist berichtete er zuvor über gesellschaftspolitische Themen. Er erhielt den Bundesfilmpreis und den Europäischen Fernsehpreis.

Annette Bruhns
Peter Wensierski

Gottes heimliche Kinder

Töchter und Söhne
von Priestern
erzählen ihr Schicksal

Deutscher Taschenbuch Verlag

Die Autoren danken für ihre Hilfe Renate Bohlmann, Carmen Fritzsch, Merve Japes, Ewa-Maria Lidsheim, Christiane Menter, Frauke Muniz de Faria, Cornelia Rump und Judica Wesenick.

Bearbeitete Ausgabe
Februar 2006
Deutscher Taschenbuch Verlag GmbH & Co. KG,
München
www.dtv.de

Umschlagkonzept: Balk & Brumshagen
Umschlaggestaltung: Stefanie Weischer unter Verwendung
eines Fotos von © photonica/Jennifer Leigh Sauer
Satz: C. H. Beck, Nördlingen nach einer Vorlage von Brigitte Müller
Druck und Bindung: Druckerei C. H. Beck, Nördlingen
Gedruckt auf säurefreiem, chlorfrei gebleichtem Papier
Printed in Germany
ISBN-13: 978-3-423-34274-2
ISBN-10: 3-423-34274-9

Inhalt

„Am besten gäbe es mich nicht“

Anna*, 15, über die Wut auf ihren Vater, die Kirche und ihr Leben mit Dauerlüge und Versteckspiel

Schatten liegen über meinen Augen, damit niemand
die Spiegelung meines Herzens und meiner Seele darin sieht.
Aus einem Gedicht von Anna

In der Grundschule behaupteten die anderen Kinder oft: „Du hast ja gar keinen Papa!“ Da wurde ich sehr traurig und antwortete immer: „Jedes Kind hat einen Papa!“ Und dann fragten sie zurück: „Ja, wo wohnt er denn?“ Die anderen hatten alle ihren Papa zu Haus, und ich wusste nicht einmal, wo meiner wohnte. Ich hab dann irgendwelche Geschichten erfunden, wie er aussieht und wo er wohnt. Dann wollten sie wissen: „Was hat er denn für einen Beruf?“ Wieder musste ich stottern und stammeln.

Mit vier hab ich meine Mutter wohl zum ersten Mal gefragt, wo mein Vater ist. „Später, wenn du größer bist“, hat sie geantwortet. Ein Jahr darauf hat mir meine Mutter dann gesagt, dass ich nun meinen Vater kennen lernen könnte. „Soll ich es dir gleich sagen oder erst, wenn er da ist?“

Ich dachte, da kommt ein wildfremder Mann an. Dann war ich sehr überrascht, dass es der war, der meine Mutter alle sechs bis acht Wochen besucht hatte. Ich begriff rasch, dass es fortan darum gehen würde, dass ich als sein Kind im Grunde ihn schützen müsste.

Ich hab dann also mit fünf angefangen, die Leute zu belügen. Das konnte ich schließlich auch ganz gut. Niemand hat was bemerkt. Aber man verliert die Leichtigkeit der Kindheit. Ich musste mich verstellen, das war sehr anstrengend. Ich fühlte mich selten richtig wohl.

* Name anonymisiert, Anna ist heute 17.

Es gibt so viele Kleinigkeiten, die einen Vater ausmachen. Die fehlen mir im Leben, die vermisse ich. Nie hat er mich abends mit der Decke zugedeckt. Und was mir da fehlt, kann ich nie wieder nachholen. Man kann nie wieder diese Nähe aufbauen.

Mein Vater war und blieb immer nur Besuch. Selbst wenn er kam, war er innerlich nicht da. Wir sind später sogar ein paarmal zu dritt in Urlaub gefahren. Doch die Nähe war nicht echt. Es kam mir immer alles so künstlich vor. Ich spielte dann für alle das liebe, nette Kind.

Es gab aber nie ein Gespräch mit ihm über wirklich wichtige Dinge. Im Grunde gab es keine Beziehung. Da hätte früher was passieren müssen. Ich habe oft versucht, ihn zu überreden, häufiger zu mir zu kommen. Er hat dann immer nur gesagt: „Wenn ich mal ein Loch im Kalender habe.“

Manchmal waren wir auch zu Besuch bei ihm. Die Leute dort haben mich angeekelt, besonders die Frauen, die um ihn waren und ihn auf einen Sockel gestellt haben. Ich hätt mich gern hingestellt und gesagt, wer ich bin. Obwohl ich ein kleines Kind war, wusste ich mehr als die anderen in seiner Gemeinde über ihren Priester. Das war grotesk. Es war alles so falsch: Auf den ersten Blick wirkte es nett und schön. Es war aber nichts aufrichtig schön. Ich durfte dann immer nichts sagen. Beim Essen hätte ich kotzen können.

Ich glaube noch an Gott, aber ich glaube nicht der Kirche. Sie predigt Nächstenliebe, aber handelt ihr selbst zuwider. Für andere spielen die Priester den Vater, meiner darf das aber nicht für sein eigenes Kind sein. Wie sollte ich mir von dieser Kirche sagen lassen, wie ich zu leben habe?

Mein Vater und seine eingeweihten Klosterbrüder haben immer nur gesagt, wie schlecht es ihnen geht. Keiner hat je gefragt, wie ich damit zurechtkomme – etwa mit der Angst, die Leute könnten mit der Wahrheit nicht umgehen. Darum hab ich es selbst meiner besten Freundin nicht gesagt. Erst jetzt, wo ich 15 bin und einen Freund habe, habe ich mich getraut und es ihm vor wenigen Wochen gesagt.

Nachdem mein Vater meine Mutter nach 13 Jahren heimlicher

Beziehung wegen einer anderen verlassen hat, schrieb ich im vergangenen Jahr in mein Tagebuch: „Ich kann mich nicht erinnern, dass er mal etwas nur für mich gemacht hat, ohne es aus Pflichtgefühl zu tun. Er ist doch ein verlogenes Arschloch! Die Hauptsache, er bekommt, was er will, und ihm geht es gut. Ich will einfach ganz normal sein und einen Vater haben, der mich in den Arm nimmt und beschützt.

Meine Mutter und er hätten nie miteinander schlafen dürfen, dann gäbe es mich nicht, und alles wäre nie passiert. Allen ginge es besser. Ich will ihn nie wieder sehen!“

Verschweigen, verleugnen, vertuschen: Das Los von Priesterkindern

Im Februar 2003 finden die Gemeindemitglieder des 825-Seelen-Ortes Sarceaux in der französischen Normandie außergewöhnliche Post in ihren Briefkästen. „Dies ist keine Werbung, sondern nur eine Nachricht eines wütenden Menschen“ steht über einer schlichten Botschaft: „Name und Vorname meines Vaters: Jean M. Beruf: Priester.“ Der Absender ist Olivier, 33, ältestes von drei unehelichen Kindern. „Ihr findet es vielleicht widerlich, dass ich jemanden oute, den ihr schätzt. Aber heute habe ich es satt, dass diese Person ruhig leben kann, während ich gelitten habe und immer noch unter der Situation leide.“

Der Brief schlägt ein wie eine Bombe. „Wir hatten ja keine Ahnung“, sagt eine greise Dorfbewohnerin und schüttelt den Kopf. Bischof Jean-Claude Boulanger von Sées, ebenfalls von Olivier angeschrieben, fordert den 80-jährigen Pater auf, die Vaterschaft anzuerkennen. Der gefallene Priester wird vom Amt suspendiert, seine Pension erhält er nur noch gnadenhalber. „Jetzt reagiert die Kirche, dabei wusste zumindest der frühere Bischof die ganze Zeit Bescheid“, sagt Olivier, „mit 19 fiel mir ein Briefwechsel zwischen ihm, einem Onkel und meinem Vater in die Hände – da erst erfuhr ich, wer mein Vater ist.“ Die ganze Kindheit lang hatten Olivier und seine Schwestern den Vater für tot oder inhaftiert gehalten.

Von Dublin bis Kapstadt, von Montreal bis Kalkutta – überall, wo die römisch-katholische Kirche amtiert, leben Kinder von Priestern, Mönchen, Bischöfen und Kardinälen. Sie sind das bestgewahrte Tabu der Kirche. Offiziell darf es sie nicht geben, weil den Geistlichen der geschlechtliche Umgang mit Frauen verboten ist. In der Sprache des Klerus werden diese Kinder verächtlich „Tempelräuber“ genannt, lateinisch „sacrilegi“. Da werden Verhältnisse auf den Kopf gestellt: Während aus Sicht der Kinder die Kirche ihnen den Vater raubt, klauen aus Sicht der Kirche diese Kinder ihr die Priester.

Nach Angaben von Betroffeneninitiativen geht die Zahl dieser unerwünschten Nachkommen allein in Deutschland in die Tausende: Mindestens 8500 der insgesamt fast 17 000 deutschen katholischen Geistlichen – die Hälfte – sollen, so die Schätzungen, sexuelle Beziehungen unterhalten. Wie viele von ihnen Kinder gezeugt haben, weiß in Deutschland keiner. In der Schweiz dagegen existiert eine Zahl: 146 Priesterkinder. Diesen 146 gezählten Klerikerkindern stehen 3078 Geistliche gegenüber. Überträgt man die Schweizer Relation von Priesterkindern zu Priestern auf deutsche Verhältnisse, machte das hier zu Lande etwa 800 Kinder. Das sind aber längst nicht alle – weder hier noch in der Schweiz.

Die Zahl 146 hat die Schweizer Fraueninitiative ZöFra (Verein der vom Zölibat betroffenen Frauen) im Auftrag der Bischofskonferenz im Jahr 2003 ermittelt. Diese Kinder sind der ZöFra allesamt dadurch bekannt, dass ihre Mütter mit der Initiative Kontakt aufgenommen haben. Die meisten sind laut ZöFra minderjährig: Die Zahl beinhaltet also weder erwachsene Priesterkinder noch all jene, deren Mütter sich bei der ZöFra nie gemeldet haben – etwa weil sie nicht von der Existenz des Vereins wissen oder weil sie befürchten, ihre schützende Heimlichkeit könne dadurch in Gefahr geraten.

Die Dunkelziffer dürfte also ein Vielfaches betragen. In Deutschland leben vermutlich mehrere tausend Menschen allen Alters mit dem Stigma Priesterkind. Sie alle sind von der Kirche, die für das Leben des Ungeborenen eintritt, so behandelt worden, als wären sie, was es laut Grundgesetz gar nicht mehr geben darf: namenlose Bastarde.

Verschweigen, verleugnen, vertuschen – das ist die Devise der Kirche gegenüber den Nachkommen aus den eigenen Klerikerreihen. Sie wachsen in der Regel unter schwierigsten Bedingungen auf: Ihre Mütter müssen sie allein erziehen, meist mit wenig oder ohne jegliche finanzielle Unterstützung seitens der Väter. Auf emotionale Zuwendung von ihren Erzeugern müssen die Priesterkinder häufig ganz verzichten. Oder sie zahlen dafür einen unerträglich hohen Preis: den der Lüge. Niemanden dürfen sie einweihen in ihr Wissen darüber, wer ihr Vater ist, mit niemandem dürfen sie über ihren Lebensmittelpunkt reden – häufig nicht einmal mit ihren Großeltern, mit Freunden oder gar Lehrern.

Vor zwölf Jahren erschien erstmals ein Buch über den heimlichen Nachwuchs der Kirche.[1] Die Betroffenen waren fast alle anonymisiert. In vielen Gemeinden warnten Priester daraufhin vor dem „teuflischen Lügenwerk", erzählt die Autorin Karin Jäckel. „Die Pfarrer untersagten ihren Schäfchen von der Kanzel aus, das Buch zu lesen, und mein damaliger Verleger bekam Briefe, er solle es vom Markt nehmen." Ältere Damen schrieben Jäckel, man müsse selbst dann über dieses Thema schweigen, wenn man von solchen Kindern wisse. Am Telefon drohten Unbekannte der Autorin: „Wir kriegen dich. So eine wie du verdient es nicht zu leben."

„Ich möchte nicht bloß meinen Vater zu einer Reaktion zwingen", hat der französische Priestersohn Olivier die Enthüllung seines Erzeugers begründet, „sondern vor allem die Kirche mit ihrer Scheinheiligkeit. Ich will ihr das Leiden aller Kinder und Frauen von Pfarrern begreiflich machen." Schluss mit Heimlichkeit und Heuchelei, fordern auch deutsche Priesterkinder. Sie müssen es ausbaden, wenn ihre Väter ihr Versprechen, zölibatär zu leben, nicht halten können – mit einer vaterlosen Kindheit und dem Gefühl, das Leben ihrer Eltern verpfuscht zu haben. Früh wird ihnen der Glaube ihrer Väter verleidet – von einer Kirche, die ihre Existenz ignoriert, weil „ich einer bin, der ned hat sein sollen", wie der bayerische Priestersohn Günter sagt.

„Ich bin kein Kind der Sünde, ich bin die Frucht der Liebe", trotzt der 60-Jährige dieser Kirchendoktrin (siehe Seite 34). Günters Mutter, eine Bauerntochter, ist ein Leben lang nicht über den Verlust ihrer verbotenen Liebe zum Dorfpfarrer hinweggekommen. Den Frust ließ sie an Günter aus, den sie heimlich gebar. Zwei Tage nach der Niederkunft brachte sie ihn zu einer Pflegefamilie nach München. Mit neun Jahren durfte Günter zurück auf den mütterlichen Hof: als billiger Knecht.

1 Karin Jäckel: „Sag keinem, wer dein Vater ist! Das Schicksal von Priesterkindern". Bitter, Recklinghausen 1992.

Christina, 21, aus Osnabrück fordert: „Es soll sich niemand mehr schämen, weder Kinder noch Mütter, noch Väter“ (siehe Seite 138). Sie selbst hat sich nie geschämt. Christina wuchs mit zwei Vätern auf – dem Mann ihrer Mutter und dem Priester Walter, den ihre Mutter liebte und der Christinas „biologischer“ Papa war. Aus „Angst vor den Reaktionen der Umwelt“, sagt Christinas Mutter Susanne, habe sie das reale Verwandtschaftsverhältnis über viele Jahre verheimlicht. „Außerdem wollte Walter nicht sein Amt aufgeben.“

Das Entbehren des Vaters in der Kindheit führt bei den Betroffenen regelmäßig zu einem „Trauma“, sagt der Berliner Kinder- und Jugendpsychiater Horst Petri. Bei vielen Priesterkindern komme durch das Geheimhalten des Vaters noch eine besondere Problematik hinzu. „Die ganze Tragödie sehe ich bei dieser speziellen Thematik in einem schweren Schuld-Scham-Komplex, in dem alle Beteiligten eingebunden sind: Vater, Mutter und Kind. Diese Kinder werden dadurch viel stärker belastet als etwa Trennungs- oder Scheidungskinder“ (siehe Interview Seite 204).

Priestersohn Christian, 38, wurde in der Pubertät magersüchtig – eine seelische Krankheit, die tödlich enden kann (siehe Seite 111). Zwar erfuhr Christian schon als Kind, dass der Freund seiner Mutter sein Vater ist – gleichzeitig aber bürdeten ihm seine Eltern absolutes Schweigen über seine Herkunft auf. Viele derer, die Christians Schicksal teilen, klagen über Depressionen oder Leiden wie Migräne oder Asthma. Ein Neunjähriger verlor sogar die Sprache und wurde stumm, als er erfuhr, dass der Priester, den er zuvor immer als „Onkel“ angeredet hatte, in Wirklichkeit sein Vater war.

Thomas, 26, aus Tutzing am Starnberger See, glaubt, dass der Krebs, der bei ihm mit 17 Jahren diagnostiziert wurde, eine Folge seines langjährigen Schweigens war (siehe Seite 68). Von seinem Tumor ist er inzwischen geheilt, aber an ihm nagt der stete Zweifel, ob seine große Sehnsucht nach einer Lebensgefährtin in Erfüllung geht. „Bei meinen Eltern sah jede Umarmung gestellt aus“, sagt er, „wir waren nie eine normale Familie.“ Auch er erfuhr erst mit neun Jahren, dass der Chef seiner Mutter, Lehrerin an einer Klosterschule, sein Vater ist.

Manche Priesterkinder quälen sich sogar mit Selbstmordgedanken. Einige haben diesen letzten Ausweg gewählt. Der französische Priestersohn Marc Bradfer, 44, hat seine Leiden im Herbst 2003, nach dem Tod seiner Mutter, in einem erschütternden Lebensbericht veröffentlicht.[2] Selbst zu heiraten oder Kinder zu bekommen kommt für Marc nicht in Frage. 1976 erhängte sich einer seiner Brüder. Scham und Schuldgefühle erdrückten alle acht Geschwister schier. Marcs Mutter war so verbittert, dass sie „am Muttertag die Blumen von mir und meinem Bruder samt Vase aus dem Klofenster schmiss". In der Schweiz besucht eine Mutter jeden Sonntag die Messe nur deshalb, damit ihr Ex-Geliebter auf der Kanzel immer wieder an den Freitod seines Sohnes gemahnt wird.

Viele Kinder von Männern, die sonntags Hirtenbriefe gegen die Abtreibung verlesen, erblicken selbst nie das Licht der Welt. Maria, 43, und Volker, 56, haben ihren Briefwechsel über die bittere Zeit zur Verfügung gestellt, als der damals 32-jährige Kaplan seine junge Geliebte zum Schwangerschaftsabbruch nötigte mit der Drohung: „Entweder das Kind stirbt oder ich" (siehe Seite 123). Die Wunde, sagt das inzwischen getrennt lebende Paar, sei trotz der Geburt weiterer Kinder „nie verheilt". Maria hat nach diesem „Mord" nie wieder zur Kommunion gehen können.

Was viele der Betroffenen verdrängen: Die Schuld an der Misere ihrer Kinder trifft zunächst die Eltern. Frauen, die sich auf Priester einlassen, wissen, dass dies eine genauso unheilvolle Allianz ist wie die mit einem verheirateten Mann. Den Priestern wiederum ist klar, dass ihr Arbeitgeber den Segen zu ihrer Liebe verweigern und sie, wenn sie zu ihrer Familie stehen, sogar feuern wird.

„Keiner soll sagen, die Kirche sei schuld", sagt Miriam, 31, Tochter eines Priesters, der schon weit vor ihrer Geburt sein Amt aufgab, um die Frau seines Herzens zu heiraten (siehe Seite 163). „Viele Priester, die in so einer Situation stecken, reden sich doch bloß auf die böse Kirche heraus – Typen, die ihre Kinder hängen lassen oder ihre Freundinnen zur Abtreibung zwingen. Jeder erwachsene

2 Marc Bradfer: „Fils de Pretre. L'Etreinte et l'Eternité". Elytis Edition, Cestas 2003.

Mensch hat eine Verantwortung für sein Leben und für das Leben der Menschen, die ihm wichtig sind."

Mögen die Frauen, die sich mit einem Priester ohne Verhütungsmaßnahmen einlassen, noch Mittäterinnen sein, so werden sie spätestens dann zu Opfern, wenn ihre Kinder zur Welt kommen. Die wenigsten von ihnen geben – wie Günters Mutter – ihre Kinder weg. Stattdessen versuchen sie, ihnen nach Kräften den Vater zu ersetzen und allein für ihr Wohl zu sorgen.

Ganz anders die Väter: Oft entziehen sie sich ihrer Verantwortung in jeder Hinsicht. Manche Mütter von Klerikerkindern führen entwürdigende Kämpfe um Unterhalt und Alimente. Die Mutter der vierjährigen Catharina musste erst per DNA-Test die Vaterschaft des Gottesmannes, der sie geschwängert hatte, zweifelsfrei feststellen lassen. Dann erklärte der Anwalt des Ordens, leider sei der Mönch zu arm, um Unterhalt zu zahlen. Nach mehr als zwei Jahren gerichtlichem Gezerre erhielt die Alleinerziehende endlich einen juristisch windelweich formulierten Titel auf Alimente für Catharina: 158 Euro im Monat (siehe Seite 55).

Die Mutter der 17-jährigen Anna musste ein Stillschweigeabkommen unterzeichnen und das vier Seiten lange Papier vom Notar beglaubigen lassen, bevor ihr der Orden des Vaters eine kleine Unterhaltszahlung ohne Rechtsanspruch zubilligte. Dies ist besonders bei Mönchsvätern, die kein Monatsgehalt wie Priester beziehen, eine nicht seltene Praxis. Die Bosheit der guten Hirten stand auf Seite drei: die Verpflichtung, „über den Inhalt dieses Vertrages absolutes Stillschweigen zu bewahren". Andernfalls, bei „Verletzung dieser Schweigepflicht", drohe Schadensersatz. Annas Mutter: „Meine Tochter und ich waren für den Abt und seinen Orden nur eine Kontonummer, an die Geld geht." Annas Kommentar: „Es soll uns einfach nicht geben" (siehe Seite 9).

Ursula Köhler-Bladeck, 57, wurde 1992 in die Klinik eingewiesen, Ursache: schwere Angstpsychose in Folge eines jahrelangen Kampfes um Halbwaisenrente für ihre Tochter. „Mir zitterten die Hände, sobald ich wieder einen dieser Briefe bekam", sagt die Mutter, „in denen diese so genannten Stellvertreter Christi die Wahrheit ver-

- 3 -

Die derzeit nach der Regelverordnung für den Unterhalt nicht ehelicher Kinder zu leistende monatliche Geldzahlung beträgt DM 228,-- (in Worten: Zweihundertachtundzwanzig Deutsche Mark).

Der Notar hat die Erschienenen darauf hingewiesen, daß die Zahlungsverpflichtung des Erschienenen zu 1.) erlischt, wenn dieser vor Beendigung einer Berufsausbildung des Kindes [redacted] oder vor dessen Eheschließung verstirbt oder dieses adoptiert wird.

Die Kosten dieses Vertrages und seiner Durchführung trägt der Erschienene zu 1.).

Wir verpflichten uns wechselseitig, über den Inhalt dieses Vertrages absolutes Stillschweigen zu bewahren und zum Ersatze desjenigen Schadens, der einem von uns durch eine Verletzung dieser Schweigepflicht seitens des anderen entsteht.

Die Beteiligten sind darüber einig, daß der Wert des Vertrages DM 350.000,-- (in Worten: Dreihundertfünfzigtausend Deutsche Mark) beträgt.

Je eine beglaubigte Abschrift dieses Vertrages erhalten die Beteiligten.

Der amtierende Notar wird ermächtigt, zuständigen Behörden gegenüber zu erklären, daß eine den gesetzlichen BEstimmungen entsprechende Unterhaltsvereinbarung für das Kind [redacted] getroffen worden ist. Er wird jedoch nicht ermächtigt, den Namen des Zahlungspflichtigen preiszugeben.

Notarielle Schweigeverpflichtung

drehten, um ihre Verantwortung gegenüber meiner Tochter von sich abzuwälzen." 17 Jahre hat Köhler-Bladeck um Halbwaisenrente für ihre Tochter Simone, heute 25, gekämpft (siehe Seite 196). Dann gab sie auf. „Ich erwäge aber noch, vor den Europäischen Gerichtshof zu ziehen."

Simones Vater verunglückte tödlich, als sie gerade elf Monate alt war. Zunächst sah es aus, als hätte seine ungetraute Witwe Glück im Unglück: Kurz zuvor hatte der in der Geburtsurkunde nicht vermerkte Kindesvater seine Vaterschaft bei einem Notar anerkannt. Deshalb schien es eindeutig, dass sein Arbeitgeber, die Erzdiözese Paderborn, nun für eine Halbwaisenrente aufkommen müsse – schließlich sind die Kirchen gesetzlich verpflichtet, für ihre Priester in eine Pensionskasse einzuzahlen.

Doch es kam anders. „Die Kirchenanwälte behaupteten, Simones Vater sei nicht inkardiniert – also angestellt – gewesen." Die Mutter hält das für vorgeschoben, denn ihr Partner war vor seinem Tod schon zwei Jahre in Paderborn beschäftigt gewesen. Sein voriger Chef, ein polnischer Bischof, erklärte seinerseits, er habe den Priester exkardiniert und die Deutschen seien zuständig – „christliche" Bürokratie zu Lasten eines unschuldigen Kindes.

Den moralischen Standpunkt der Kirche legte deren Justiziar dem Anwalt von Simones Mutter Weihnachten 1988 dar: „Es ist keineswegs einsichtig, dass das Erzbistum für Kinder von Priestern, die dem Erzbischof den gelobten Gehorsam versagt und ihr Gelübde verletzt haben, zahlen soll."

Statt der Rente überreichte der Dorfpfarrer Simones Mutter im Auftrag des Erzbischofs ein Almosen – 500 Mark. Damals brach Köhler-Bladeck in Tränen aus. „100 000 Mark hat das Jugendamt für Simone errechnet", sagt sie, „aber die Lügner kamen durch – sogar vor dem Bundessozialgericht." In ihrer Verzweiflung hat sie an alle christdemokratischen Politiker von Rang und Namen geschrieben, an Ernst Albrecht, damals Ministerpräsident des Bundeslandes Niedersachsen, an Bundeskanzler Helmut Kohl und sogar an den Bundespräsidenten. „Richard von Weizsäcker hat uns 500 Mark zukommen lassen."

Der in den Niederlanden lebende deutsche Kirchenrechtler Knut Walf nahm sich 1988 des Falls an. Nach vier Jahren gab auch er auf. Keine Stelle fühlte sich für die Klärung zuständig: weder die Deutsche Bischofskonferenz noch die Kleruskongregation in Rom oder die Apostolische Signatur – das kircheneigene Gericht. Walfs Fazit: „In einem Konfliktfall innerhalb der katholischen Kirche unterliegt in aller Regel der Schwächere in der Hierarchie. Faktisch sind alle Anstrengungen, in einem Konflikt gegen einen Bischof oder gegen den dem Bischof vorgesetzten Metropoliten oder gar in Rom mit Erfolg zu prozessieren, von vornherein zur Aussichtslosigkeit verurteilt."

Mit anderen Worten: Wer um Alimente nachsucht für ein Priesterkind, wer sich um Wiederanstellung in den kirchlichen Dienst nach Bruch des Zölibats bemüht, befindet sich im rechtsfreien Raum. „Man ist vom Wohlwollen des jeweiligen Bischofs abhängig – manche sind menschlich, manche weniger", so Walf.

Diese Rechtsunsicherheit macht die Situation für beide Elternteile unberechenbar: Da nämlich häufig auch die Mütter Kirchenangestellte sind, droht bei einem Outing des Vaters ihres Kindes nicht nur dem Priester, sondern auch ihnen die Kündigung. Im Fall von Priestersohn Thomas passierte dieser Familien-GAU, als er schon zwölf Jahre alt war und seine Schwester neun: Seine Mutter Gisela Forster war Lehrerin an der Klosterschule, die sein Vater leitete. Nach dessen Coming-out als Familienoberhaupt erhielten beide die fristlose Kündigung.

Die Lehrergewerkschaft GEW unterstützte damals Frau Forsters Anfechtung ihrer Kündigung bis vor das Verfassungsgericht. Ein Jahrzehnt lang ließ Karlsruhe auf sich warten, dann hieß es: Klage nicht zugelassen. „Die Kirche", meint die promovierte Philosophin, „genießt in diesem Land immer noch einen Sonderstatus." Dabei sei ihr damaliges reguläres Lehrerinnengehalt zu 80 Prozent aus Steuergeldern finanziert worden. Gleiches galt für den Vater, für dessen Alimente das Kloster auch nachträglich nicht mehr aufkam, obwohl der Orden vom Staat jahrzehntelang die Zuschüsse für sein Oberstudienratsgehalt erhalten hatte.

Die in katholischen Kreisen weit verbreitete Meinung, die Kirche habe schwarze Kassen für den Unterhalt der Kinder ihrer Priester, hat sich in all diesen Fällen als Gerücht entpuppt. Die Antworten von Speyer bis Essen waren alle gleich: „Eigene geheime Kassen, aus denen Kinder von Priestern alimentiert werden, gab und gibt es nicht in unserem Bistum."

„Die Kirche belohnt die Priester, die sich von Mutter und Kind trennen", sagt Ex-Priester Anton Aschenbrenner, „und bestraft die, die sich zu ihnen bekennen."

Der 41-Jährige aus Passau bekommt die Rache seiner ehemaligen Vorgesetzten noch heute dafür zu spüren, dass er sich am Dreikönigstag 2003 zu seiner schwangeren Freundin bekannte (siehe Seite 176). Alle Versuche des jungen Vaters, nach der Suspension vom Amt bei kirchennahen Einrichtungen beruflich neu Fuß zu fassen, wurden offenbar durch Veto von ganz oben verhindert. Als er in seiner Verzweiflung zum evangelischen Glauben konvertierte, um eine Stelle als Religionslehrer dieser Konfession antreten zu können, ließ der Bischof über seinen evangelischen Kollegen ausrichten: Ja, ob er denn nicht wisse, dass ein Konvertit nicht in seiner ehemaligen Diözese beschäftigt werden dürfe? Nach gerade vierwöchiger Anstellung an einem städtischen Gymnasium war Aschenbrenner wieder arbeitslos.

Belohnt hingegen wird einer wie der Vater der vierjährigen Lena. Der Priester hat offiziell den Segen seines Bischofs eingeholt, um wie ein geschiedener Vater sein Kind besuchen zu können. Dafür hat er seinem Chef versprochen, den intimen Kontakt zu Lenas Mutter abzubrechen. So wächst das kleine Mädchen mit einem großen Geheimnis auf – denn nach wie vor bleibt ihr Vater oft über Nacht. Wenn Lena nicht früh lernt, den Mund zu halten, dann könnte das ihren Vater das Amt kosten (siehe Seite 117).

Über die Gründe für diese unchristliche Haltung der Institution kann man nur mutmaßen. Der Klerus schweigt sich dazu beharrlich aus. Zu einem Artikel über Priesterkinder im SPIEGEL 52/2002 stellte Kardinal Karl Lehmann einzig die geschätzten Zahlen der Zölibatsbrecher und der Kinder in Frage: „Diese Zahlen sind außerhalb jeder Realität." Ende der Durchsage. Die Bischofskonferenz schloss sich diesem Verdikt an, fügte aber hinzu, dass „die Verletzung des Zölibatsversprechens oft auch menschlich sehr belastende Folgen nach sich ziehe".

Ein Jahr später ist die Bischofskonferenz nicht weitergekommen: „Wir können keine Zahlen nennen, weil uns keine vorliegen. Das ist Sache der Bistümer."

Doch die Informationspolitik der 27 Bistümer zum heiklen Thema ist sehr unterschiedlich. Bistum Eichstätt will sich gar nicht äußern. Bistum Berlin gibt an, Zahlen über solche Kinder seien nicht zu eruieren, weil „die beteiligten Priester ihre Kinder nicht dem Bischof gemeldet haben". Nur ein Kind sei gemeldet. München nennt vier, Osnabrück drei, Paderborn zwei und Essen fünf Priesterkinder – 20 Bistümer melden keinen Nachwuchs oder antworten nicht.

Der verschwindend geringen Summe von 15 gemeldeten Priesterkindern stehen andere offizielle Zahlen gegenüber, die auf die tatsächliche Dimension des Problems hindeuten. So haben im Erzbistum Paderborn seit 1968 110 Priester ihr Amt wegen einer Frau niedergelegt, im kleinen Bistum Osnabrück seit 1963 40 und in Essen seit 1958 exakt 118. Im Bistum Essen, das bestätigt der dortige Pressesprecher, haben demnach in den letzten 45 Jahren ein Fünftel aller Geistlichen ihren Zölibat offiziell beendet. Wenn nicht 20 Prozent, wie im Bistum Essen, sondern nur 10 Prozent aller 27 000 Priester, die es um 1960 gab, ihr Amt wegen einer Frau aufgegeben haben, dann wären das schon 2700 Priester in Deutschland – und weitaus mehr Kinder, denn die wenigsten haben Einzelkindfamilien.

Ein anderes Faktum ist mit diesem unzertrennlich verknüpft: Der Kirche gehen in Deutschland die Diener aus. Sie klammert sich an jeden, der gehen will. Denn die Verbleibenden müssen die Lücke schließen und ihr ohnehin hohes Arbeitspensum noch um das des ausgeschiedenen Kollegen erhöhen. Für Deutschland weist die Statistik Ende 2002 noch 16 777 katholische Priester aus, 14 479 Welt- und 2298 Ordenspriester. Tatsächlich gibt es aber für die 13 099 Pfarreien nur noch 9 368 aktive Seelsorger. Denn die Gesamtzahl enthält Pensionäre und solche, die etwa an Schulen arbeiten. Gegenüber 1960 hat die katholische Kirche rund 10 000 Geistliche weniger. Hoffnung auf Entlastung gibt es nicht: Die Zahl der neu aufgenommenen Priesteramtskandidaten sinkt ständig. Wollten 1983 noch 829 junge Menschen in deutschen Bistümern dienen, so waren es 2002 nur noch 242 – rund 70 Prozent weniger.

Da das im Amt verharrende Personal überaltert ist – das Durchschnittsalter der Geistlichen liegt in manchen Diözesen schon bei 60 Jahren –, wird es durch die jetzt anstehenden Pensionierungen zu weiteren Einbrüchen kommen. Schon heute macht die Kirche vor, was der Bundesrepublik blüht: Sie schickt ihre Priester so spät wie möglich in den Ruhestand, häufig erst mit 70. Längst gibt es auch eine kircheninterne Green-Card-Lösung: Immer mehr Priester aus Indien oder Polen schließen die Lücken in der Personaldecke.

Das viertgrößte Bistum Deutschlands, Magdeburg, veranschaulicht die Lage: Für die 150 000 Katholiken gibt es 2003 gerade noch 150 Priester, 2010 werden es nur noch 80 sein. Zu DDR-Zeiten waren es noch 300. „Wir brauchen dringend jüngere Pfarrer!", klagt Weihbischof Gerhard Feige aus Magdeburg. Vielleicht ist diese Not auch einer der Gründe, warum der Kirche jedes Mittel recht ist, um ihre Priester zu halten – auch dann, wenn sie eigentlich eine Familie zu versorgen haben.

Eine der Ursachen für den Priestermangel ist das Gesetz, das das Amt so unattraktiv macht: der Zölibat, die Verpflichtung des Priesters, enthaltsam zu leben (siehe Seite 218, „Der Streit um den Zölibat"). Und dies nicht nur in Deutschland: Rund 65 000 Geistliche aus aller Welt – Priester, Mönche, Bischöfe – haben laut vatikaneigener Statistik in den vergangenen 40 Jahren in Rom den Antrag auf Rückversetzung in den Laienstand gestellt – fast immer, um zu heiraten. Hinzu kommen weitere Zehntausende, die wegen einer Frau oder eines Kindes einfach aus dem Amt ausschieden, ohne sich dem entwürdigenden Laisierungsprocedere zu unterziehen.

„Mit einem Federstrich des Papstes könnte der Zölibat abgeschafft werden", sagt der katholische Theologe und Kirchenhistoriker Heinz-

Jürgen Vogels. „Diese Verpflichtung beruht weder auf der Botschaft Christi noch auf der Bibel.“ Der prominente Kirchenkritiker Eugen Drewermann unterstellt den Hütern des jahrtausendealten Gelübdes anstelle von Glaubensidealen kühles Machtkalkül (siehe Seite 228): „Es gibt keine theologische Begründung, außer den Zweck, dass man Mensch und Gott voneinander trennt, Seele und Körper, Priester und Gemeinde. Kurz: dass man genau die Spaltungen zwischen Denken und Fühlen will, die man dann machtpolitisch ausnutzen kann.“

Das Kirchenvolk selbst hält den Zölibat längst für einen alten Zopf. In allen Umfragen zum Thema spricht sich eine überwältigende Mehrheit – mal 80, mal 90 Prozent – gegen das aufgezwungene Single-Dasein ihrer Hirten aus. Auch katholische Politiker wie Heiner Geißler („Der Zölibat ist kein Evangelium“) oder Rita Süssmuth kritisieren das Gesetz, ebenso große Verbände wie das „Zentralkomitee der deutschen Katholiken“ oder innerkirchliche Reformgruppen wie „Wir sind Kirche“ und „Kirche von unten“.

Kenner halten die Abschaffung für ein humanitäres Gebot. „In der Psyche der von diesem Gesetz betroffenen Frauen und Männer richtet der Zwangszölibat schwere und schwerste Schäden an“, sagt etwa der Nürnberger Pastoralpsychologe und Ex-Priester Wynfrith Noll, der viele ehemalige Kollegen therapiert hat. „Bei den Patienten, die mir begegneten, fand ich als Folgen Depressionen, Suchtkrankheiten, Zwangsneurosen, vor allem Kleptomanie und Waschzwänge.“

Die weit verbreitete Alkoholsucht vieler Zölibatsbrecher ist eine schwere Hypothek für ihre Kinder. „Ich weiß nicht, was meinen Sohn mehr belastet hat“, sagt die Präsidentin der Schweizer ZöFra, Gabriella Loser Friedli, die 22 Jahre lang heimlich mit einem Ordensmann liiert war, „die Heimlichkeit oder der Alkoholmissbrauch seines Vaters“ (siehe Seite 152). Ihr Sohn erklärte bereits mit sechs Jahren, er wolle nicht mehr leben. Da hatte er schon öfter den Vater „wie tot“ am Boden gesehen. Solche Szenen haben viele Priesterkinder traumatisiert, auch wenn sie nicht öffentlich darüber reden mögen: Alkoholismus ist offenbar mit einem noch größeren Tabu belegt als der Zölibatsbruch.

„Viel Leid, viel Depression, viel Hoffnungslosigkeit auf der einen Seite und Unwahrhaftigkeit, Doppelbödigkeit und Heuchelei auf der anderen Seite sind im Zusammenhang mit dem Zölibat in die Herzen vieler Priester eingezogen", erklärt Wunibald Müller, Leiter einer Therapieeinrichtung für psychisch ausgebrannte Priester in der Abtei Münsterschwarzach. Den Hang seiner Klientel zur Flasche begreift der Therapeut als Fluchtversuch.

Aller Kritik zum Trotz hielt Johannes Paul II. unerbittlich am Gebot der Ehelosigkeit fest: „Der Wert des Zölibats als Geschenk des Herrn an seine Kirche muss sorgfältig geschützt werden." Seine Vasallen sind vielerorts anderer Meinung und geben diese auch öffentlich kund. Britische, kanadische, brasilianische oder australische Bischöfe halten eine Aufhebung des Zwangszölibats für sinnvoll. Nur in Deutschland ist man päpstlicher als der Papst – keiner der 27 deutschen Bischöfe und Erzbischöfe will am Zölibat rütteln. Der Bischof von Speyer, Anton Schlembach, nannte jüngst die Kritik von CDU-Mann Geißler eine „unverantwortliche Entgleisung". Die „Ehelosigkeit um des Himmelsreiches willen" sei „eine freie Entscheidung".

Allein ein Altbischof im Ruhestand, Hermann-Josef Spital, wagte anlässlich des 25-jährigen Papstjubiläums im Oktober 2003 wider den Stachel zu löcken: Der Zölibat sei „eine Frage, die diskutiert werden muss. In der Schrift steht, es ist nicht gut, dass der Mensch allein ist, und darum hat Gott die Eva dem Adam zur Seite gestellt. Da stellt sich schon die Frage, ob die Kirche das Alleinsein des Menschen zum Ideal erheben kann. Ich denke, wir müssten da flexiblere Lösungen finden."

So kennt die katholische Kirche durchaus den nicht zölibatären Priester. Überhaupt scheint diese Institution unübertroffen im Schaffen von Ausnahmen, die die Regel bestätigen. Eine von ihnen ist der Fall des Pfarrers Bruno Ix in der Eifel. Vor rund 20 Jahren verspürte der heute 67-jährige Gottesmann Lust, Vater zu sein – und durfte sie sich erfüllen: Man gestattete ihm, eine Haushälterin samt unehelichem Sohn ins Pfarrhaus zu nehmen. Der Junge, Matthias, nannte Pfarrer Ix fortan „Papa". Da das Experiment so gut klappte, wagte Ix einen weiteren Vorstoß: Das Kind, klagte er beim Bischof, fühle sich so einsam. Ob man ihm die Aufnahme eines weiteren Pflegekindes, möglichst im Babyalter, gestatten würde? Das katholische Wunder geschah: Ein Jahr später gab es ein kleines Mädchen, Anne, das nach dem Gottesdienst auf die väterlichen Arme des Predigers wollte (siehe Seite 188).

1999 veröffentlichte Pfarrer Ix seine Visionen einer erneuerten Kirche in einem Lebensbericht („Ein Priester bricht das Tabu des Schweigens"). Drei von ihnen widmen sich dem Zölibat: dass verheiratete Priester weiter ihr Amt ausüben dürfen, dass zölibatäre und verheiratete Priester – und sogar Priesterinnen! – in den Gemeinden nebeneinander arbeiten und vor allem: „Es gibt keine abgetriebenen Priesterkinder mehr nur wegen des Pflichtzölibats."

Seine Sonderform der Priesterfamilie, das weiß Ix, stützt das System, das den deutschen Bischöfen heilig ist: die Legende von der puristischen Priesterkaste. So wie bei Ix zu Hause geht es nämlich in vielen deutschen Pfarrhäusern zu – mit dem feinen Unterschied, dass die dort mit dem katholischen Gemeindehirten unter einem Dach lebenden Kinder tatsächlich die leiblichen sind. Oft wissen oder ahnen es alle: die Kirchgänger, die Gemeindeoberen und sogar der Bischof. Aber alle wahren das Tabu. Die Leidtragenden sind die Kinder: „Auf ihrer Seele liegt stets ein Druck", sagt die Mutter zweier solcher Pfarrhauskinder in Süddeutschland (siehe Seite 100), „und auf meiner auch."

Als frommen Selbstbetrug geißelt ein mittlerweile glücklich verheirateter ehemaliger Kleriker aus Nordrhein-Westfalen die Koppelung von Priesteramt und Zölibat. Damit habe „die Kirche ein Potemkinsches Dorf von kaum abschätzbarem Ausmaß" geschaffen. „Wenn alle Priester, die ihren Zölibat nicht ohne Kompromisse leben können, morgen zu ihrem Bischof gehen und die Entlassung aus dem Dienst beantragen würden, dann wäre übermorgen das ganze Problem gelöst."

Doch das Gegenteil ist der Fall. Mehr als anderswo scheint in deutschen Bistümern das Motto zu gelten: „Was ich nicht weiß, macht mich nicht heiß." Zwar kennt auch das katholische Spanien die Haushälterinnenbeziehung, „die gemeinsamen Kinder sind dann stets seine Neffen", weiß die spanische Priestergeliebte Magdalena. In Großbritannien, Frankreich oder sogar den liberalen Niederlanden dagegen sind derartige Parallelwelten undenkbar: Heimliche Pfarrhausfamilien sind den dortigen mit Priestern liierten Frauen „nicht bekannt". Verhältnisse mit Haushälterinnen sind schon deshalb fast unmöglich, weil in vielen Pfarreien die Einnahmen aus dem Klingelbeutel nicht mal für eine Putzhilfe reichen.

So ist es vielleicht auch der bestimmende Faktor Geld, der die deutschen Verhältnisse erträglicher macht. Alimentezahlungen an heimliche Priesterkinder in Frankreich? „Höchst problematisch", sagt Elisabeth, Sprecherin von „Plein Jour", der französischen Fraueninitiative. „In Frankreich verfügen Priester nicht über die nötigen Eigenmittel. Ihre Bezahlung speist sich aus Spenden der Gemeinde und ist in der Regel geringer als das staatlich definierte Minimum für Gehälter. Bei Unterhaltsklagen muss der heimliche Vater geoutet werden, denn nur so können Zahlungen eingefordert werden – bei der Diözese selbst."

In Deutschland treibt dagegen der Staat den biblischen Zehnten bei den Gemeindemitgliedern ein: Die Kirchensteuer bescherte der katholischen Kirche in Deutschland 2002 rund 4,3 Milliarden, der evangelischen 4,1 Milliarden Euro. Katholische wie evangelische Pfarrer werden wie Studienräte entlohnt. Und selbst nach einer Suspension vom Amt haben sie im Gegensatz etwa zu französischen oder ungarischen Kollegen noch Pensionsansprüche wie jeder ehemalige Staatsdiener.

Darüber hinaus werden Bischöfe und Domherren in Deutschland vom Staat freigehalten – als Ausgleich für die Konfiszierung der Kirchengüter durch die Säkularisierung anno 1803. Ein uralter Zopf, der nach Meinung vieler dringend abgeschnitten gehört. Ein Bischof verdient jährlich rund 100 000 Euro. Auch die Pfarrer werden in zahlreichen Bundesländern aus diesem Titel vom Staat alimentiert.

Der zivile Widerstand gegen die Amtskirchengewalt wächst quer durch Europa. Dass die ZöFra, die Initiative der Priestergeliebten in der Schweiz, innerkirchlich inzwischen sehr ernst genommen wird, hängt mit zwei besonders spektakulären Kindesdramen zusammen. Im Juni 1995 gab ein Schweizer Bischof sein Amt wegen eines illegitimen Kindes auf. Gleichzeitig outete sich auch Priestersohn Jean-Bernard Modoux in der Presse: Der damals 44-jährige Lehrer aus Pully bei Lausanne hatte nach dem Tod seines Vaters in Kirchenarchiven gewühlt. Daraus ging hervor, dass sein klerikaler Vater seine Mutter zur Niederkunft nach England geschickt hatte. Als sie mit dem Baby wiederkehrte, ließ er seine Geliebte mit Hilfe des Dorfarztes in die Psychiatrie einweisen. Dort blieb sie 40 Jahre lang – als ein Opfer der Lobotomie. Modoux wuchs bei Pflegeeltern auf. Heute erkennt die 2-Zentner-Frau den Sohn nicht, wenn er sie besuchen kommt.

Auch in Großbritannien hat die Fraueninitiative „Seven-Eleven" neuen Zulauf bekommen, nachdem dort eine von einem Priester geschwängerte Frau nach zehnjährigem Schweigen 2003 ihren Fall im englischen „Guardian" publik machte: Am 2. September 1993 legt sich Father Sean Seddon im ländlichen Gloucestershire auf die Gleise. Morgens um halb zwei überrollt ihn der Zug nach Swindon. Grund seiner Selbstbestrafung: der Tod des von ihm gezeugten Embryos, „in meinem Bauch", wie die Frau schreibt, die sich daraufhin selbst „von der Kirche verfolgt" sah. Der Sprecher der Diözese des Verstorbenen, Pater John Lloyd, riet der Unglücklichen, das Land zu verlassen. Offiziell ließ der Geistliche verlautbaren, „der Zölibat ist kein Problem für die von uns, die beten". Er selbst faltete offenbar nicht genug die Hände: Derselbe Pater John verbüßt heute eine achtjährige Gefängnisstrafe wegen Vergewaltigung einer 16-Jährigen und anderer sexueller Übergriffe.

Mitglieder von „Seven-Eleven" legen immer wieder statt eines Geldscheines einen vorgedruckten Zettel in die Kollekte: *Ich kann zu dieser Spende nicht beitragen, solange Frauen nicht zu Führungsrollen und Weiheämtern in der römisch-katholischen Kirche zugelassen sind – inklusive zum Priesteramt.* „Wenn sich alle Kirchgängerinnen an diesem Boykott beteiligten", sagt „Seven-Eleven"-Sprecherin Anne, „könnte die Kirche schon aus finanziellen Gründen keine Männer mehr einstellen: Die Ausbildung eines Priesters kostet sie 75000 Pfund."

Sogar eine nationale Hotline für Priesterkinder und ihre Mütter existiert in Großbritannien, „Sonflowers“ in Northamptonshire. Betreiberin Adrianna Alsworth, 47, ist selbst betroffen. „Nach meinem ungewollten Outing durch die Presse 1996“, sagt sie, „beschloss ich, meine Lage zu nutzen, um anderen zu helfen.“ Sie habe schon einigen Dutzend Frauen beigestanden und sei dabei immer wieder auf die gleichen Strukturen gestoßen, das „Heimlichkeitsspiel“, wie sie es nennt: „Sobald die Sache öffentlich wird, merken die Betroffenen, dass in Wirklichkeit bereits jeder Bescheid wusste – die Verwandten, die Freunde, die Kirchenmitglieder. Sie sind aber unfähig, den Bann des Schweigens zu durchbrechen.“ Ihre Definition der scheinheiligen Gottesmänner: *„A priest is someone everybody calls father – except his children, and they call him uncle.“* („Ein Priester ist jemand, den alle Vater nennen – außer seine Kinder, und die nennen ihn Onkel.“)

Selbsthilfegruppen von Priestergeliebten gibt es inzwischen in vielen Ländern. In Augsburg fand im September 2003 bereits das zweite europäische Treffen dieser Gruppen statt, mit Frauen aus Deutschland, Österreich, der Schweiz, Belgien, den Niederlanden, Großbritannien, Frankreich und Ungarn. Motto: „Weil wir nicht länger schweigen wollen.“ In ihren Vereinen – die meisten bestehen seit über zehn Jahren – sind zwischen 100 und 400 Betroffene registriert. „Wir sind nicht eine Minderheit von schwarzen Schafen, wie die Kirche gern vorschützt“, sagte eine Teilnehmerin.

Die Sprecherin der niederländischen Frauengruppe „Magdala“ berichtete von einer kircheninternen Umfrage von 1980. Ihr Partner nahm daran teil. „Dabei kam heraus, dass 60 Prozent der Priester in einer Beziehung lebten“, erzählte sie, „80 Prozent von ihnen sprachen sich gegen den Zölibat aus. Die Studie verschwand in der Schublade, aber die Ergebnisse sprachen sich herum.“ Die Britin Anne berichtete, wie paradox die Situation in Großbritannien sei: Seit Einführung der Frauenordination in der Anglikanischen Kirche 1992 sind viele konservative Anglikanerhirten zum Katholizismus übergetreten. „Sie kommen in unsere Kirche mit ihren Familien, während wir uns zu unseren Männern schleichen müssen.“

Anne ist seit 30 Jahren heimlich mit einem Priester zusammen. „Trennt euch sofort", rät sie den jungen Frauen, die am Anfang ihrer Beziehung stehen. „Es lohnt sich nicht." Die Kirche reagiere stets gleich: *„Keep the priest and chase the woman and children"* („Haltet den Priester und verjagt Frau und Kinder"). Ein jahrhundertealter Reflex – schon 1089 verfügte Papst Urban II. auf der Synode von Melfi: „Wenn sie sich nach Ermahnung durch den Bischof nicht bessern" – gemeint sind die Zölibatsbrecher –, „geben wir den Landesfürsten die Erlaubnis, ihre Frauen in die Sklaverei zu verkaufen."

Die Frauen, denen der Zusammenhalt untereinander Selbstbewusstsein verleiht, werden – abgesehen vom Sonderfall Schweiz – von den Bischöfen und erst recht vom Vatikan meist ignoriert. So wandten sie sich nach ihrem ersten internationalen Treffen vor zwei Jahren in Paris an ihren jeweiligen Episkopat mit der Bitte um einen Dialog über den Zölibat. In den meisten Ländern, darunter Deutschland, ließ sich keiner der Herren auch nur zu einer Antwort herab. In den Niederlanden reagierten immerhin drei Bischöfe. Einer schrieb, er habe eine andere Haltung zum Zölibat, einer bedankte sich, und ein dritter kündigte sogar an, er werde den Brief mit zur Bischofskonferenz nehmen. Ähnliche Appelle an den Papst verliefen im Sand – bei Vatikanbesuchen wurden protestierende Frauen schon etliche Male von der Schweizergarde abgefangen.

Das gesellschaftliche Klima in Deutschland dagegen, berichten die Frauen der seit 20 Jahren aktiven „Initiative der vom Zölibat betroffenen Frauen", habe sich spürbar zu ihren Gunsten verändert. „Auf dem Katholikentag 1984 in München hatten wir Angst, mit faulen Eiern beworfen zu werden, und bei unserer Anti-Papst-Demo in Münster 1987 musste uns die Polizei vor den Papstanhängern beschützen", berichtet die seit langem mit einem Priester verheiratete Sprecherin Lieselotte Loemke. „Als wir uns jetzt, im Juni 2003, beim Ökumenischen Kirchentag in Berlin am Abend der Begegnung am Brandenburger Tor hinstellten, wurden wir von Sympathisanten regelrecht überrollt."

Es gibt keine öffentlich bekannte Selbsthilfegruppe von Priestern, die in heimlicher Beziehung leben. Allerdings bieten die meisten verheirateten Priester – in der Schweiz sogar ganz explizit – betroffenen Kollegen im Amt ihre vertrauliche Hilfe an. So genannte „Priester ohne Amt"-Gruppen – Priester bleibt ein geweihter Mann nach kirchlichem Verständnis lebenslang – haben sich weltweit organisiert: als Pressuregroup für ein zu erneuerndes Priesterwesen, bei dem auch die verheirateten Hirten ihrer Berufung nachgehen dürfen.

Die US-Organisation „Corpus" (Corps of Reserve Priests United for Service) ist eines der bemerkenswerten Beispiele für eine nationale Interessensvertretung. „Corpus" begann seine Arbeit 1974, als ein amerikanischer Bischof erklärte, Priester, die ihr Amt aufgäben und heirateten, hätten keinerlei Interesse an der Kirche. Im selben Jahr ergab eine landesweite Befragung, dass 79 Prozent aller Katholiken einen verheirateten Priester einem unverheirateten als Gemeindepfarrer vorziehen würden. Inzwischen ist „Corpus" mit seinen mehr als 4000 Mitgliedern zu einer einflussreichen Stimme in der katholischen Kirche der USA geworden.

Anfang September 2003 gründeten Vertreter aus den USA und aus Deutschland, Belgien, Irland, Kanada, den Niederlanden, Österreich, der Schweiz, der Tschechischen Republik und Ungarn in Wiesbaden die „Nordatlantische Föderation" unter dem Dach der „Internationalen Föderation verheirateter katholischer Priester". Auf ihrer Gründungsversammlung forderte die Föderation ein Ende des Pflichtzölibats: „Die Freistellung des Zölibats würde zwar nicht alle Probleme im Leben der Kirche lösen, aber neue Energie, neues Leben und Heilung in eine Kirche bringen, die durch ein Klima des Vertuschens belastet ist."

Doch Papst Johannes Paul II. blieb hart im Umgang mit seinen gefallenen Kadern – was auch deren Weiterbeschäftigung bei kirchlichen Arbeitgebern nach ihrer Suspendierung im Wege steht. Von Caritas bis Misereor, von katholischen Schulen bis Kinderheimen – alle verlangen die Laisierungsurkunde aus Rom, wenn es um die Einstellung eines verheirateten Priesters geht. ZöFra-Frau Loser Friedli kennt Ex-Priester, die „im Warenlager vom Supermarkt schuften, um ihre Kinder zu ernähren".

Selbst manchem Würdenträger kommt die Praxis des Heiligen Stuhls reichlich unheilig vor. Der österreichische Altbischof Reinhold Stecher verfasste 1998 einen offenen Brief, in dem er den Umgang mit den gefallenen Priestern anprangert – insbesondere, so Stecher, wegen der Folge für deren Kinder: „Wenn Letztere später darauf kommen, warum die von ihnen geliebten Eltern nie zu den Sakramenten gehen dürfen, ist die Kirche für sie in vielen Fällen gestorben. Es fällt mir schwer, über diese kirchlich fast erzwungenen Wege der Entfremdung und Abstoßung gleichgültig hinwegzugehen."

Der österreichische Seelsorger bitter: „Ich habe Ehebrecher, Glaubensabtrünnige, Kirchenverfolger, Betrüger, Diebe und sogar Mörder losgesprochen. Aber einem (nicht-laisierten, standesamtlich verheirateten – Anmerkung der Autoren) Priester kann ich den Frieden der Seele nicht geben. Er ist schlechter dran als ein Mörder. Bei aller Hochschätzung des Zölibatsversprechens und ohne jede Absicht, es zu bagatellisieren – Mord, Abtreibung und Glaubensabfall sind größere Sünden."

Für Priestertochter Simone aus Niedersachsen ist die Sache klar: „Einem Mann zu verbieten, eine Frau zu lieben, ist genauso, als würde man einem Vogel verbieten zu fliegen." Die 25-Jährige ist froh, dass ihr Vater den Zölibat gebrochen hat, „um seine Liebe weiterzugeben – letztendlich an mich".

„Ich bin ein Mensch, der ned hat sein sollen"

Günter, 60, begegnete mit 36 Jahren erstmals seinem Vater, damals Priester im Ruhestand. Die ersten neun Lebensjahre wurde die Schande seiner Existenz versteckt: Eine Pflegemutter zog Günter in München auf. Dann nahm ihn seine Mutter zu sich – als Knecht auf ihrem Hof. Erst mit 27 Jahren gelang Günter der Absprung. Er wurde Lokführer, heiratete und bekam drei Kinder. 1994 wurde die Ehe geschieden, 1999 heiratete Günter seine zweite Frau Luise, 36.

Ich bin ein Morgenmensch. Meine schönsten Erkenntnisse habe ich, wenn ich in aller Herrgottsfrüh auf den leeren Straßen durch die Hügel zur Arbeit fahre. Wenn ich dann auf dem Bahnhof ankomme, fragen die Kollegen: „Günter, wie kann man denn um diese Zeit schon pfeifen?" Da sag ich: „Stell dir vor, du könntest nicht aufstehen. Es ist doch schon ein freudiges Erlebnis, gesund aufzustehen!" Ja, und dann dem Tag entgegenzufahren, vor allem im Sommer, bei Sonnenaufgang. Das Leben ist schön!

Dann empfängt dich der Dienstleiter. Der ist nicht bloß froh, dass du ein freundliches Gesicht machst. Der freut sich, dass du überhaupt da bist. Mein Chef kommt ja in Teufels Küche, wenn der Zug wartet und kein Lokführer da ist. Das Wichtigste im Leben ist doch, dass du gebraucht wirst. Denn das ist der Sinn des Menschen: für andere da zu sein.

Eigentlich wär ich gerne etwas mit Menschen geworden, am liebsten Dolmetscher. Pfarrer wäre auch ein guter Beruf für mich, allerdings nur einer mit Familie. Aber ich konnte nie studieren, obwohl ich das Zeug dazu gehabt hätte. Weil ich ein Mensch bin, „der ned hat sein sollen", wie man in Bayern sagt: ein Priesterkind. Zwischen meinem 10. und meinem 27. Lebensjahr war ich der Knecht meines Stiefvaters. Danach der Diener meiner Familie. Zeit hatte ich nie, nicht mal zum Sprachenlernen, was immer mein größter Traum war.

Ich hab lange gebraucht, um so reden zu können wie jetzt. Wenn ich als Kind daheim den Mund aufmachen wollte, hieß es: „Du hast nichts zum Reden, du hältst dein Maul." Oder ich wurde geschlagen. Die Freiheit, die ich jetzt habe, hab ich in mir selbst gefunden. Die Schwierigkeiten des Lebens, die Verleugnung durch meine Eltern und später der Glaube haben mich zu dem gemacht, was ich bin. Der Glaube an Gott, der Glaube an die absolute Liebe.

Ein Schlüsselerlebnis war die Begegnung mit meinem Vater. Da war ich schon 36 Jahre alt. Das war ein unglaublicher Moment, als ich in seinen Augen las: „Du bist mein geliebter Sohn." Gesagt hat er's nie, worunter ich furchtbar gelitten habe, aber dieser Augenblick der Liebe, der hat mir Kraft gegeben.

Ich bin glücklich. Glücklich mit meiner zweiten Frau, die 25 Jahre jünger ist als ich. Und glücklich in meinem Beruf als Lokführer. Weil ich mit allem glücklich bin, was ich in meinem Leben mache. Ich habe in mir die Weisheit wachsen lassen, alles richtig zu tun. Ich kann aus diesem Leben alles machen. Ich kann jeden Menschen lieben. Ich habe neulich die letzten Bilder vom Hitler gesehen und gemerkt, selbst den kann ich lieben. Weil er mich so gebarmt hat. Weil er ja der Ärmste aller Menschen war.

Was die katholische Kirche anrichtet mit diesen Verurteilungen! Das größte Übel aller Übel ist das Verübeln. Weil der Mensch ja oft gar nicht anders kann. Jede Aggressivität ist letztendlich ein Schrei nach Liebe. Der Mensch, der schon in der Kindheit gestraft war, weil er zu wenig geliebt wurde, den straft die Kirche nochmals – durch Exkommunizieren, Ausschluss, Verachtung. „Sünder" heißt's dann.

Dabei weiß der Mensch nicht mal, was Sünde ist. Das weiß nur Gott. Der Mensch kann bloß nicht die Polarität des Lebens annehmen. Mit dem Leben ist's wie mit dem Strom: Es fließt, weil's Plus und Minus gibt. Die Kirche redet nur vom Plus, das Minus akzeptiert sie nicht. Sie redet von der Auferstehung, aber sie akzeptiert nicht, dass erst die Kreuzigung zur Auferstehung führt. Dass Ehescheidung zu einem Neubeginn führt. Dass Liebe und Freundschaft vom Verzeihen leben.

In mir vereinigen sich die Pole: Aus der Sicht der Kirche bin ich eine Sünde, aus meiner Sicht bin ich eine Freude. Gott sei Dank, sag ich immer, Gott hat einen Pfarrer hergenommen, und er hat ihn – negativ gesehen – sündigen lassen für die Freude, dass es mich gibt. Dem Unsinn, den meine Eltern begangen haben, verdanke ich mein Leben. So ist aus dem Unsinn Sinn geworden.

Schwanger wurde meine Mutter mit mir 1942, mitten im Krieg. Sie war gerade 19, und ihren Eltern war wohl klar, wer der Vater war. Aber der hat alles abgestritten. Also hat man die Schande ihres Zustandes verheimlicht. Meine Mutter wurde zu einem entfernten Verwandten geschickt, einem Fleischer. Er hat ihre Notlage regelrecht ausgenützt. Sie musste brutal hart in der Metzgerei arbeiten, trotz ihres wachsenden Bauches. Dort, in Dachau, bin ich auch auf die Welt gekommen, am 26. Februar 1943. „Vater unbekannt" steht in der Geburtsurkunde.

Schon zwei Tage nach meiner Geburt musste mich meine Mutter nach München abgeben. Übers Jugendamt hat man eine Pflegemutter für mich gefunden: die gute Therese Gantner. Gott ist immer auf der Seite der Verlierer.

Sie war damals 70 Jahre alt, ihr Mann 75. Sie zogen mit mir zusammen noch zwei andere Pflegekinder groß. Ich glaube, ich war ihr 36. Zögling, ihr letzter überhaupt. Sie haben mich kindgerecht behandelt, mit viel Fürsorge und viel Liebe. Dabei waren wir bitterarm. Ich hatte oft Hunger. Morgens vor der Schule gab's nur Malzkaffee, zum Essen immer nur Suppen: Kartoffelsuppe, Brotsuppe, Zwullsuppe. Wenn wir damit durch waren, fing's wieder von vorn an, Kartoffelsupp, Brotsupp, Zwullsupp. Kein Fleisch, kein Zucker, kein gar nichts. Kartoffel war das Hauptgemüse: Selbst geriebene Reiberdatschi, darin war die Therese Meisterin.

Unten im Haus war ein Gemüsegeschäft. Von den verfaulten Zwetschgen, die sie vor die Tür gestellt haben, haben wir die gesunden Ecken abgegessen, damit wir überhaupt Obst abbekamen. Ich besaß nur eine Hose und nur ein Paar Schuhbandel. Wir haben die Schuhe mit Gummi zusammengebunden. Die Schulspeisung vergess ich nie, weil der Amerikaner uns einmal die Woche eine Rippe Schokolade spendierte.

Als Kind war ich ein Spaßvogel. Ich hab so viele Streiche gemacht schon an der Grundschule, dass mich der Hausmeister oft auf die Werkbank gelegt und mit dem Rohrstock versohlt hat. „Mama", wie ich meine Pflegemutter zärtlich nannte, hat mich nie geschlagen.

Sie hat mir völlige Freiheit gelassen. München war ja voller Schuttberge nach den vielen Bomben, da konnte man herrlich spielen. Im Sommer durfte ich allein ins Freibad und in die Isar, denn ich hab ganz früh schwimmen gelernt – mit einem Fahrradschlauch als Schwimmhilfe. Ich fühlte mich frei, aber geborgen. Wenn du dich sicher geliebt weißt, dann brauchst du nicht ständig Liebesbeweise. Auch ihr Mann, der „Papa", hat uns Pflegekinder geliebt. Er hat uns beigebracht, wie man aus Zweigen Pfeiferl macht, und uns zu seinen Trachtentreffen mitgenommen.

Weihnachten war das Schönste. Die Gertrud, meine Pflegeschwester, hat Akkordeon gespielt. Und am Tannenbaum, ich seh ihn noch vor mir, glänzte Lametta im Schein der Wachskerzen. Meine Pflegemutter hat so eisern gespart, dass ich sogar mal Rollschuhe zu Weihnachten bekommen habe. Ein andermal gab's einen Holzroller mit Gummibereifung, dann einen Panzer aus Blech zum Aufziehen und ein Feuerwehrauto. In die Kirche sind wir nicht gegangen, wir haben aus dem Herzen heraus gefeiert. Weihnachten war wirklich ein Fest der Liebe.

Ich schnappte schon früh Gespräche auf, die meine Herkunft betrafen. „Resi, was hast 'n da für'n schönen Bub?", fragte die Nachbarin. Und sie hat geantwortet: „Ja, die Mutter ist eine Bauerstochter, aber der Vater darf nicht sehen, dass es ihn gibt. Deshalb hab ich ihn da." Und ich weiß nicht wieso, jedenfalls hab ich recht früh kapiert, dass mein Vater Pfarrer sein muss.

Zu meiner leiblichen Mutter hatte ich kein Verhältnis wie zu einer Mutter. Ich wusste zwar, dass sie meine Mutter war, denn sie wollte mich mal sehen. Ich war da ungefähr drei oder vier Jahre alt und wurde zur Schwester meiner Mutter in München gebracht. Ich musste mit meiner Mutter auf einem Kanapee übernachten. Nachts hat sie versucht, mich an sich zu ziehen, aber ich hab sie weggestoßen. Ich war verliebt in meine Pflegemutter: Das war „mei Mama".

Meine Mutter war schlank, schön, hübsch, aber ich hab sie abgelehnt, ich war froh, als sie wieder weg war. Denn sie war eine fremde Frau, auch wenn ich sie „Mutti" nennen musste.

Ich vergesse nicht, wie ich das erste Mal auf den Hof meiner Mutter gekommen bin. Ich muss damals sechs oder sieben gewesen sein. Damals ist ja alle Welt zum Hamstern aufs Land gefahren, wo man Gegenstände wie Uhren und Schmuck gegen Gemüse und Fleisch tauschte. Auf dem Hof meiner Mutter hatten sie gerade gebuttert. Und diese schöne gelbe Butter wurde auf frisch gebackenes Brot gestrichen. Für mich war das überwältigend: Es schmeckte wie fünfmal Weihnachten und zehnmal Ostern.

Ostern 1952 hieß es wieder: „Günter, du darfst auf dem Hof deiner Mutter Ferien machen." Ich hab mich gefreut: Traktor fahren, Tiere sehen, niedliche Ferkel streicheln. Eine Woche lang hab ich das Landleben in vollen Zügen genossen, da sagt plötzlich meine Mutter zu mir: „Übrigens bleibst du jetzt für immer hier." Der Satz traf mich wie der Blitz. Ich hab geweint und gewimmert, „nein", hab ich gebettelt, „ich will zurück zu meiner Mama". Den Schmerz spüre ich noch heute, dieses unbändige Heimweh. Da hat mich meine Mutter gehauen, weil ich nicht aufhörte zu weinen. Mit diesen Schlägen endete meine Kindheit.

In hunderttausend Jahren werde ich noch den Blick meiner Pflegemutter beim Abschied sehen – denn sie wusste ja, was ich nicht wusste, nämlich, dass sie mich nie wieder sehen würde. Sie hatte mich von München zu meiner Mutter auf den Hof gebracht. Den Ausdruck ihres Gesichts kann man nicht beschreiben. Diese Frau war ja gewohnt, dass sie ein Kind immer wieder hat hergeben müssen, dass sie's nicht besitzen konnte. „Ich liebe dich", sagte ihr Blick, „mach's gut."

Therese Gantner war nicht schön im eigentlichen Sinne. Die strahlte von innen heraus. Falten sind etwas Schönes bei einer Frau. Je älter Frauen werden, desto schöner werden sie. Das hab ich an dieser Frau gesehen.

Als ich damals ausgeflippt bin vor Kummer, ist bei meiner Mutter alles rausgeplatzt, was man ihr angetan hat meinetwegen, an Verachtung, an Lebensverhinderung, an Lebensverleugnung. Die hat ja ihr Leben nie leben dürfen, die hat nur für den Hof leben müssen. Die hat ja den Mann geliebt, der mein Vater war, und musste alles hergeben, alles verleugnen, sogar ihr eigenes Kind. Mit Händen und Füßen hat sie auf mich eingeprügelt, damit ich bloß aufhör zu weinen.

Es war furchtbar. Ich bin ein Fisch, astrologisch gesehen, ein sensibler Mensch, ein Gefühlsmensch. Heute weiß ich, dass man in der Schwachheit stark ist, in der Stärke des Gefühls. Damals aber fühlte ich mich schwach.

Annehmen konnte mich meine leibliche Mutter nie. Ich hab als Bub immer Sommersprossen gehabt. Sie hat mir Johanniskrautöl gekauft, um die Sprossen zu entfernen. Sie störte sich an Äußerlichkeiten bei mir. Meine Seele konnte sie ja nicht sehen.

Geliebt hat meine Mutter den Willi, meinen Cousin, der in den Ferien aus München zu uns kam. Er ist nur vier Wochen vor mir geboren worden, und meine Mutter hat ihn sogar gestillt, mit der Milch, die ihre Brüste für mich produziert hatten. Auf dem Bauernhof ist ja nur der männliche Nachkomme was wert. Büchsenmacher nennen sie die Männer, die nur Mädchen zeugen. Der Willi war ein männlicher Nachkomme des Hofes, nicht ich, mich hat's ja nicht gegeben, ich war ja verleugnet.

Warum mein Stiefvater mich auf den Hof geholt hat? Die Bauern hier waren damals relativ arm. Meine Eltern hatten 18 Hektar Land mit viel Sumpfgebiet und buckligen Stellen. Die hatten keine Mark zur freien Verfügung. Höchstens vier Mark war die Gemeindeumlage damals, und dennoch haben meine Eltern oftmals den Gemeindediener vertrösten müssen, wenn er kam: „Ich kann dich erst bezahlen, wenn ich meine Eier verkauft habe." Unter diesen Umständen 70 Mark pro Monat für ein uneheliches Kind nach München zu schicken, das kam für den neuen Herrn des Hofes, meinen Stiefvater, nicht in Frage.

Sie hatten kurz zuvor erst geheiratet. Bei der Hochzeit kannten sie sich gerade erst vier Wochen. Meine Mutter hat immer drunter gelitten, dass er sie nur wegen des Hofes wollte. Mein Stiefvater hatte sich mit seinem älteren Bruder bis aufs Messer zerstritten und hat es nicht mehr auf dem elterlichen Hof ausgehalten. Er musste schon aus Überlebensgründen eine Hoferbin heiraten. Sie war älter als er, aber eine fesche, attraktive Frau.

Getraut hat sie ausgerechnet mein Vater, der damals noch Priester in Buchbach war – als ich dann kam, hatte er gerade die Pfarrstelle gewechselt. Auf dem Hochzeitsfoto sieht man sie mit einem großen Ausschnitt, der ihren schönen Busen betonte, und die Leute haben gesagt: „Da hat sie ihn noch hineinschauen lassen.“ Doch da war die Liebe zwischen ihr und meinem Vater schon längst tot.

Kinder hat das Ehepaar nicht bekommen. Sie hat immer gesagt: „Wir mögen keine Kinder.“ Aber ich weiß nicht, ob das der wahre Grund war. Ich hätte mir Geschwister gewünscht. Allein aufzuwachsen, das ist doch nichts.

Mein Leben war nach meinem neunten Geburtstag nur noch Arbeit, Arbeit, Arbeit. Um fünf Uhr früh hat die Mutter geschrien. Wenn ich nicht sofort da war, hat sie den Besen genommen und gegen die Decke geklopft – die ganze Küchendecke war voller Löcher. „Raus“, brüllte sie, „Stallarbeit.“ Kuhstall misten, den Mist auf die Schubkarre laden und über den Hof auf den Misthaufen bringen, einstreuen, einfüttern. Erst wenn der Stall fertig war, konnte ich mich waschen und – barfuß – die fünf Kilometer zur Schule laufen. Um eins kam ich nach Hause. Da gab's das aufgewärmte Mittagessen, denn die hatten ja schon zur Standardzeit um elf Uhr gegessen. Gekochtes Schwein oder Sauerbraten und Kartoffelsalat. Eklig schmeckte der, weil meine Mutter sich das Salatöl nicht leisten konnte. Ich hab's runtergeschlungen, denn draußen wartete schon die Arbeit. Saustall misten oder Kühe hüten, schließlich gab's ja noch keine Elektrozäune.

Nur die Schönheit der Natur hat mich mit der Welt versöhnt. Die Steinschwalben etwa, über die hab ich mich immer gefreut, wenn sie aus- und einflogen von ihren Nestern unterm Dach. Das sommerliche Trilili der Lerchen. Die Fische, die's damals noch in den Bächen gab. Die Rebhühner auf dem Schulweg, die Fasane und Hasen. Über diese Freuden hab ich immer wieder vergessen, dass ich eigentlich keine liebenden Eltern hatte. Keinen wirklichen Vater und nur diese Mutter, die mich verachtete und um ihren Ehemann buhlte. „Hansi", hat sie immer gebettelt, „jetzt sag halt, dass du mi mogst." Nie hab ich gesehen, dass der sie mal in den Arm genommen oder gar geküsst hätte. „Geh, du alte Krampfhenna, so'n Schmarrn", hat er sie abgetan.

Seine Mutter war eine 3-Zentner-Frau, wahnsinnig dominant. Wenn die geschrien hat, standen alle ihre Söhne stramm. Mein Stiefvater hat eine Art Hörigkeitsverhältnis gegenüber seiner Mutter gehabt, und genauso hat er sich auch gegenüber meiner Mutter verhalten. Er hat alles getan, was sie wollte, sogar Wäsche gewaschen – aber nicht aus Liebe, sondern aus Hörigkeit. Sie war sozusagen seine Ersatzmutter. Das war seine Art zu lieben. Sie hat oft seine unmenschlichen Entscheidungen korrigiert, denn für ihn zählten nur Geld und Besitz. Wenn eine Nachbarin schwanger war, hat er nur gehöhnt: „Da kommt schon wieder ein Kind, das kost doch bloß Geld."

Die Sonntage habe ich verflucht, vor allem bei Schönwetter: Heu machen, Wetter ausnutzen, ernten. Mit Kreiselheuer und Gabelwender. Später haben wir das Heu zwar mit einem Ladegerät geladen. Einer stand dann oben am Wagen und hat alles verteilt. Das war eine Schinderei, denn das Tempo hat die Zugmaschine diktiert, die den Heulader zieht. Mein Stiefvater hat mich bis zum letzten Blutstropfen ausgenützt.

Die Volksschule war einfach. Damals war das Stadt-Land-Gefälle noch ausgeprägt, und ich als ehemaliger Münchner Schüler war auf Anhieb Klassenbester. Natürlich wurde auch getuschelt, ich sei ein „Pfarrerbub" und schon deshalb gescheit. Ich erfuhr unter der Hand auch von einem Halbbruder, dem Walter, den mein Vater mit einer anderen Ortsansässigen gezeugt hat. Er sah meinem Vater noch viel ähnlicher als ich. Aber geredet hab ich mit ihm nie über unsere Verwandtschaft.

Das ganze Thema war tabu. Meinen Stiefvater musste ich „Vati" nennen, wenn auch widerwillig. Eines Tages hab ich mit der Ida geredet. Wir waren sehr vertraut: ich, der Knecht, und sie, die

Magd, eine lebensfrohe junge Frau vom Bayerischen Wald. Wir waren beim „Gsottschneiden", so nennt man das, wenn man zu wenig Heu hat und es deshalb mit gehäckseltem Stroh derart vermischt, dass die Kuh es hinterher frisst. Wir waren zu dritt – der Bauer, also mein Stiefvater, Ida und ich. Und da haben Ida und ich leise gerätselt, wer mein richtiger Vater wohl wäre. Ohne dass wir es merkten, hat mein Stiefvater uns belauscht. Und alles brühwarm meiner Mutter erzählt.

Am nächsten Tag hat sich meine Mutter auf mich gestürzt, außer sich vor Wut. Ich war gerade elf Jahre alt. Sie schrie mich an, wie ich es wagen könne, über „so was" zu reden. Ich glaube bis heute, am liebsten hätte sie mich totgeprügelt. Sie ist auf mir herumgetrampelt, hat mich mit Händen und Füßen gehauen und geschlagen. Bis Tante Fanny gekommen ist, die Schwester meiner Mutter. Die hat meine Mutter gepackt und gesagt: „Jetzt hörst endlich auf, du blede Henna, du bringst ihn ja um."

Danach war die Zeit daheim wie eine Gefangenschaft. Nach der Volksschule, die damals acht Jahre war, kam ich auf die Landwirtschaftliche Berufsschule nach Velden an der Vils, drei Jahre einen Tag in der Woche. Da hab ich mich oft verleugnen müssen, weil der Bauer mich zum Arbeiten abkommandiert hat. Auch die Volksschule hab ich schon im April beenden müssen, obwohl sie bis Juli ging. Damals konnten Bauern Bedarf an ihren Kindern für die Stallarbeit anmelden.

Auch nach Ende meiner Ausbildung blieb ich Knecht auf dem Hof meiner Eltern – allerdings ohne formale Anstellung. Im Grunde genommen wie ein Sklave. Diese Jahre spüre ich noch heute, denn ich hatte ja keine Renten- und keine Krankenversicherung. Zwei Mark Taschengeld die Woche bekam ich – das war's. Deshalb fehlen mir oben drei Zähne. Ich hatte Karies. Eine Füllung hätte acht Mark gekostet. Da hat man lieber die Zähne verfaulen lassen. Ich habe bildschöne Zähne gehabt, wie Perlen, doch als ich endlich beim Zahnarzt war, Doktor Pfeiffer, da lief der auf und ab und rief: „Günter, Günter, wie konntest du so lange warten." Denn die Zähne waren nicht mehr zu retten.

Eine Freundin kam nicht in Frage. Ich hätte ihr doch nichts kaufen können, nicht mal Perlonstrümpfe, die damals gerade in Mode kamen. Außerdem war ich zu schüchtern. Mit 22 Jahren bin ich zum ersten Mal auf eine Hochzeit gegangen, da traute ich mich nicht mal zu tanzen. Das war ja der Scheißdreck meiner Erziehung: Da ein Kind als Schande angesehen wurde, war Sexualität erst recht verpönt. Meine Mutter und mein Stiefvater selbst liebten sich zwar so, dass das Gebälk ächzte und ich sie beim Orgasmus schreien hörte. In einem Bauernhaus hört man ja alles. Aber offiziell wurde dieser Spaß verleugnet. Natürlich spürte ich, dass das verlogen war, aber ich hatte keine andere Wahl als runterzuschlucken. Ich hatte ja kein Geld.

Meine erste Frau, die ich je hatte, war meine Ehefrau – da war ich schon 30. Bei Ida durfte ich immerhin mal ans Geschlechtsteil langen. Die Alten waren im Kino, und wir mussten das Haus hüten. Ins Bett konnten wir nicht gehen, weil wir ja aufpassen mussten, ob sich im Stall noch was regt. Da lag ich mit ihr auf dem Kanapee und hab mich langsam an ihren Beinen hochgetastet, und sie hat stillgehalten. Du hast ja früher nichts gewusst über das andere Geschlecht. Zu Ida hatte ich mehr Vertrauen als zu meiner eigenen Mutter, die immer eine fremde Person für mich war.

Natürlich hab ich für Mädchen geschwärmt, aus der Ferne. Für die Janine zum Beispiel, eine 15-jährige Französin, die mit ihrem Vater Jean meinen Großvater besuchte. Es kursierte das Gerücht, dass dieser Mann mein Vater sei, ein Gerücht, dass offenbar mein echter Vater, der Pfarrer, in die Welt gesetzt hatte. Jean war als Kriegsgefangener auf dem Hof meines Opas gewesen, und die beiden Männer hatten sich angefreundet – mein Opa mochte die Nazis nicht. Mein Stiefvater hat oft anzüglich bemerkt, dass der Franzos ja da gewesen sei, als meine Mutter schwanger wurde. Aber der Mann hatte null Ähnlichkeit mit mir. Und für mich war klar: Wenn der zulässt, dass ich mich in seine Tochter vergucke, dann ist der nie und nimmer mein Vater.

Immer mehr spürte ich, dass ich an diesem Leben zu Grunde gehen würde. Du wirst einfach krank, wenn du dein persönliches

Menschsein dem Besitz unterordnen musst. Da landest du in der Psychiatrie. Ich bekam Depressionen. Wenn meine Pflegemutter Therese Gantner mir nicht so unendlich viel Liebe gegeben hätte in meiner frühen Kindheit, für mich hätt's keine Rettung gegeben. Sie ist für mich deshalb eine Heilige.

Aber ich brauchte Zeit, ich hatte Angst vor der Reaktion meiner Eltern, vor dem Hundstag, den ich erleben würde, falls ich aufmuckte. Der Bauer hat ja so schon wochenlang oft nicht mit mir geredet. Und das tat weh, dieses strafende Schweigen.

Und eines Tages, ich war 26, bin ich heimlich zum Buchmeier gegangen und habe gefragt, ob er einen Hilfsarbeiter brauchen kann. Es war sowieso aussichtslos. Immer mehr Bauern machten die Landwirtschaft zu ihrem Nebenerwerb, weil die Böden nicht genug hergaben, um davon zu leben. Der Buchmeier sah mich an. Ich war damals ein vor Kraft strotzender Bauernbursche. Da sagte er: „Ja, für 5 Mark die Stunde kannst du anfangen." „Na, 4 Mark 70", rief da seine Frau. Mir war's egal, für mich war das alles Schwindel erregender Reichtum. 650 bis 700 Mark im Monat!

Gutmütig wie ich bin, hab ich meinem Stiefvater damals trotzdem angeboten, ihm nebenbei noch den Hof zu machen – morgens vor und abends nach der Arbeit. Aber er hat's abgelehnt, aus Stolz. Und meine Mutter hat zu mir gesagt: „Mach, was du willst. Aber den Hof kriegst du nicht." Eigentlich war ich ja der Hofanwärter, und meine Mutter hat mir auch immer wieder Erbinnen anderer Höfe als Heiratskandidatinnen angedient, um den Besitz zu mehren.

Mein Stiefvater hat ab dem Zeitpunkt nicht mehr mit mir geredet. Anderthalb Jahre hab ich noch auf dem Hof meiner Eltern gewohnt – behandelt haben sie mich wie einen Aussätzigen. Irgendwann ist er mal explodiert und hat mich verflucht: „Du Kruzifix-Stingi, du Varreckta." Ein Stingi ist ein Halbstarker. Der Mann lebt heute immer noch auf dem Hof, als sein eigener Knecht. Er ist ja nur 17 Jahre älter als ich. Inzwischen ist er mit allen Nachbarn verstritten.

Eigentlich ist es kein Wunder, dass sie mich so behandelt haben. Eltern verlangen immer das von ihren Kindern, was sie sich selbst abverlangen. Und meine Eltern haben selbst nicht leben dürfen, und deshalb haben sie mich eben auch nicht leben lassen.

1973 bin ich nach München gegangen, zur Bahn. Die suchten Lokführer, das hat mich interessiert, vor allem wegen der Aussicht auf Verbeamtung. Ich habe damals schon eine eigene Familie gewollt. Weil ich überzeugt war, dass nur die Liebe zu einer Frau den Mann glücklich machen kann. Ich kannte noch nicht meine Frau, aber ich hab in Hinblick auf diese Familie schon an die größtmögliche Sicherheit für sie gedacht.

Die Ausbildung war noch ganz klassisch: Ich habe auf 15 verschiedenen Loks gelernt. Aufregend war's. Wenn du deinen ersten 2000-Tonnen-Zug rausfährst, da gehst du schon vorher dreimal zum Pieseln.

Dann lernte ich meine erste Frau kennen. Wir haben, gerade wegen der Umstände bei mir daheim, noch im selben Jahr geheiratet und sind in ein Dorf am Inn gezogen. Ein Jahr später, 1974, war schon unser erstes Kind da. Im Nachhinein betrachtet war das alles überstürzt.

Wir bekamen drei Kinder in Folge, Christine, Günther und Heide. Wunderbare Kinder. Ursprünglich wollte meine Frau fünf. Wenn ich zu Hause war, gehörte meine Zeit nur ihnen. Ich habe Baumhäuser gebaut und ihnen das Fahrradfahren beigebracht, und zwar ohne Stützräder. Mit einem Kind Zeit zu verbringen, ist das Beste überhaupt, weil du die Göttlichkeit des Menschseins in der Begegnung mit ihnen erfährst. Bei einem Kind ist alles drin, du brauchst es nur zu begleiten. Wie bei einer Blume, die wächst und blüht ja auch von allein.

Ich hab die Kinder nie zu etwas gezwungen. Ein einziges Mal, da hat die Christine einen Klaps bekommen, aber ich hab's im selben Augenblick bereut und mich entschuldigt. Ich war zurückgeglitten in die Gewalterziehung durch meine Mutter. Dass Zwang nichts bringt, hab ich schon beim Füttern der Babys erfahren: Wenn die satt waren, dann schluckten sie einfach nicht mehr. Heute sagt meine 29-jährige Tochter: „Papa, ich bin dir dankbar, dass du mich so frei erzogen hast."

Persönlich bin ich vom Regen in die Traufe mit meiner ersten Frau. In der Ehe ziehen sich ja Gegensätze an, weil die Schöpfung Liebe ist und heilen möchte. Aber nach 16 Jahren Ehe war mir klar, dass ich nichts ausrichten kann. Meine Frau konnte meine Liebe nicht annehmen, weil sie als Kind nicht geliebt worden ist. 18 Jahre war die jüngste Tochter alt, als ich mich hab scheiden lassen. Unsere Ehe hatte einen schweren Stand, weil weder ihre noch meine Eltern sie gesegnet haben.

Für ihre Eltern war meine Frau bloß ein wertloses Geschöpf, ein Mädchen eben. Sie haben so lange Mädchen bekommen – drei hintereinander –, bis sie endlich einen Bub hatten, und dann galt nur noch der. Meine Frau hat die Liebe nicht gekannt. Ich hab sie ehrlich geliebt, hab geputzt, gewaschen, gekocht, hab sogar den Mädchen vor der Schule die Zöpfe geflochten, damit meine Frau ausschlafen konnte. Ich hab gearbeitet, ein Reihenhaus mit Zentralheizung gekauft – aber sie ist nicht glücklich geworden.

Wie sehr ihr die Liebe der Eltern gefehlt hat, hab ich kapiert, als unsere Kinder älter waren. Sie waren erfolgreiche Leistungsschwimmer, die Älteste gewann einen Pokal nach dem anderen. Meine Schwiegereltern wurden von Bekannten angesprochen, weil ihre Enkelkinder in der Zeitung auftauchten. Plötzlich war ihre Tochter was wert. Da erfährt die nun zum ersten Mal die nie bekommene Elternliebe. Und was macht sie? Lernt Schwimmtrainerin und lebt nur noch für den Sport. Weil sie wollte, dass die Kinder weiter in der Zeitung stehen, weil sie dafür Liebe von den Eltern bekam. Der Mensch braucht Anerkennung, so wie der Baum Saft, damit seine Äpfel reif werden.

Im Sommer 1979 fiel mir eine Todesanzeige auf: Da war in Rosenheim ein gewisser Pfarrer Modlmayr gestorben. Ich war wie elektrisiert, hab meinen Mut zusammengerafft und in Rosenheim angerufen, um zu hören, ob's sich um Pfarrer Leonhard Modlmayr handele. „Nein", hat's geheißen, „der ist es ned. Der lebt noch."

Ich habe im Telefonbuch seine Nummer gefunden und sie gewählt. Dieser Anruf hat all meinen Mut gekostet, all das Selbstbewusstsein, das ich inzwischen durch meinen Beruf und meine

Familie gewonnen hatte. „Modlmayr“, sagte eine tiefe Stimme. Mein Herz schlug wie verrückt, aber ich hab bloß gesagt: „Ich bin der Günter, i tat di gern kennen lerne.“ Eine Sekunde lang war die Leitung still. Ich hatte schon Angst, er legt wieder auf. Da fragte er: „Die Resi, lebt die noch?“ Er wollte nämlich sichergehen, dass mich nicht die Mutter geschickt hat. Und dann haben wir uns verabredet.

Ich bin also mit dem Zug nach Neufahrn bei Freising. Da konnte ich ein Moped nehmen, das die Bahn für verschiedene Zwecke dort vorgehalten hat. Ich bin also zu ihm gefahren und hab an seiner Tür geläutet. Und er hat selbst geöffnet.

Da stand er vor mir. Mein Vater. Das war der Augenblick, auf den ich 36 Jahre lang gewartet hatte. Er sah ganz anders aus, als ich es

Foto: WOLFGANG M. WEBER

Günter

mir ausgemalt hatte: kein blasses, altersgebeugtes Kellerkind, wie ich mir ihn als Pfarrer vorgestellt hatte, sondern ein braun gebrannter muskulöser Mann. Der arbeitete nämlich noch mit nacktem Oberkörper in seinem Garten. Er hatte ja auch früher, als Priester, einen eigenen Pfarrhof gehabt, den er selbst bestellte. Und dieser schöne alte Mann – er war damals über 70 – schaut mich an, ganz warm, mit seinen wunderschönen blauen Augen. Ich war überwältigt, weil so viel Wärme, so viel Güte und so viel Zärtlichkeit in seinem Blick lag. Dann reichte er mir die Hand, und so wie mir dieser Mann die Hand geschüttelt hat, so lang, so fest, so innig, so hat mir nie zuvor und nie danach ein Mensch die Hand geschüttelt. Da hat in einem einzigen Augenblick die Liebe alles wieder gutgemacht.

Im Haus dann hat er eine Flasche Wein aufgemacht. Wir haben uns an einen Tisch gesetzt, und dann hat er angefangen zu erzählen. Losgesprudelt hat er, als wüsste er, wer ich bin.

Den ganzen Tag haben wir geredet, ununterbrochen, von morgens um neun bis abends um sieben Uhr. Wir haben uns so intensiv erzählt, dass wir vergessen haben zu essen. Dieser Tag war das wichtigste Erlebnis meines Lebens. Und besonders der Händedruck, dieser einzige warme körperliche Kontakt, den ich je zu einem Elternteil hatte, den spüre ich noch wie heute. Ich habe übrigens selbst einen festen Händedruck und lege viel Wert darauf, wie jemand die Hand gibt.

„Die Resi, deine Mama, war ein bildschönes Mädchen", hat er erzählt. Sie sei ihm schon in der Kirche aufgefallen. Und dann sah er sie wieder, weil er mit ihrem Vater zu tun hatte, dem Bürgermeister. Zunehmend suchte er Gründe, mit dem Bürgermeister zu reden, um Resi wiederzusehen. Sie war bald auch Feuer und Flamme, aber selbst dann, wenn er länger blieb, ließ sie Resis Mutter, die den Braten witterte, keine Sekunde allein miteinander. „Günter, moinst die Oaide wär weggegangen?", hat er sich geärgert, „ned ums Varrecka." Da blieb ihnen nichts anderes übrig, als sich im Wald zu treffen, in der Nähe vom Pfarrhaus. Da hatten sie dann ihre Stelldicheins, unten am Hang.

„Die hat Brüste gehabt", hat er gesagt, „Brüste. Schöner konntest du's dir gar nicht vorstellen. Und dann ihre Haare. Lange, dunkelblonde Haare, zu einem Zopf geflochten. Und die Augen, ganz blaue Augen. Und ihr Mund, diese vollen, von Natur aus roten Lippen." Seine Augen haben hinter seiner Brille geleuchtet, als wäre er 25 und frisch verliebt. Dabei war er fast 40, als er meine Mutter geliebt hat.

Während er erzählt hat, hat er unbewusst seine Zigarettenschachtel mit dem Brieföffner traktiert, hat reingestochen, bis die Schachtel ganz löchrig war. Nervös war er, feurig, als er von den Brüsten und den Beinen meiner Mutter schwärmte.

Ich war ihm dankbar, dass ich's endlich erfahren habe. Dass meine Eltern den Gott der Liebe erfahren haben, als sie mich zeugten. Der Mann hat so vor Leben geglüht, dass er damit einen Toten hätte auferwecken können. Da hab ich begriffen, dass nur die Liebe zwischen Mann und Frau den Menschen zum Menschen macht. Das hab ich an ihm gesehen, an dieser Sehnsucht, an der Freude am Augenblick mit meiner Mutter.

Über ihre Schwangerschaft hat er kein Wort verloren. Er hat sich nur über meine Oma ausgelassen. Die habe ihn immer wieder bedrängt, er solle „es" zugeben. Sie habe ihn so unter Druck gesetzt, dass er schon deshalb nicht mehr gewollt habe. Da wurde er stur. Die Alte hat ihn auf einer Ebene gepackt, die nicht seiner Würde als Pfarrer entsprach. Sie wollte ja Geld rausschlagen. Ich war ja ein Kostenfaktor: 70 Mark im Monat.

Mein Vater war furchtlos und selbstbewusst, „ein Hundling", hat mir mal der Haag Karl gesagt, einer meiner Lehrer. Zur Nazi-Zeit war er heimlich im Widerstand, er hat darüber sogar ein Büchlein geschrieben, „Der schwarze Hetzkaplan. Opposition am Rande des großen Geschehens". Frauen liefen ihm in Scharen nach. Er war wichtig, gescheit – und er sah gut aus. Im Gegensatz zu ihren eigenen, von der schweren Arbeit bucklig gewordenen Männern war er ausgeruht. Er konnte Menschen zuhören. Er war der Star, in den sie sich alle verliebt haben.

Eigentlich wollte er gar nicht Pfarrer werden. Er kam vom Bauernhof, sie waren acht Kinder zu Hause. Seine Mutter, die er sehr verehrt hat, bestimmte: „Du wirst Pfarrer. Du bist gescheit." Er selbst hatte dazu keine Lust, er hat es nur ihr zuliebe getan, das hat er mir wortwörtlich gesagt. „Wenn du nicht Pfarrer werden wolltest, was wolltest du dann werden?", hab ich ihn gefragt. Da hat er gesagt: „Lokomotivführer." Ich war wie vom Donner gerührt und hab gesagt: „Des bin jetzt i."

Übrigens hatte er wohl schon früher erwartet, dass ich komme, aber ich hatte dazu nicht den Mut. Er selbst hatte auch Schuldgefühle mir gegenüber, das konnte ich in seinen Gesichtszügen lesen. Irgendwann hat er sich ein Herz gefasst und gefragt: „Ja, brauchst du Geld?" „Nein", hab ich gesagt, „ich brauch kein Geld, ich möchte eigentlich nur dich kennen lernen."

An der Tür hat er mir auf den Weg mitgegeben: „Günter, sei zu den Frauen gut." Der hat ja eine unvorstellbare Sehnsucht nach Frauen gehabt. Als meine Frau später einmal mitkam auf Besuch, hat er ihre Hand fast nicht mehr losgelassen.

Beim nächsten Besuch bei meiner Mutter hab ich ihr unter vier Augen von meinem Erlebnis erzählt. „Du", hab ich gesagt, „ich war jetzt beim Modlmayr, und er wollt wissen, wie's dir geht. Und ich wollt jetzt von dir wissen: Ist der nun mein Vater, oder ist er es ned?" Denn ich wollt's ja nun einmal hören. Und da hat sie gesagt, und das ist meine einzige Bestätigung: „Koa anderer." Das war alles.

Danach hab ich einen katastrophalen Fehler gemacht. Er hat ja nicht offiziell gesagt: „Ich bin dein Vater" oder „Du bist mein Sohn", er hat das nur durch die Blume zugegeben. Darum hat er ja auch den Händedruck gebraucht, um mir wortlos seine Liebe auszudrücken.

Also, ich hab ihn angerufen, und er hat gleich freudig gefragt: „Ja, Günter, wann kommst du wieder?" Und dann hat er gesagt: „Ich muss dir ein Geheimnis sagen."

Da ist es aus mir herausgeplatzt: „Ja, dass du mein Vater bist." „Nein", hat er gesagt und ist verstummt. Heute denk ich, dass sein strafender Gott ihm im Rücken saß, von dieser Kirche, die ja gnadenlos jeden vernichtet, der so etwas zugeben würde. Und seine

Mutter natürlich, der er so etwas nicht hätte antun können, niemals, dass er nicht das ist, was sie sich erhofft hat. Das geht ja den meisten Pfarrern so, dass sich die ganze Familie an ihrem Ruhm labt und sie durchhalten müssen, schon um das Bild für die anderen aufrechtzuerhalten. Der Mensch erstarrt dabei wie unter einer Totenmaske.

Nach diesem Gespräch war's erst mal aus. Und dann kam ein Brief von ihm. „Du rührst in einem Krebsgeschwür", stand darin. „Wenn du da weiter drin rumrührst, bricht es wieder auf und fängt erneut an zu wuchern. Wenn du damit nicht aufhörst, dann ist unser Tischtuch zerschnitten. Du gefällst mir sehr gut, aber über dieses Thema reden wir nicht. Denn es kann nicht sein, was nicht sein darf." Da war er wieder der Herr Pfarrer, der niemandem etwas schuldig ist, der niemandem ein Kumpel ist und schon gar kein Vater.

Ich war tief, tief erschüttert. Verlassen hab ich mich gefühlt, verleugnet, allein wie nie zuvor und nie wieder im Leben. Dieser Brief war für mich schlimmer als der Tag, an dem ich meine Mama aus München verlor, schlimmer als die brutalen Prügel meiner Mutter, als ich elf war. Wenn ich damals nicht meine drei Kinder, meine Frau und meinen Beruf gehabt hätte, ich hätte Schaden genommen an dem Tag. Denn dies war grausam. Wieder war's vorbei mit dem Traum, einmal im Leben, und sei's nur unter vier Augen, zu meinem Vater „Papa" zu sagen und ihn zu umarmen.

Heute verstehe ich, warum: Für diesen einen Moment hätte er sein ganzes Leben über den Haufen schmeißen müssen. Denn der Pfarrer ist Gott, nicht Mensch, er ist Gott seiner Gemeinde, Gott seiner eigenen Mutter, Gott unter Göttern in der Kirchenhierarchie. Mensch darf er nicht sein. Der Preis ist hoch, unmenschlich hoch: Der Pfarrer ist einsam und lechzt vor Sehnsucht nach einer Frau.

Der Kontakt mit ihm hielt nur wenige Jahre und wurde immer unerfreulicher. Er wurde seinem Alter entsprechend tatterig. Das Feuer für mich erlosch, weil er mit sich selbst so viele Probleme hatte. Er hat es ja immer im selben Moment bereut, wenn er sich öffnete. Daher war ich auch mit meinen Kindern nur einmal da. Ich bin da anders als er. Ich glaube, der Mensch ist für die Hoffnung erschaffen. Hoffnung ist nicht das Bewusstsein, dass etwas gut ausgeht, sondern Hoffnung ist die Gewissheit, dass alles seinen Sinn hat. Alles. Man muss es nur sehen, man kann daraus schöpfen und lernen. Alles andere ist ein Schmarrn, das führt am Leben vorbei.

In seinem 90. Lebensjahr starb er, am 8. August 1994. Bei der Beerdigung drei Tage später war ich nicht. Aber ich würde zu gern wissen, wer heute sein Grab pflegt. Ich bin sicher, dass es seine letzte Betreuerin ist, weil ich glaub, dass sie seine letzte Liebe war, eine ehemalige Schülerin, 40 Jahre war sie. Ich möchte die Frau kennen lernen, aber es ist nicht leicht, ihre Adresse zu bekommen – auch jetzt noch, nach seinem Tod, wimmeln einen die Leute ab, als müssten sie ihn schützen. Er ist in Puchschlagen beerdigt, wo er zuletzt gewirkt hat. Ich hab sein Grab besucht und es fotografiert. Es ist aus Sandstein, ganz schlicht, nur sein Name steht da: „Pfarrer Leonhard Modlmayr". Die Mutter Gottes hat den Sohn auf dem Schoß und lächelt.

Je älter ich werde, desto mehr genieße ich das Leben. Morgens früh schon, wenn ich mit dem Zug die ersten Pendler nach München bringe und die Sonne aufgeht. Da siehst du den Wechsel von der Nacht zum Tag und begreifst, dass das Leben aus Augenblicken besteht, und jeder ist schön. Eben noch überall dunkle Nachtschatten, und eine Viertelstunde später ist alles schon wieder heller. Du siehst die Landschaft – die Strecke kenn ich ja gut – jeden Tag neu und verändert. Der Bauer dort, der hat jetzt Hafer gesät, und jeden Tag siehst du die Ähren um ein Stück höher gewachsen.

Lokführer ist ja auch so ein mystischer Beruf. Du bist ja immer auf Chaos gefasst. Ich bin seit 30 Jahren Lokführer und hab noch keinen Selbstmörder gehabt. Ich habe Kollegen, die haben bis zu acht Selbstmörder erlebt. Ich bin darauf gut eingestellt, weil ich ein totaler Menschenfreund bin und den Selbstmörder als Hilfsbedürftigen sehe. Der will nicht mehr leben, das ist seine Entscheidung. Die respektiere ich, ich steh auf seiner Seite. Deshalb bin ich mir sicher, wenn's einmal passiert bei mir, macht's mir nichts aus. Aber es ist schon merkwürdig: Der Mensch, der das alles negativ sieht, der zieht diese Sachen förmlich an, der hat eben sechs, sieben, acht Selbstmörder.

Ich hab einen geschlamperten Gang, ich weiß, als würde ich humpeln. Da kommt immer mehr zum Ausdruck, dass mir die Disziplin des Körpers nicht so wichtig ist, sondern das Erscheinungsbild der Seele. Für mich ist das geistige Leben entscheidend, der Körper ist eigentlich nur Zwischenwohnung. Vielleicht kommt der Gang auch von einem Unfall mit dem Rad, bei dem meine Hüfte schwer verletzt wurde – ich weiß es nicht. Übrigens ist mein Vater auch so merkwürdig gegangen, vielleicht hat er mir das vererbt.

Ich sag zur Luise, meiner Frau, oft, sie braucht den Pony nicht so lange zurechtzuföhnen. Morgens verbringt sie manchmal eine Stunde vor dem Spiegel. Das ist für mich nicht wichtig, was ich hab, hab ich, ich bin schön in sich. Ein Mann zum Beispiel ist immer potent, wenn er liebt und wenn er geliebt wird. Das ist eine seelische Sache. Das beste Viagra ist die Liebe.

Seit fünf Jahren schneide ich meine Haare nicht mehr. Ich glaube, von der Psyche her steuert mein langes Haar gegen die Verleugnung. Das ist der Ausdruck dafür, dass ich mich selbst annehme, wie mich der Herrgott wachsen lässt. Einmal hat mich mein oberster Chef kritisiert, „die Haare", hat er gesagt, „das passt doch nicht". Du musst den Menschen immer auf der Stufe begegnen, auf der sie gerade stehen, denn Höheres kannst du ihnen ja nicht begreiflich machen. „Ich muss Theater spielen", habe ich gesagt. Gelogen habe ich ja nicht, denn ist nicht das ganze Leben ein Theaterspiel? „Was für eine Rolle?", hat er gefragt. „Den Jesus." Dann wollte er wissen, wo ich spiele, worauf ich gesagt habe: „Ein bisschen Geheimnis muss bleiben, sonst laufen alle hin und wollen mich als Jesus sehen."

Jesus hat auch lange Haare gehabt. Wenn du deine Freiheit lebst, wird ein Mensch, der die Freiheit nicht lebt, sich immer an dir stören. Jesus war der freiste Mensch, den es je gegeben hat. Darum hat man ihn gekreuzigt, nicht, weil er sich für uns geopfert hat. Es ist nicht so, wie die konservative katholische Kirche verkündet, dass du oder ich Schuldgefühle haben müssen, weil er da hingenagelt wurde. Der ist aus Liebe gestorben, aus Liebe zur Freiheit, um ein Zeugnis von einem Gott zu geben, der bedingungslos liebt, jeden Menschen.

Eine evangelische Pastorin hat mir mal erzählen wollen, dass die katholischen Priester heiliger seien als die evangelischen. Weil die Katholiken die Priesterweihe mit der Handauflegung auf den Jünger Petrus zurückführen, auf „den Fels“, auf den Jesus seine Kirche hat bauen wollen. Da hab ich zu ihr gesagt: „Im Tun der Liebe seid ihr weiter, dadurch seid ihr geweiht. Wer's nicht versteht, der wird's nie verstehen.“

Dieser patriarchale Sauhaufen, der das Leben und die Frau verleugnet, der kann nicht von Jesus stammen. Der, der acht Stunden im Weinberg gearbeitet hat, bekommt bei Gott nicht mehr Lohn als der, der bloß eine Stunde gearbeitet hat. Vor Gott ist jeder Mensch gleich, denn da zählt die Liebe. Und die Liebe hat nichts mit Quantität zu tun. Das hab ich schon immer gespürt, dass das Leben in der Liebe unendlich mehr ist. Dass der Mensch nur so drei Prozent lebt von dem, was das Leben eigentlich ist. Das hab ich alles der Pastorin gesagt, und die hat mich bloß angeschaut, vielleicht hat sie's nicht erfasst.

Warum ich nicht übergetreten bin zur evangelischen Kirche? Weil der wahre katholische Glaube mystischer ist, weil er mehr Farbigkeit hat. Im Katholizismus ist noch mehr Geheimnis, noch mehr das Geheimnis der Liebe, das man nicht mit Worten beschreiben kann. Im Evangelischen ist das Wort die Religion, das kann man besser verstehen, da ist auch mehr Akzeptanz und Offenheit. Aber dafür ist zu wenig Heiligkeit. Den einzelnen Menschen zu heiligen, das geht den Evangelischen ab.

Die Maria ist ein bisschen so etwas wie das schlechte Gewissen der katholischen Kirche. Das ist die Hintertüre, weil die Frau ja ausgesperrt ist, und jeder spürt, da stimmt was nicht. Irgendwann wird der Damm brechen. „Der nächste Papst“, hab ich neulich zum Kaplan gesagt, „wird eine wunderschöne Negerin.“ Er lachte, und eine Studentin, die dabeistand, hat uns gefragt: „Darf die auch ein Kind haben?“ „Ja sowieso“, haben wir gemeint. „Jedes Kind ist schließlich gottgewollt.“

Übrig bleibt der Traum vom Vater

Catharina* ist schon vier und kennt ihren Vater nicht. Er ist Ordenspriester und hat sich schon vor der Geburt seiner Tochter aus dem Staub gemacht. Mühsam erstritt die Mutter Klara* gegen ihn und den Orden Unterhalt für ihr Kind.

Als Klara vom Elternabend zurückkommt, brennt Licht im Schlafzimmer. Etwas aufgeregt steigt sie die Treppe hoch, öffnet behutsam die Tür. Mitten im hell erleuchteten Zimmer liegt Catharina, ihre vierjährige Tochter. Sie hat sich aus Kleidungsstücken ein richtiges kleines Nest gebaut.

Und dann sieht Klara noch etwas: Aus der Schublade mit den Familienfotos hat das Kind die wenigen Bilder, die Catharina von ihrem Vater besitzt, herausgesucht und rund um ihr Nest im Kreis verteilt. So ist sie mittendrin eingeschlafen.

„Ehrlich", sagt Klara, die Mutter, „ich habe ihr vorher die Fotos nur einmal gezeigt. Ich habe ihr nur einmal gesagt, wer darauf zu sehen ist."

Catharina kennt ihren Vater nicht. Noch nicht. Er ist nicht tot, einfach nur abgehauen. Der katholische Ordenspriester hat sich im Frühjahr des Jahres 2000 aus dem Staub gemacht, bevor seine Tochter geboren wurde. Seitdem lebt sie allein mit ihrer Mutter sowie zwei älteren Geschwistern, die schon zur Schule gehen, im Osten Deutschlands, wo Katholiken eine exklusive Minderheit unter immer weniger Gläubigen sind.

Klara, die in einer katholischen Familie aufwuchs, hat ihre Tochter trotz allem auch wieder katholisch taufen lassen. Klara ist eine dieser unverwüstlich selbstbewussten in der DDR aufgewachsenen Frauen, die mit jeder Lebenskrise nur stärker geworden sind. Und

* Name geändert.

ihre Kinder, die vierjährige Catharina eingeschlossen, sind ihr darin ziemlich ähnlich – oder werden es noch, hofft sie.

Die vier wohnen jetzt in Leipzig. Unterstützung bekommt die Mutter von ihrer Familie und zahlreichen Freunden. Ein Netzwerk von Menschen, die sich um ihre Kinder kümmern. Klara hat ein Geschäft eröffnet, ein gemütliches Literaturcafé, das floriert. Sie ist von sechs Uhr morgens bis spät abends auf den Beinen und sagt: „Man muss nicht so viel nachdenken, wie man es schaffen soll, sonst schafft man es nicht."

Klara fühlt sich wohl in der Atmosphäre des Cafés, ein Laden zwischen alternativ und professionell, besonders kindgerecht. Ein beliebter Treffpunkt für viele Leipziger und Touristen. Ihre neue Wohnung liegt ganz in der Nähe. Ihre jüngste Tochter, ein fröhlicher Lockenkopf mit großen, tiefbraunen Augen, wuselt energisch und selbständig im Café herum, meist ohne dabei jemanden zu nerven.

Demnächst kommt die Vierjährige in den Kindergarten. Dann, plant ihre Mutter, wird sie gemeinsam mit anderen Frauen noch ein weiteres Café in der Innenstadt übernehmen können.

„Wir DDR-Frauen haben eben gelernt, alleine klarzukommen", sagt Klara. „Wir sind fast alle Scheidungskinder. Vielleicht fällt uns dadurch manches leichter. Die wesentlichen Jahre im Leben haben auch wir schon alleine mit einer Mutter verbracht. Meine Freundinnen und ich, wir können fast alles im Leben alleine. Männer fragen sich dann oft: Welche Funktion soll ich da eigentlich noch haben? Wir haben gelernt, keine Schwäche zu zeigen als Frau und so was wie ein Anlehnungsbedürfnis gar nicht erst zuzulassen."

Klara erzählt:

„Als Adalbert und ich uns kennen lernten, da hatte jeder seine Freiheit. Er war Priester mit Leib und Seele. Seine größte Angst war, das aufzugeben und nicht zu wissen, was ihn erwartet. Er stand im Mittelpunkt und wurde angehimmelt von der Gemeinde.

Er war mit 19 begeistert in den Orden eingetreten, mit 27 zum Priester geweiht und dachte, das geht in seinem Leben alles immer so glatt weiter. Es ging aber nicht. Als es zwischen uns funkte damals, war er Ende dreißig. Adalbert hat etwas haben wollen, was für ihn verboten war. In mir fand er die ideale Frau, die keinen Anspruch auf eine feste Bindung stellte.

Er war ein aufmerksamer Liebhaber und ein kinderfreundlicher Mann und fuhr voll auf meine beiden Kinder ab. Schließlich hatte er ja auch jahrelang Jugendarbeit hinter sich. Er ging mit ihnen zum Fußball, tobte mit ihnen, sang und spielte Gitarre. Ich merkte auch, es fehlt mir jemand bei den Konflikten mit den Kindern. Ein Vater geht anders ran.

Ich nehme keine Pille und achte auf meine fruchtbaren Tage und wurde trotzdem schwanger. Irgendwie war es sicher auch dieses Spiel mit dem Feuer: Was passiert mit uns, wenn es ernst wird?

Meiner Mutter habe ich es zuerst erzählt. Sie war nicht gerade begeistert. Stell dir mal vor, der will mich heiraten, fragte ich sie, was dann? Mir schwante, das funktioniert nicht. Schon allein über sein traditionelles katholisches Frauenbild hatten wir so oft gestritten. Und welchen Beruf sollte er dann ausüben? Hätte ich nicht besser aufpassen müssen? Aber nun war passiert, was eben passieren kann. Es gibt keine Liebe ohne Konsequenzen. Ohne Schwangerschaft wäre es vielleicht jahrelang so weitergegangen mit unserer offenen Beziehung. Und nun? Nun wollte ich ihn doch nicht plötzlich heiraten. Ich wollte gemeinsam mit ihm nach einem Weg suchen – was leider nicht gelungen ist.

Es fiel mir schwer, mit ihm über die Schwangerschaft zu reden, zumal ich mir selbst über meine Einstellung dazu anfangs nicht im Klaren war. Zudem machte er gerade eine Fortbildung und stand unter Prüfungsdruck. Ich wollte ihn schonen, sagte ihm deshalb zunächst nichts davon.

Aber ich schrieb über mehrere Tage einen langen Text, in dem ich ihm von der auch für mich schwierigen Situation berichtete. Bei einem Zusammentreffen, ich war schon im dritten Monat, gab ich ihm endlich die Seiten zu lesen.

Ich beschrieb, unter anderem, die Angst vor seiner Reaktion: ‚Wirst du schreien? Wirst du mir Vorwürfe machen? Wirst du dich zu Exerzitien zurückziehen? Wirst du mir erklären, es ist nicht dein

Kind? Wirst du weinen? Wirst du mich schlagen? Wirst du wegrennen? Wirst du kopflos Entscheidungen fällen? Wirst du einfach stumm bleiben? Wirst du dich hemmungslos betrinken? Wenn die erste Reaktion überstanden ist, fürchte ich mich auch vor den weiteren. Was zieht das nach sich? Ich habe Angst vor dir. Und vor mir gleich mit. Und um dich.'

Und ich artikulierte meine Zweifel, ob nicht eine Abtreibung der vernünftigere Weg sei: ‚Heute habe ich das erste Mal darüber nachgedacht, den leichteren Weg zu gehen. Mit niemandem darüber zu reden und einfach für drei Tage ins Krankenhaus zu gehen. Die Methode des Absaugens ist sicher und schnell. Du würdest so weiterleben wie bisher, unwissend, ahnungslos. Ich könnte all das tun, was ich mir in den letzten Monaten ausgemalt habe. Es ist verlockend, Geschehenes ungeschehen zu machen. Aber ich könnte mir selbst nie mehr wirklich in die Augen sehen.'

Adalberts Reaktion war erst überschwänglich: ‚Oh', rief er aus, ‚wann wird es denn geboren? Wie soll es denn heißen? Weißt du was: Ich werd einfach evangelisch.' Aber am Tag darauf fuhr er fort und beriet sich mit einem priesterlichen Freund. Was da besprochen wurde, habe ich nie erfahren. Adalbert ließ nichts mehr von sich hören. Ans Telefon ging er nicht.

Ich verdrängte meine Schwangerschaft, stürzte mich in meinen Job. Mein ältestes Kind schrieb ihm noch eine Postkarte. Adalbert kam ja nicht mehr zu uns, ließ auch die beiden Großen im Stich. Er hatte dem Jungen aber noch zur Kommunion gratuliert. Auf dessen Dankespostkarte stand irgendwo in kindlicher Schönschreibschrift am Rand: ‚Weißt du eigentlich, dass meine Mutter noch ein Kind kriegt?'

Es kam leider keine Antwort. Meine Tochter wurde nachts geboren, bis wenige Stunden vor der Niederkunft arbeitete ich wie besessen. Nach der Geburt des Kindes habe ich ihn angerufen und tatsächlich erreicht. ‚Ich wollt nur sagen… es ist ein Mädchen!'

Er hat es zur Kenntnis genommen und aufgelegt. Dann war er am Telefon unerreichbar. Sein Orden schirmte ihn gut ab.

Erst zur Vaterschaftsklage trafen wir uns noch einmal wieder: im Flur vor dem Gerichtssaal.

Dort hat er auch das erste und letzte Mal seine Tochter gesehen. Wir saßen uns in dem kahlen Gang gegenüber, das fünf Monate alte Kind lag dick eingewickelt neben mir. Er traute sich nicht einmal zu uns herüber. Ich überlegte, es ihm einfach mal kurz in die Hand zu drücken. Doch jedem meiner Blicke wich er aus und guckte starr aus dem Fenster. Dann wieder schielte er heimlich rüber und schüttelte fassungslos den Kopf.

Im Gerichtssaal bezweifelte er dann, überhaupt der Vater zu sein. Begründung seiner Anwälte: Ich würde in einem Mehrfamilienhaus wohnen, wo auch noch andere Männer leben. Das also war der Mann, der sich noch vor kurzem bei einem gemeinsamen Zoobesuch mit meinen großen Kindern diebisch gefreut hatte: ‚Schön, dass ich als Priester mal eine Familienkarte kaufen kann!‘

Die Klage hatte ich unter großen Schwierigkeiten angestrengt. Es sollte aber alles noch schwieriger werden. Da sich Adalbert entzog, schrieb ich an seinen Ordenschef. ‚Woher sollen wir denn wissen, ob unser Bruder wirklich der Vater Ihres Kindes ist?‘, war das Erste, was ich zu hören bekam.

Dann meldeten sich an seiner Stelle die Rechtsanwälte des Ordens: ‚Wir weisen ausdrücklich darauf hin, dass es unserem Mandanten fern liegt, einen Konflikt mit Ihnen zu suchen. Er möchte, dass die Vaterschaftsangelegenheit ohne Streit, allerdings nach den gesetzlichen Vorschriften geklärt wird.‘ Man habe Adalbert davon abgeraten, die Vaterschaft anzuerkennen, ‚da bei ihm doch Zweifel vorliegen‘.

Ich musste schon schwer schlucken, als ich den Brief las, beauftragte aber nun meinerseits eine Anwältin, die den gängigen Weg in solchen Fällen einschlug: Das Gericht ordnete schließlich einen Vaterschaftstest an. Ergebnis unserer getrennt voneinander abgegebenen DNA-Speichelproben: Zu 99,9911 Prozent ist Adalbert der biologische Vater.

Das war es nun – ein gutes halbes Jahr nach der Geburt. Ich dachte: So weit ist es also klar, aber es war leider längst noch nicht alles.

Der Priestervater wollte trotz der Anordnung des Amtsgerichtes nicht einmal den Mindestunterhalt bezahlen. Der Orden sei arm, und Bruder Adalbert habe ein Armutsgelübde abgelegt, schrieben uns umgehend seine Anwälte. Er verfüge über keinerlei persönliches Einkommen, und daher gebe es auch kein Geld für seine Tochter.

Ich schrieb erneut. Es ging mir nicht nur ums Geld, obwohl ich auch das bitter benötigte. Es ging mir um die Verantwortung, vor der sich der Priester und sein Orden vollständig drücken wollten. Diesmal richtete ich einen Brief direkt an die Ordenszentrale in Rom: ‚Dieses Kind wird also nach dem Willen der Kirche niemals seinen leiblichen Vater wirklich kennen lernen. Die Chance, selbst zu entdecken, wie wichtig der andere Teil des eigenen Lebens ist, wird ihm von einer Institution verwehrt. Übrig bleibt der Traum von einem Vater.'

Entweder, argumentierte ich, man entscheidet sich zum lebenslangen Lügen, trifft sich heimlich und belügt die Kinder. Oder man kehrt zu Gunsten einer Beziehung seiner priesterlichen Berufung den Rücken und trauert ein ganzes Leben dem nach. Beides ist eine Sünde. ‚Bitte schließen Sie in Ihre Diskussionen das Vorhandensein von Priesterkindern, gezeugt von Ihren eigenen Mitbrüdern, mit ein. Mir ist bekannt, dass ich kein Einzelfall bin, und ich weiß auch sehr gut, dass die Entscheidung, gezeugtes Leben unter solchen Rahmenbedingungen auszutragen, eine sehr schwere ist. Helfen Sie auch den Frauen, und zwingen Sie sie nicht, eine Sünde zu begehen. Leben will nicht nur geboren werden, es muss dann auch irgendwie wachsen dürfen. Das kostet nicht nur Kraft, sondern leider auch Geld.'

Von der Zentrale kam ein kurzer Dreizeiler: ‚Wir können uns leider nicht in die Belange unserer Provinz einmischen.'

Es kam erneut zu Gerichtsterminen. Adalbert erschien nicht mehr, man hatte ihm nahe gelegt, Deutschland zu verlassen, und er war in irgendeiner Pfarrei Lateinamerikas untergekommen. Vom Orden war auch niemand da, außer den beauftragten Anwälten. Sie wiederholten laut Gerichtsprotokoll nur ihren bekannten Standpunkt: ‚Eine Rechtspflicht des Ordens, für seinen Ordensbruder einzutreten, gibt es nicht. Sie ist auch nicht konstruierbar. Der Orden lebt von Spenden. Bei einem Ordensmitglied ist es so, dass es, selbst wenn es außen arbeitet, den Verdienst an den Orden abführen muss. Der Orden hat keinen Fonds zur Alimentierung von durch die Ordensmitglieder gezeugten Kindern. Es ist aber trotzdem möglich, dass der Orden für Unterhaltspflichten der Ordensmitglieder aufkommt, sofern die Angelegenheit nicht an die Öffentlichkeit dringt.'

Meine Antwort vor der Richterin lautete: ‚Ich will keinen Unterhalt vom Orden für den Preis, dass ich für das Kind schweigen muss.'

Es ging dann monatelang hin und her zwischen den Ordensanwälten und meiner Anwältin. Der Orden stellte absurd anmutende Tabellen über das finanzielle Leben eines armen Mönches auf. Peinlichst detaillierte Nachweise darüber, dass Adalbert keinen Pfennig für ein Kind übrig haben kann. Er erziele ‚keinerlei Einkommen. Er wird vom Orden lediglich alimentiert. Über seine Alimentierung, sprich die 1250 DM, muss er einmal im Jahr detailliert Abrechnung erteilen'. Weil er als Mönch selbst über kein Einkommen verfügt, sei er ‚ohne jeden Zweifel nicht leistungsfähig, mithin auch nicht unterhaltspflichtig'. Im Übrigen teilten die Anwälte mir mit: Adalbert ‚beabsichtigt keinesfalls, die von ihm gewählte Berufung Ordensmann, die er bereits seit 23 Jahren und seit 15 Jahren als Priester gelebt hat, aufzugeben. Zur Verdeutlichung wird an dieser Stelle darauf hingewiesen, dass eine Ordensmitgliedschaft kein Job ist, sondern eine umfassende, ganzheitliche Tätigkeit. Der Kläger hat seinem Orden versprochen, arm, ehelos und gehorsam zu leben. Ebenso wenig, wie von ihm verlangt werden könnte, dass er wegen eines Kindes heiratet, kann auch nicht von ihm verlangt werden, dass er die von ihm gewählte Ehelosigkeit und die damit verbundene Lebensform aufgibt'.

Meine Anwältin musste sich damit auseinander setzen, dass die Verfassung in Artikel 140 das Selbstbestimmungs- und Selbstverwaltungsrecht der Kirche garantiert. Mithin sind die Rechtsposition der Religionsfreiheit und die darin integrierten kirchenrechtlichen Bestimmungen eines Ordensmannes, sprich das abgelegte Armutsgelübde, verfassungsrechtlich geschützt. Aus der Sicht seiner Tochter, so argumentierten wir, ist es jedoch nicht unbeachtlich, dass sich Adalbert, wie auch der Orden, auf die Schutznormen seiner

Kirche beruft, die er selbst verletzt hat. In der Normenabwägung zwischen den geschützten Interessen des geborenen Kindes und den persönlichen Freiheitsrechten eines Ordenspriesters ist denen des Kindes der Vorrang einzuräumen. Dies gilt selbst dann, wenn das Bundesverfassungsgericht den kirchlichen Interessen in der Regel besonderes Gewicht zumisst.

Eines Tages erschien der deutsche Ordensprovinzial persönlich vor Gericht. Er wiederholte die gleichen Argumente: ‚Bei uns gibt es keine Gehälter. Grundsätzlich ist es so, dass jeder das abgibt, was er erhält, und das bekommt, was er braucht. Entsprechend empfängt auch der Orden das Gehalt und nicht das Individuum.' Leider sei der ganze Fall ‚indiskret geworden', weil die Klägerin darüber nicht vollständig geschwiegen habe. ‚Jetzt ist alles sowieso schon bekannt', konstatierte der Ordenschef. ‚Dennoch' habe Bruder Adalbert ‚Zeit bekommen, um sich zu überlegen, ob er den Orden verlässt. Er hat sich aber für den Orden entschieden. Wir drängen ihn nicht zum Austritt. Wir hätten es aber auch respektiert, wenn er sich anders entschieden hätte'.

Und dann wiederholte der Ordensobere sein letztes Angebot: ‚Zahlungen durch den Orden wären freiwillig und aus Gerechtigkeitserwägungen begründet. Der Orden legt Wert darauf, dass kein Rechtsanspruch besteht. Der Orden will weder selbst verpflichtet sein noch eine Verpflichtung des Beklagten, aber Zahlungen sind möglich.'" So weit Klara.

Schließlich kam es zu einem Vergleich: ohne wirklich klares Urteil. Vorläufig tritt Adalberts Orden für sein Kind ein, solange die Mutter auf die Zwangsvollstreckung der zuvor vom Amtsgericht immerhin bis zum Jahr 2018 festgesetzten Unterhaltspflicht verzichtet. Die Priestertochter bekommt seitdem den gesetzlichen Mindestunterhalt, 158 Euro monatlich. Wenn der Orden nicht weiterzahlt, muss ihr Vater erneut verklagt werden. Der Orden wickelt „die Sache", wie der Provinzial den Fall vor Gericht nannte, sehr diskret über das Konto einer Rechtsanwältin ab.

Doch Klara sagt, sie will den Vater ihres Kindes nicht verteufeln. Sie beschäftigt vielmehr vor allem, was Catharina von Adalbert mitbekommen hat. Denn sie merkt von Tag zu Tag deutlicher: Dieses Kind ist anders als ihre beiden anderen. Ein Jahr nach Catharinas Geburt schreibt sie an Adalberts Mutter, die von ihrer Existenz und ihrer Enkelin nichts weiß:

Lange habe ich überlegt, ob ich Ihnen wirklich schreiben soll ... Ich gehöre zu der Gemeinde, in der Ihr Sohn Kaplan war. Dort habe ich ihn kennen gelernt. Damals erinnerte er sich daran, dass sein eigener Vater – Ihr Mann also – 40 war, als er zum ersten Mal Vater geworden ist. Er hat lange darüber nachgedacht, was in seinem Leben wirklich wichtig ist. Als uns beiden klar war, dass die priesterliche Berufung für Ihren Sohn höher wiegt als alle anderen Dinge, war ich leider bereits schwanger. Daraufhin hat er jeden Kontakt zu mir abgebrochen.

Im September habe ich unsere Tochter Catharina zur Welt gebracht. Der Orden Ihres Sohnes hat um eine offizielle Vaterschaftsanalyse gebeten. Diese ist erfolgt und hat bestätigt, dass Ihr Sohn wirklich der Vater unserer Tochter ist.

Ihr Sohn hat sie nicht kennen gelernt und auch keinen Kontakt zu uns gesucht. Er wird seinen Weg als Priester weitergehen.

Sie sollen wissen, dass ich diese Entscheidung unbedingt akzeptiere, auch wenn ich der Überzeugung bin, dass eine Begegnung von Vater und Tochter gut für beide wäre.

Ich finde es wichtig, dass eine Mutter erfährt, dass sie Großmutter geworden ist. Deshalb schreibe ich Ihnen.

Aber ich schreibe diesen Brief auch für mich. Vieles sehe ich bei Catharina, das ich aus meiner Familie nicht kenne. Darf ich Sie einfach verschiedene Dinge fragen?

Catharina ist ein herrliches, aufgeschlossenes und fröhliches kleines Mädchen. Sie ist selbstbewusst und dazu sehr charmant. Ich habe den Eindruck, dass sie sehr musikalisch ist. Hat Ihr Sohn auch schon mit einem Jahr Melodien gesungen?

Bekam er auch schon so früh ganz viele Zähne? Catharina hat heute – mit 15 Monaten – schon zwölf Zähne.

Gibt es in Ihrer Familie Ohrenprobleme? Catharina hat sehr oft Mittelohrentzündungen, und ich wüsste sehr gern, ob das vielleicht vererbt ist.

Wahrscheinlich muss ich sie noch in diesem Jahr operieren lassen, weil sie Flüssigkeit in den Ohren hat. Diese muss durch das Trommelfell ablaufen, sonst könnte es passieren, dass sie eines Tages nicht mehr hören kann. Konnte Ihr Sohn auch schon mit einem Jahr so gut und sicher laufen? Catharina ist einfach aufgestanden und losgelaufen, sie musste fast gar nicht üben.

War Ihr Sohn auch so fröhlich und offen? Das kann allerdings auch von meiner Familie kommen …

Hat er auch so wenig geschlafen? Catharina ist fast den ganzen Tag wach, ohne müde zu werden – dafür schläft sie die ganze Nacht hervorragend.

Hat Ihr Sohn auch so viel und schnell gegessen? Catharina könnte den ganzen Tag essen. Und sie isst zum Glück auch wirklich alles gern.

Gern würde ich Ihnen noch mehr Fragen stellen. Wenn ich Catharina mit meinen beiden großen Kindern vergleiche, dann sehe ich viele Unterschiede. Vielleicht treten Sie ja mit mir in Kontakt …

Auf den Brief erhielt Klara keine Antwort.

Catharina, die Tochter mit einem Vater auf Foto- und Gerichtspapier, von dem sie noch nichts weiß, läuft munter zwischen den Tischen im Café ihrer Mutter hin und her, ist mit vielen Gästen vertraut. Gleich nach ihrer Geburt hatte Klara ihrer Tochter einen Brief geschrieben. Den soll sie später einmal lesen:

Liebe Catharina,

eines Tages wirst du mir Fragen stellen, die ich dir dann möglicherweise nicht beantworten kann. Vielleicht sind sie dir furchtbar wichtig, vielleicht aber hat sich unser Leben auch so entwickelt, dass dir anderes wichtiger ist. Für alle Fälle – und vielleicht auch ein wenig für mich – will ich heute schon darauf antworten, wovon ich mir vorstellen kann, dass du mich das eines Tages fragen wirst:

Mama, wer ist denn mein Papa?

Dein Vater ist ein Mann, der mir in meiner Erinnerung einerseits emotional sehr nah war und andererseits immer fremd geblieben ist.

Der wichtigste Grund, warum wir einander nie wirklich kennen gelernt haben, ist sein Beruf. Er ist katholischer Priester – mehr noch, er gehört einem Orden an. Katholische Priester dürfen sich nicht eingestehen, dass sie einen anderen Menschen lieben – erst recht aber dürfen sie keine Kinder zeugen.

Ich habe deinen Papa als einen fröhlichen und ziemlich unbeschwerten Menschen in Erinnerung. Wir haben sehr viel miteinander gelacht, wir haben uns beide an derselben Musik erfreut, und wir haben uns auch heftig gestritten. Besonders mag er in meiner Erinnerung Kinder. Deine Geschwister waren regelrecht vernarrt in ihn. Wir haben alle gemeinsam einiges unternommen, und durch ihn sind die beiden Pfadfinder geworden. Er ist … und hat viele Jahre in … gelebt.

Ich glaube, seine Herkunft und seine Geschichte haben ihn sehr geprägt. Als wir uns dann doch näher gekommen sind, als es sein durfte, ging es ihm gar nicht gut. Trotzdem konnten wir nicht wirklich Abstand voneinander nehmen. Als er sich endlich entschieden hat, dass ihm die Gelübde wichtiger sind als alles andere, da warst du schon in meinem Bauch. Aber das wussten wir beide noch nicht.

Hat er mich denn jemals kennen gelernt?

Bevor ich dir diese Frage beantworte, sollte ich dir vielleicht erzählen, wie er reagiert hat, als ich ihm das erste Mal von dir erzählte. Da warst du erst acht Wochen alt und höchstens so groß wie ein Stecknadelkopf. Aber ich hatte dich im Ultraschall schon bewundert und lieb gewonnen. Ich hatte das Gefühl, deinem Vater ist der Boden unter den Füßen ins Wanken geraten. Trotzdem hat er mich zuerst in seine Arme genommen, befunden, dass du ganz bestimmt sehr schön wirst (er hat Recht behalten), und danach gefragt, wie du heißen sollst.

Er suchte offensichtlich einen Ausweg – er mag Kinder wirklich sehr – und schlug lachend vor, evangelisch zu werden, um Priester bleiben zu können.

Das war aber nur die allererste Reaktion, und die kam von ganz innen. Alles, was ich später erfuhr, muss das Ergebnis harter Erziehung und einer schicksalhaften Beratung gewesen sein.

Leider hat dein Vater dich nicht kennen gelernt. Wahrscheinlich hat er geahnt, dass man dich nur lieb haben kann, wenn man dich kennt. Und wenn man jemanden lieb gewinnt, kann man sich nicht mehr verstecken.

Ich habe mir sehr gewünscht, dass ihr euch länger begegnet. Ihr habt euch nur ein einziges Mal während der Gerichtsverhandlung gesehen. Da hatte er schon vergessen, dass wir uns einmal sehr nahe waren und erklärt, dass er vielleicht gar nicht dein Vater ist …

Ob er mich manchmal trotzdem etwas mag?

Weißt du, ich glaube, er versucht, uns beide – nein, uns vier – zu vergessen. Jemanden zu mögen heißt ja, sich mit diesem Jemand auseinander zu setzen, ihn kennen zu lernen.

Er hat sich vorher ausgeklinkt aus unserem Leben. So hat er sich auch aus der Verantwortung geschlichen, die ein Vater für sein Kind hat.

Ich glaube, er hat vor allem Angst, dass er, wenn er dich kennen lernt, auch eine Beziehung zu dir aufbaut.

Erstens darf er das aber nicht, die Kirche will das nicht, und deshalb will er das auch nicht. Er hat das sogar einmal geschworen.

Zweitens will er das nicht, denn dann stellt er sich selbst und sein Gelübde und seinen Weg in Frage. Er wäre nicht mehr frei.

Werde ich ihn eines Tages kennen lernen?

Ich werde dich nicht daran hindern. Wenn es mir gelingt, werde ich versuchen, seinen jeweiligen Aufenthaltsort zu erkunden. Wenn du eines Tages so stark bist, dass du ihm begegnen kannst und ihm ins Gesicht schauen willst, dann werde ich dich dabei unterstützen.

Wolltest du mich wirklich?

Wenn du mich schon so direkt fragst, dann muss ich auch ehrlich antworten.

Zunächst hatte ich wahrscheinlich vor allem Angst – vor der Reaktion deines Vaters, vor einem Leben mit einem dritten Kind, vor der Ungewissheit. Damals habe ich sehr darüber nachgedacht, mich von dir zu trennen. Da kannte ich dich ja noch nicht.

In dem Moment, als ich dich zum ersten Mal im Ultraschall entdeckt habe, fing ich an, dich richtig zu wollen. Und das hat bis heute nicht aufgehört.

Deine Mama

Neulich war der Große mit in einem Gottesdienst. In der Predigt ging es um Ehe und Liebe. „Wieso predigt der darüber, der weiß doch gar nicht, was das ist", flüsterte der Junge seiner Mutter zu. Dann lehnte er sich zurück und hörte nicht mehr zu. „Die Kirche", sagt Klara bitter, „macht es Männern besonders leicht, sich ihrer Verantwortung zu entziehen. Man sollte am besten Mönch werden, dann kann man in der Weltgeschichte herumvögeln. Und wenn etwas passiert, übernehmen andere die Verantwortung. Diese Institution moralisiert über Ehe, Familie und Liebe, aber sie schützt ihre unmoralischen Männer und lässt die anderen fallen, das sind die Frauen und vor allem die Kinder."

Catharina steckt eine Erdnuss ins Weinglas ihrer Mutter und lacht sie herausfordernd an. „Adalbert weiß nicht, was er für eine herrliche Tochter hat. Er verpasst was an dem Kind." Ähnelt sie dem Vater? „Oh, fast in allem. Sie hat viel Faszinierendes von ihm: ihr Aussehen, ihre Power, ihre kräftige Stimme. Sie ist präsent, sie füllt den Raum aus, sie steht im Mittelpunkt, wenn sie da ist. Und merkwürdigerweise geht sie gern in die Kirche, obwohl wir das selten machen. Wenn man so was erben kann, dann hat sie auch das geerbt, seine Faszination für sakrale Dinge." Und dann schaut sie noch mal aus dem Fenster: „Wenn die Zeit reif ist, will ich beide zusammenbringen. Natürlich nur, wenn sie auch will. Aber eines Tages wird es diese Auseinandersetzung geben."

Eine Kindheit hinter Masken

Thomas, 26, aus Tutzing am Starnberger See. Seine Mutter war Lehrerin an einer Klosterschule, die sein Vater, ein Benediktinermönch, leitete. Sie bekamen heimlich zwei Kinder, 1977 Thomas und 1980 Gabriele. Als Thomas zwölf war, zog der Vater zur Familie, woraufhin beide Eltern ihre Arbeit verloren. Ehe und Familie scheiterten; Thomas wurde depressiv und erkrankte mit 17 an Krebs. Er überlebte knapp. Derzeit arbeitet er in einem Biergarten.

Masken

Ich setzte mir die Maske des Traurigen auf, und der graue, uns alle umgebende Schatten nahm mich in sich auf. Ich unterschied mich in nichts, doch spürte ich vereinzelte Zuckungen, die teilweise auch von mir auszugehen schienen und in dem zähflüssigen Etwas schnell verebbten. Und je länger ich mich hier befand, umso schwerer wurde es, die Maske wieder abzunehmen, sie schien mein Gesicht darunter immer mehr ihren eigenen Zügen anpassen zu wollen, so dass man selbst ohne diese Maske doch noch aussah wie mit ihr.

Dann setzte ich die Maske des Glücklichen auf, eines Lächelnden mit fröhlichen Augen, und die graue Masse tat sich auf und ließ mich fallen, doch aus den Wänden des Loches, in das ich fiel, reckten sich tentakelartige Arme, die versuchten, meine Maske herunterzureißen.

Alsbald setzte ich die Maske des Gottes der Menschen auf, und ich sah sie sich vor ruinenhaften Säulen verneigen und seltsamen Tieren nacheilen, deren Exkremente das Einzige waren, welches sie jemals erreichten. Sie glitten in ihnen aus und wurden von den Nachfolgenden überrannt, manche standen wieder auf und liefen weiter, andere blieben liegen und starben. Und sie bemalten und verunstalteten meine Maske bis zur Unkenntlichkeit, begriffen sie als Karikatur und als Witz, und nur wenige waren in der Lage, sie in ihrer Ganzheit noch zu erkennen.

Danach nahm ich die Maske des Todes vor mein Gesicht, und die Reaktion war ähnlich wie bei der des Glücklichen. Die Menschen mieden mich und stießen mich aus, alle ihre Gesichter in andere Richtungen gewandt, alle die Arme ablehnend erhoben. Die wenigsten allerdings nahmen mich überhaupt wahr.

Als Letztes nahm ich alle Masken ab und mischte mich unter die Menschen. Ich ging einfach geradeaus, und zuerst passierte nichts. Ich wurde nicht abgelehnt und nicht aufgenommen, doch dann hörte ich lauter werdende Rufe hinter mir, und Menschen wandten sich um und gingen mir nach. Die weiter hinten fingen an zu laufen, und die Rufe überholten mich. Die Menschen vor mir wurden auf mich aufmerksam, und allmählich bildeten sie einen Kreis um mich, aus dem es kein Entrinnen gab. Sie nahmen Steine auf und warfen nach mir, und ich sank langsam zusammen und wurde bewusstlos, und durch meine zu einem Spalt geschlossenen Augen sah ich mit anfangendem Delirium, wie alle Menschen ihre Masken verloren, und ich wusste, warum sie mich umgebracht hatten.

Thomas, 1994, auf der Krebsstation des Schwabinger Krankenhauses

Eigentlich hätten ihn schon die zwei großen Teller mit Pfannkuchensuppe stutzig machen müssen. Normalerweise bekam er nicht mal ein Eis an der Tankstelle. Und nun gleich die doppelte Portion seines Leibgerichts? Thomas beschloss, das ungewohnte Glück nicht durch Nachfragen zu gefährden, und löffelte los.

Nach dem Essen gingen sie in ihr Hotel – er, seine Mutter und deren Schulkollege Anselm. Sie waren in Ulm, auf einem ihrer Ausflüge zur Besichtigung alter Kirchen. Die 700 Treppenstufen hinauf in die Spitze des Münsters waren Thomas endlos erschienen, aber dafür hatte er am Ende auf dem höchsten Kirchturm der Welt gestanden. Seine Mutter machte die Hotelzimmertür hinter sich zu und sah ihn an. „Thomas", sagte sie, „ich habe dir doch versprochen, dass du deinen Vater kennen lernen darfst, wenn du neun Jahre alt bist."

Seine Kehle wurde schlagartig trocken. Was? Hier? Jetzt? War sein Vater von Rom nach Ulm verlegt worden? Er sah ein Bild vor sich: Da sitzt sein Vater, ein großer, schwarzhaariger Mann mit markanten Zügen, an einem Werktisch und arbeitet an medizinischen Geräten. Im Traum war er Thomas so erschienen – da hatte er durch das einzige erleuchtete Fenster eines Dornröschenschlosses irgendwo in Italien geschaut und seinen Vater entdeckt. Als er aufwachte, wusste Thomas, dass dieser Traum die Antwort seines Unterbewusstseins war auf das Rätsel, das ihnen die Mutter von klein an aufgegeben hatte: Der Papst in Rom halte seinen Vater, einen Doktor, gefangen. „Und", brachte Thomas schließlich heraus, „wer ist es?"

Die Mutter machte eine Handbewegung zur Seite und sagte nur: „Er." Was?! Pater Anselm? Aber der – der konnte doch gar nicht! Der durfte doch gar nicht, das wusste der Ministrant Thomas genau. Er staunte. Und ärgerte sich. Dass sie ihn so lange an der Nase herumgeführt hatten. Dabei war sein Vater bloß der Typ, der fast jeden Tag in ihrer Küche saß.

Er musste schlucken. Pater Anselm war so gar nicht der Papa, von dem er geträumt hatte – kein Held wie 007-Agent Sean Connery, kein Abenteurer wie Reinhold Messner, nicht mal ein berühmter Arzt. Attraktiv war er auch nicht gerade. Instinktiv begriff Thomas etwas, das bei einem Neunjährigen verblüffen mag. Er dachte nämlich, dass er selbst mal so aussehen könnte wie der Mann vor ihm: klein, etwas untersetzt und kahlköpfig. Eine Vorstellung, die ihm schwer zu schaffen machte.

Sein Vater lächelte. Thomas riss sich zusammen. Er mochte seinen Vater, das schon. Außerdem war es fies von ihm gewesen, so über den netten Mönch zu denken, der ihn sogar zweimal – ganz allein, ohne Mama – zum Zelten nach Süditalien mitgenommen hatte. Deshalb also! Nicht Mamas Kollege, nein, sein *Vater* hatte mit ihm Urlaub gemacht. Er hätte sich gar nicht zu genieren brauchen, dass der, den er am Strand vor den anderen Urlaubern „Onkel Anselm" rief, in Wirklichkeit gar nicht sein Onkel war, sondern ein Mönch. Thomas hatte gar nicht wirklich gelogen. Im Gegenteil, dieser Mann stand ihm sogar noch viel näher. Er war „Papa". Bei dem Wort wurde Thomas ganz schwindelig.

„Du verstehst jetzt, warum wir es dir vorher nicht sagen konnten, Thomas", hörte er seine Mutter sagen, „jetzt bist du aber doch alt genug, das Geheimnis für dich zu behalten." Er nickte abwesend.

Mama holte Karten. Auf den Schock hin spielten sie stundenlang Skat.

„Und dabei dämmerte mir“, erzählt der 26-Jährige, „worin die eigentliche Enttäuschung bestand. Nichts war wirklich besser geworden dadurch, dass ich endlich wusste, wer mein Vater ist. Bisher war ich sozusagen blind gewesen. Nun konnte ich zwar sehen. Doch dafür war ich jetzt dazu verurteilt, stumm zu sein.“ Nicht mal Thomas' kleine Schwester Gabriele, auch sie eine Tochter des Mönchs, durfte Bescheid wissen. Und das Wort „Papa“ ist das Synonym für Sehnsucht geblieben. Thomas nennt seinen Vater „Anselm“.

Thomas trägt sehr lange Haare und einen Ziegenbart. Sein rundes Gesicht versteckt er unter einem braunen Schlapphut. Sweatshirt und Army-Hose sind fleckig und abgetragen. Aus dem Klerikerkind ist ein Hippie geworden. Ein blonder Rebell mit angenehmer Stimme und kleinen, schlauen Augen.

Zwischen damals und heute liegt eine schwere Krankheit. Thomas hatte mit 17 Krebs – Non-Hodgkin grande maligne. Der Tumor war groß wie eine Männerfaust, als er entdeckt wurde, und die Überlebenschancen lagen gerade mal bei 70 Prozent. Zwischen damals und dem Krebs liegt die Zeit der Masken. Die des Verschwörers, der niemanden in das Familienkomplott einweihen darf. Der wie ein Pokerspieler keine Regung zeigen darf, auch dann nicht, wenn es um einen der wichtigsten Menschen im Leben geht: den eigenen Vater. Die Maske des coolen Außenseiters, nachdem das Komplott auffliegt. Die Maske des Starken, der in der Schule seine Schwäche verbirgt, nicht ahnend, dass er todkrank ist.

Die Krankheit, sagt er, habe ihm alle Masken runtergerissen und ihn befreit. Wirklich? Thomas ist offen und freundlich. Er erzählt schnell und viel, von sich, von seinen Idealen. Was er sagt, ist durchdacht. Er biedert sich nicht an, wirkt abgeklärt, aber nicht arrogant. Und doch ist da diese intellektuelle Distanz, als trüge der smarte Priestersohn immer noch eine Maske. Vielleicht ist sie ihm zur zweiten Natur geworden, hat er sein Inneres vor sich selbst maskiert.

„Ich bin immer unglücklich verliebt“, sagt er etwa, „und ich bin es gern.“ Sagt Thomas das, oder sagt das die Maske des Tapferen?

Dann lacht er in sich hinein, zieht dabei die Schultern hoch, schlackert mit den Armen und kichert leise wie ein Kind, wenn es albern wird, weil niemand mit ihm spielt.

So wie er aussieht, könnte Thomas selbst ein Mönch sein. Das ist kein Zufall. Den „Tutzinger Keller“, einen alternativ angehauchten Biergarten am Starnberger See, nennt er „eine Art säkularen Orden“. Hier wohnt und arbeitet er in einem Kollektiv Gleichgesinnter. Thomas zieht an seiner Selbstgedrehten. „Mein Vater hatte auch diese Idee eines Gemeinschaftsprojekts mit seiner Klosterschule, aber er konnte sie nicht umsetzen. Weil er außerdem etwas tat, was verboten war.“

Als sein Vater sich in seine Mutter verliebte, war er 39 Jahre alt und Direktor der Klosterschule Schäftlarn. Sie war 26 und sah aus wie die Maria Magdalena auf einem der barocken Altarbilder in der Kirche des Benediktinerklosters: ein üppiges Weib mit wallenden blonden Haaren, deren Gewand von weiß schimmernden Schultern rutscht, während ihre Arme das Kreuz mit dem Sterbenden umklammern. „Schon als die Gisela sich bei mir vorstellte, spürte ich ihre erotische Persönlichkeit“, sagt Thomas' Vater.

Das sind sehr offene Worte für einen, den die Kirche erzogen hat. „Über Gefühle oder gar Sex wurde nie geredet, nicht einmal im Zusammenhang mit dem Gebot der Keuschheit“, sagt er und macht eine Pause. Dann sagt er etwas Ungeheuerliches: „Sexuell aufgeklärt wurde ich von einem Pater, als ich Schüler im Klosterinternat war. Das war in meinem Fall hilfreich. In anderen Fällen war es nicht hilfreich. Der Pater ist später verurteilt worden – er ist wegen Missbrauchs Minderjähriger im Gefängnis.“

Auch in Anselms Leben gab es nicht viel Vater. Als Anselm Grundschüler war, war sein Vater im Krieg. Als er wiederkam, war Anselm zehn und besuchte dasselbe Benediktiner-Internat in Schäftlarn, dessen Rektor er war, als Gisela in sein Leben trat.

Diese Frau forderte ihn in jeder Hinsicht heraus: Nach einem Doppelstudium war Gisela zugleich Kunstlehrerin und Architekturingenieurin – und ganz nebenbei erzog die frisch Geschiedene noch einen kleinen Sohn. Die Faszination war gegenseitig. „Anselm hat mir in jeder Hinsicht imponiert", schwärmt Thomas' Mutter, „sein Intellekt, seine Pädagogik, seine Menschlichkeit. Er war nie Priester in dem Sinne, auch wenn er im Dienst stets den schwarzen Habit trug."

Thomas, seine Mutter und sein Vater erzählen getrennt voneinander ihre Geschichte. Der Ex-Pater möchte es so, und Thomas erzählt seinen Eltern sowieso nicht alles. „Ich hab überhaupt kein Interesse, meiner Mutter zu sagen, wenn ich eine Freundin habe oder so etwas", sagt er. „Intimes halte ich von meiner Familie fern. Es ist nicht gut, was da kommt. Ich versuche, mich mit der ganzen Familiengeschichte eher intellektuell zu befassen, nicht emotional. Das hält man nicht aus."

Thomas war ein Wunschkind. „Ich wollte die Pille nehmen", sagt die Mutter, „aber Anselm war dagegen." Warum, erklärt der Ex-Mönch so: „Ich habe darunter gelitten, so viele Kinder zu unterrichten und selbst keines zu haben. Ich wäre doch auch der Aufgabe, ein eigenes Kind zu erziehen, gewachsen, dachte ich."

Am 17. April 1977 kam Thomas zur Welt. „Kerngesund und kräftig, über vier Kilogramm, schwarze Locken und eine gut durchblutete Körperfarbe", notierte seine Mutter. Anselm war erleichtert. Falls das Kind behindert geboren worden wäre, hätte er sein Amt aufgegeben, das hatte er sich selbst versprochen. Beim Jugendamt machte Gisela einen Strich an der Stelle, wo der Vater hätte eingetragen werden müssen, und schrieb: „Keine Auskunft."

Für die Geliebten war die Heimlichkeit ihrer Beziehung anfangs „sehr schmerzhaft", wie Thomas' Mutter sagt, „aber irgendwann Normalität". Sie profitierten beide von dem Arrangement: Sie hatte in ihm einen Mann, der sie niemals wieder mit der für sie einengenden Rolle einer Ehefrau bedrängen würde, wie ihr Ex-Mann das getan hatte. Und er hatte eine Geliebte und ein Kind, ohne dass er seinen Beruf aufgeben musste. Dennoch, belastet hat ihn das zunehmend. „Ich wollte beides: die Beziehung mit Gisela und das Leben im Kloster. Aber es ging nicht", sagt Anselm. „Das ist für mich noch unbewältigt."

Dabei funktionierte es in den ersten Jahren erstaunlich gut. Gisela wohnte mit ihren Söhnen in einer Wohnung, die zum Klosterkomplex gehörte, direkt gegenüber von Anselms Zelle. Während ihrer langen Telefonate konnten sie sich zuwinken. In der Dunkelheit schlich er sich zu ihnen, wickelte das Baby, schmuste mit der Geliebten. Als Schuldirektor konnte er einen für die Alleinerziehende passenden Stundenplan stricken – mit Freistunden zum Stillen des Säuglings und für die Wege zum Kindergarten mit dem älteren Kind. Und wenn jemand laut rätselte, wer denn wohl Thomas' Vater sei, erging sich Gisela in Andeutungen: Der Vater von Magnus, ihr geschiedener Mann, würde doch noch zum Wäschewaschen vorbeikommen…

Thomas war ein „strahlendes Kind", sagt seine Mutter. Schon mit zwei Jahren formulierte er Sätze wie: „Weißt du, Mama, an und für sich sollte man das besser so machen." Damals fragte Thomas auch zum ersten Mal nach seinem Vater. „Da hab ich ganz spontan gesagt: Ja, weißt du, der ist in Rom", erinnert sich Gisela. „Später hab ich dann gesagt, der Papst halte ihn fest. Und dass er Doktor sei – denn Anselm war ja promovierter Theologe, und die Kinder sollten wissen, dass ihr Vater ein kluger Mann ist."

Ein Jahr später passierte eine Katastrophe. Thomas war drei, als Gisela merkte, dass sie wieder schwanger war. Die Erkenntnis schlug ein wie der Blitz. Diesmal, das war ihr klar, würden die Fragesteller nicht so schnell verstummen, wenn sie auf Magnus' Vater verwies. Direkt neben dem Kloster ein weiteres uneheliches Kind zu gebären, schien ihr selbst dann unmöglich, wenn die Sache mit Anselm nicht aufflog. Schließlich war sie als Kirchenangestellte zu einem gewissen Lebenswandel verpflichtet.

Gisela kündigte ihre Wohnung. Sie erwarte ein weiteres Kind, schrieb sie förmlich ihrem Vermieter und Arbeitgeber, und wolle zum Vater ihrer Kinder ziehen. Dann habe sie einen zweiten Brief an den Abt aufgesetzt. Schließlich waren sie Duzfreunde und schon gemeinsam mit Kollegen in den Skiurlaub gefahren. „Du musst mir helfen", schrieb sie, „mir geht's dreckig." Eine Antwort kam nicht. Erst ein paar Tage später, als der Ordenschef zufällig in einem der vielen Gänge des Klosters an ihr vorüberging, habe er kurz innegehalten, um zu flüstern: „Ich sag dir nur eins: Man muss kein Kind bekommen." Die Katholikin beharrt darauf, dass dieser Satz gefallen sei – „Eine Mutter vergisst so etwas nie".

Der Benediktinerabt dagegen streitet diese Bemerkung ab. Auch einen derartigen Bettelbrief habe er nie erhalten. Das „Doppelleben" seines Schulleiters und der Kunstlehrerin sei als „ein eisernes Geheimnis gehütet" worden, erklärt er, das „mir verborgen" blieb. Spitz fügt er hinzu: „Das Bekanntwerden einer zweiten unehelichen Schwangerschaft mit ungenanntem Vater war ohnehin schon für den Ruf der Schule nicht gerade zuträglich."

Anselm bot seiner Partnerin damals auch keinen Beistand. Zwar war er gegen Abtreibungen – doch angesichts der Not seiner Partnerin erklärte er ihr, wenn sie keinen anderen Ausweg wisse, dann würde er sie daran nicht hindern. Auf die Idee, dass er das Kloster verlassen könnte, kam er nicht: Zu sehr hing er an der Schule. Und sie wiederum wollte ihn nicht unter Druck setzen.

„Dann mach ich's eben allein", habe sie sich gesagt. Es klingt noch heute trotzig. Die Umstände waren widriger als gedacht: Die bayerisch-katholischen Vermieter winkten allesamt ab, wenn sie mit ihrem dicken Bauch, an jeder Hand ein Kind, zur Wohnungsbesichtigung kam. Sogar die Mutter-und-Kind-Heime hatten keinen Platz in der Herberge: drei Kinder, das sei entschieden zu viel. Als die Zeit in der Klosterwohnung ablief, war Juni. Gisela zog mit ihren Kindern in eine Notunterkunft, eine Sommerhütte ihrer Verwandtschaft. Es gab dort weder fließend Wasser noch Telefon, aber es war ein Bethlehem, ihr Stall mit Platz zum Schlafen.

Schließlich kaufte Gisela ein Grundstück. Ihre Mutter gab ihr ein Darlehen. Wozu hatte sie Architektur studiert? Geld für Bauarbeiter hatte sie zwar nicht, aber zwei tüchtige Hände und den Mut der Verzweiflung. „Ich hatte nur noch den einen Lebenswunsch: Jeden Abend ein warmes Bett für meine Kinder", erinnert sie sich. Im November kam sie dann mit Gabriele nieder – eine Sturzgeburt, bei der sie im Krankenhaus und doch allein war. Die Wehen setzten so plötzlich ein, dass sie keine Zeit hatte, nach einem Arzt zu klingeln.

In dem Haus, das Gisela im folgenden Jahr an den Wochenenden zusammenzimmerte, wohnen sie und Gabriele heute noch. Es ist ein eigenwilliges Gebäude, eine Art Dauerprovisorium aus den unterschiedlichsten Materialien, ein Zeugnis der Armut und der Kreativität seiner Besitzerin. Keine Tür schließt fugenfrei, keine Wand ist nahtlos verputzt, die Treppen ähneln eher Leitern, und fließend Warmwasser gibt es bis heute nicht. Das Zimmer, in dem heute Gabriele wohnt, diente in den ersten zehn Jahren als Küche und Wohnzimmer in einem, denn es war neben dem Familienschlafzimmer der einzige beheizbare Raum. Seine Decke ziert ein buntes Gemälde aus Sonnen und musizierenden Engeln, das vage an manche Kirchenfresken erinnert – ein Werk der Bauherrin selbst.

Thomas ist erst vor einem Jahr ausgezogen. „Ich habe es nur so lange bei meiner Mutter ausgehalten", betont er, „weil ich am Ende sowieso nur noch zum Schlafen kam." Er weiß, dass seine Mutter hart gekämpft hat, um ihn und seine Geschwister allein durchzubringen. Sie kämpft immer noch. Gisela Forster hat sich voriges Jahr auf einem Donauschiff zur katholischen Priesterin weihen lassen. Bisher schrieb sie mit dieser Provokation zwar keine Kirchengeschichte, aber immerhin berichtete jede Zeitung über sie. Der Papst hat sie exkommuniziert. „Sie macht immer etwas", sagt Thomas, „und die, die nicht mitmachen, schiebt sie zur Seite. Ich hab heute noch Angst, Leuten im Weg zu stehen."

Es scheint ungerecht, dass eine Frau, die wie eine Löwin für ihre Kinder gekämpft hat, von ihnen dafür nicht nur Dankbarkeit erntet. Aber Gisela ist sich bewusst, was sie ihren Kindern, und speziell ihrem Sohn Thomas, zugemutet hat. Denn im Gegensatz zu seinen Geschwistern war er ihr „Vernünftiger", der, den sie in ihre Probleme einweihte und dabei oft überforderte. Magnus, der ältere Bruder von Thomas, war zu verträumt, er vergaß alles über sein Spiel; und Gabriele blieb immer „die Kleine". „Thomas dagegen lädt alles auf sich", sagt die Mutter, „er gibt nach, leidet mit, denkt mit. Natürlich hab ich versucht, mir meine Kinder anzugucken und mich zu fragen, was sie brauchen. Aber so allein wie ich war, hab ich natürlich auch immer gehofft, dass die Kinder mich unterstützen."

Und so nahm schon der kleine Thomas die Rolle des abwesenden Vaters ein. Die drei Geschwister mussten oft zurückstecken, sich anpassen, braver sein als andere Kinder. Mitten in der Bauphase stand plötzlich eine fremde Frau vor Gisela. „Ich hab hier die richterliche Anordnung", sagte die Vertreterin vom Jugendamt, „Ihnen die Kinder zu entziehen. Sie sind angezeigt worden, weil die Kinder auf der Baustelle nächtigen. Der Älteste soll zu seinem Vater, die Kleinen ins Heim."

Vielleicht empfand Thomas damals zum ersten Mal Schuldbewusstsein. Er wusste, dass seine Mutter die Frau vom Amt belog, als sie bestimmt erwiderte, dass die Kinder bei ihr „völlig sicher" seien. Denn er war es ja gewesen, der in eine Baugrube gefallen war, drei Meter tief, so dass er mit dem Gesicht auf einem Stahlgerüst aufschlug. Weil er auf den Brettern, die über dem Erdloch lagen, balanciert hatte.

Damals musste sich der Priestersohn auch schon eine Maske aufsetzen: die des Lügners. Seine Mutter bat ihn, dem Arzt nicht zu sagen, dass der Unfall auf der Baustelle passiert war. Er sagte also dem Doktor: „Ich bin auf einen Baum geklettert, heruntergefallen und auf einer Wurzel aufgeschlagen." Sein Herz schlug dabei so laut, dass er meinte, der Lärm müsse ihn überführen. Aber nichts geschah: Der Arzt nickte und tastete sein verschwollenes Gesicht ab. Und der Vierjährige fühlte sich zugleich erleichtert und beschwert.

Thomas' Mutter ist eine kluge, eloquente Frau. Auf Äußerlichkeiten gibt sie nicht viel – ihr Haar ist oft ungekämmt, ihr Haus selten aufgeräumt. Aber die Studienrätin spricht klar und sehr überlegt. Sie hat einen wachen Blick und eine fröhliche Stimme. Und so überzeugte sie erst die Frau vom Jugendamt und dann, am darauf folgenden Montag, die Amtsrichterin, vor der sie und die Kinder sich aufstellten – alle vier mit neuen Kleidern und frisch gewaschenen Haaren. Sie werde, versprach Gisela, für die Kinder eine sichere Bleibe finden, bis das Bauamt den Rohbau genehmigt habe. Tatsächlich wohnten die Kinder dann reihum bei Freundinnen. Ihrem Sohn Thomas schärfte sie ein, darauf Acht zu geben, dass er, sein Bruder und die kleine Gabriele „lieb" sein würden.

Als ein halbes Jahr später zwei Räume im Haus fertig waren, durften die Kinder wieder offiziell zu ihrer Mutter ziehen. Heimlich hatten sie freilich schon vorher immer wieder auf der Baustelle übernachtet: Im Schutz der Dunkelheit waren sie auf ihr Matratzenlager gehuscht.

Sie kuschelten sich noch jahrelang nebeneinander auf vier Matratzen. Als Magnus als Erster der vaterlosen Familie aus dem gemeinsamen Schlafzimmer auszog, war er schon zehn Jahre alt. „Wenn ich heute Schwangeren begegne", sagt Thomas, „die schon überlegen, wo sie das Kinderzimmer einrichten – das finde ich schade. Ein Kind sollte doch die ersten Lebensjahre relativ dicht bei seinen Eltern sein und nicht abgeschoben werden in sein Zimmer."

Seine frühe Kindheit erinnert Thomas als durchaus vergnügt. Viel gelacht hätten sie daheim und viel musiziert – er selbst spielte mit Hingabe Waldhorn, seine Mutter Geige, die Schwester Klavier und der Bruder Trompete. „Eine extravagante, aber durchaus nette Kindheit", bilanziert der junge Mann etwas kokett. Sicher, ein Vater habe gefehlt: einer, mit dem die Jungs hätten Modellautos zusammenbauen oder kicken können.

Manchmal muss er sehr gefehlt haben. Ein Grundschullehrer von Thomas erinnert sich, der Junge habe als Berufswunsch „Privatdetektiv" angegeben. Mission: den Vater finden. Vielleicht war an diesem Wunsch auch die Schule selbst schuld. Thomas' Mutter wird richtig sauer, wenn sie sich an die Hausaufgabe „Stammbaum zeichnen" erinnert: „Die Lehrer wussten doch, dass es keinen Vater gab und sie mit so einer Aufgabe den Jungen vor eine schreckliche Wahl stellten – zu lügen oder einen leeren Zweig zu malen." Als Ausweg kritzelte die Mutter „Keine Angabe" in die Lücken auf der väterlichen Seite – „und zwar so schlampig, dass ‚Keine' wie ein Vorname und ‚Angabe' wie der Nachname aussah".

Als Thomas sechs Jahre alt war, ging seine Mutter zum ersten Mal auf eines der Geheimtreffen der „Vom Zölibat betroffenen Frauen". „Alle Mütter heulten, und die Priesterkinder waren seltsam", erinnert sich Thomas, „ich wusste nicht, was wir mit denen zu tun hatten." Für seine Mutter hatte die Selbsthilfegruppe eine kathartische

Wirkung. „Plötzlich sah ich, dass ich nicht die Einzige war mit meinen Schuldgefühlen, meinen Versagensängsten, mit der finanziellen Not", sagt Gisela, „und da hab ich eine große Wut bekommen auf die Kirche, die den Männern so einen Zölibat auferlegt, den die nicht halten können. Die Kirche deckt sie dann, aber wir Frauen, wir stehen im Dreck und unterstützen mit unserer Diskretion noch diese Diktatur."

Thomas' Mutter wurde damals auch bewusster, wie sehr ihren Kindern der Vater fehlte – weil man es den anderen Priesterkindern angemerkt hatte. Zwar fuhren sie heimlich zusammen in den Urlaub, machten Ausflüge, oder Anselm kam zu Besuch. Aber die Kinder fragten immer mehr nach ihrem Vater. Thomas' Schwester Gabriele zweifelte an der Story mit dem Papst und glaubte, dass ihr Papa gestorben sei. Sooft sie konnte, schoss Gisela Vater-und-Kind-Fotos. Sie hoffte, Thomas und Gabriele könnten den verpassten Vater dann irgendwann anhand der Fotos „nachholen" – dass er ja eigentlich präsent gewesen war, nur eben inkognito.

Dabei wollte Gabriele schon früh nichts von Anselm wissen. Als ahnte sie, dass sie nicht sein Wunschkind war wie ihr Bruder, fremdelte sie bereits als Baby, wenn er sie auf den Arm nahm. „Im Grunde hab ich das nie ganz abgelegt", sagt die junge Frau entwaffnend ehrlich. „Mein männliches Vorbild war der Thomas. Der war immer so klug und konnte so gut reden."

Sie erzählt die Geschichte, wie sie und ihr Bruder hinten im Auto sitzen. „Gabriele", sagt Thomas, „findest du nicht, dass Leibniz-Kekse besser schmecken als Bahlsen-Kekse?" Die kleine Schwester denkt nicht lange nach. „Hast schon Recht", sagt sie. „Wirklich?", fragt Thomas noch mal. „Ja, klar", antwortet sie.

„Da hat er mich ausgelacht und gesagt: ‚Die schmecken absolut gleich. Leibniz-Kekse sind nämlich von Bahlsen'", erzählt Gabriele. „Das war mir eine Lehre. Von da an hab ich nie wieder etwas nachgeplappert."

Es gibt noch ein anderes Erlebnis im Auto. Gabriele ist acht Jahre alt und sagt zu ihrer Mutter: „Du, Mama, ich hab nachgedacht. Der einzige Mann, der andauernd bei uns hockt, ist der Anselm. Ist das unser Vater?“ Da sagt Thomas hastig: „Das geht doch gar nicht, der darf doch gar nicht, der ist doch Mönch.“ „Stimmt“, sagt Gabriele und schweigt verlegen. „Weißt du was“, schaltet sich da ihre Mutter ein, „frag den Anselm doch selbst.“ Gisela weiß, was die Kinder nicht wissen: In Kürze wird die ganze Welt erfahren, wer Gabrieles Vater in Wirklichkeit ist.

Als ihr der Vater bestätigt, dass er's ist, erlebt die Schwester ähnliche Gefühle wie ihr Bruder: Enttäuschung, dass es „bloß“ dieser kleine Padre ist. Und Wut darauf, so lange belogen worden zu sein. Am bittersten aber traf sie die Heuchelei des Bruders. „Der hatte mich oft unterstützt, wenn ich die Mama gelöchert hab“, ärgert sich Gabriele, „dabei wusste er's schon längst. Das fand ich einen furchtbaren Verrat.“ Auch Thomas macht sich noch heute Vorwürfe: „Ich hätte meine Schwester niemals belügen dürfen.“

Heute sind alle schlauer. Die Eltern wissen, dass sie Thomas überforderten, als sie ihn in ihre Verschwörung einweihten und ihn damit nicht nur zum Mitwisser machten, sondern auch zum Mittäter. Wohl genoss er sein neues Wissen. „Es war manchmal schön, ihn irgendwo zu treffen und ihm heimlich ins Ohr zu flüstern: ‚Hallo, Papa.‘ Einfach nur das Wort auszusprechen“, sagt Thomas.

Aber der Preis für die Intimität war sehr hoch. Seit der Enthüllung in Ulm musste der Junge jedes Mal lügen, wenn man ihn nach seinem Vater fragte. Er täuschte Freunde, Verwandte, Mitschüler, Lehrer. Und eben seine Schwester. „Die Gabriele hält das nie aus, es der Oma nicht zu erzählen“, hatte ihm seine Mutter erklärt.

Als Thomas dann mit zehn auf die Klosterschule wechselte, die sein Vater leitete, verschärfte sich die Situation. Voll Sorge beobachtete der Vater von seinem Zimmer im zweiten Stock, wie ungern sein Sohn, an sich ein guter Schüler, zur Schule kam. „Er stieg immer als Letzter aus dem Schulbus“, erzählt der Pädagoge, „und schlurfte dann langsam auf die Pforte zu. Es war eine Dummheit von uns, ihn nach Schäftlarn zu schicken, mit dem, was er über mich wusste.“

Thomas hatte immerzu Angst vor Entdeckung. Als einmal zwei Mitschülerinnen auf ihn zukamen und fragten, wie sein Vater heiße, nannte er ihnen schlagfertig seinen Nachnamen – „Rosenbaum". „Ja, ist es nicht zufällig der Pater Anselm?", stocherte eines der Mädchen. „Wieso?", konnte er noch gegenfragen. Dann wurde er rot. „Ich stotterte so, dass es denen klar gewesen sein muss", sagt Thomas und stößt Zigarettenrauch aus, „mein Vater und ich sehen uns ja auch sehr ähnlich." Im Nachhinein habe er gestaunt, wie viele Schüler und Lehrer schon damals im Bilde waren. „Die haben bloß nichts gesagt", erzählt er, „die wussten ja, dass das verboten war."

Auch seine Schwester kann sich an die Zeit der Heimlichkeit erinnern. „Ich musste aber nur zwei Monate lang durchhalten, der Thomas drei Jahre", sagt sie. „Das hätte ich niemals geschafft." Ihre Mutter nahm dem kleinen Mädchen jeden Morgen das Schweigegelübde ab und belohnte sie jeden Abend für ihre Tapferkeit. Sie sagte ihr, dass Anselm und sie heiraten wollten, aber nicht dürften.

Da schrieb Thomas' Schwester an den Heiligen Vater in Rom:

Lieber Papst!
Seit 1 Woche weiß ich, wer mein Papa ist. Ich wusste es nicht, aber ich hatte ihn immer gesehen. Meine Mama tat so, als wären sie verheiratet. Und eines Tages kam ich drauf. Ich fragte ihn, und er sagte: Ja. Mein Papa ist ein Priester, und ich und meine Familie hätten gern, dass Priester heiraten dürfen. Und meine Mama und mein Papa haben nicht mit Hochzeitskleid und so geheiratet, sondern mit Liebe.

Von Gabriele Claudia Viktoria Doris Rosenbaum, Klasse 2 B, 8 Jahre

Eine Antwort hat Gabriele nie erhalten.

Im Februar 1989 meldete Gisela Thomas auf einem staatlichen Gymnasium an. Die Eltern hofften, dass ein Schulwechsel ihm helfen würde. Doch zunächst macht der Schulpsychologe einen Test mit ihm. Als Erstes fragt er nach Name und Beruf des Vaters. Thomas schweigt lange. Dann erinnert er sich an die Geschichte, die ihnen die Mutter früher immer erzählt hatte, und gibt zu Protokoll: „Mein Vater ist Arzt." Der Psychologe notiert die Angabe. „Da wurde mir schlecht", sagt Thomas, „denn nun stand meine Lüge schwarz auf weiß in seinen Akten." Danach kann er sich auf keine Antwort mehr konzentrieren, und als der Mann ihn zum Schluss auch noch fragt, wer ihn abholen wird, flüstert er, „ein Freund meiner Mutter". Draußen steht Anselm. Danach hatte Thomas tagelang Fieber.

Der eigentliche Grund für Thomas' Umschulung war aber nicht sein Unglück in Schäftlarn, sondern das seiner Eltern: Der Pater hatte sich entschlossen, das Kloster zu verlassen und zu seiner Familie zu ziehen. Pfingsten 1989, so hatten er und Gisela abgemacht, würden sie die Bombe platzen lassen. So lange wollten sie durchhalten, damit ihre Abiturienten ungestört durch die Abschlussprüfungen kamen. Denn seine Entscheidung sei nicht freiwillig gefallen, sagt der Ex-Pater.

Der Anlass der Kontroverse zwischen Klosterleitung und Thomas' Vater war zunächst trivial: Der Direktor und der Abt von Schäftlarn sprachen über Personalien bezüglich der Schulleitung. Als sich gegensätzliche Standpunkte abzeichneten, habe der Abt ein unerwartetes Argument vorgebracht, erinnern sich Thomas' Eltern: „Alle reden über euch. Es sieht nach Familienleben aus, wenn Gisela und die Kinder dich sonntags besuchen kommen. Das muss aufhören. Du musst den Kontakt zu ihnen abbrechen." Der Abt bestreitet diese Drohung.

Danach trat Gisela mit einem Anwalt an das Kloster heran. Ihr Anwalt bot dem kirchlichen Rechtsvertreter an, dass seine Mandantin still und heimlich die Schule verlassen würde – nach Zahlung einer Abfindung für die 17 geleisteten Jahre. Doch der Klosteranwalt ging darauf nicht ein. Die Schule habe nicht vor, die überaus beliebte und mit Preisen dotierte Kunsterzieherin zu entlassen. „Sag einfach, wer der Vater deiner Kinder ist, und der Spuk ist vorbei", habe der Abt zu ihr gesagt – als könnte sie einen anderen als Pater Anselm aus dem Hut ziehen. Bis heute hat Gisela die Uneinsichtigkeit des Klostermannes nicht verwunden. „Die Chance, die ich dem Kloster gab, aus der bevorstehenden Katastrophe halbwegs anständig herauszukommen, wollte oder konnte er nicht sehen." Auch diese Begebenheit bestreitet der Abt.

In diesen letzten Monaten in Schäftlarn fühlte sich die Lehrerin wie kurz vor der Hinrichtung. Denn sie sah voraus, was die Enthüllung von Anselms Vaterschaft nach sich ziehen würde: Beide würden den Job verlieren; die Kinder, sie und Anselm würden in existenzielle Not geraten. Nach 17 Jahren an einer Privatschule war es für Gisela zu spät, um noch eine Verbeamtung an einer staatlichen Schule zu bekommen. Und Anselm hatte sich weder Ersparnisse noch Anspruch auf Arbeitslosengeld oder Rente erworben.

Pfingsten war es so weit. Zeitgleich mit Anselms Auszug rollte die Medienlawine los. Die Nachricht, dass ein Mönch zu seiner heimlichen Geliebten und den gemeinsamen Kindern zog, erschütterte die Republik. Tagelang belagerten Reporter die Familie. Sie hatten zwar bewusst mit einer Pressekonferenz die Flucht nach vorn angetreten. Doch das Kalkül, dass durch ihre Offenheit das Interesse schnell erlahmen würde, ging nicht auf. Selbst in ihr Exil nach Südtirol folgten ihnen noch Reporter. „Gabriele und ich wurden von den Journalisten mit Spielsachen überschüttet und zum Essen eingeladen", erinnert sich Thomas. „Dafür mussten wir dann andauernd für Fotos stillhalten. Nachts konnten wir vor Aufregung kaum noch schlafen."

Am 29. Juni 1989 heirateten Gisela und Anselm auf dem Standesamt in München. Die Hochzeit der beiden wurde zu einer Manifestation gegen den Zölibat – viele Frauen aus Giselas Gruppe waren gekommen, Priesterkinder aus ganz Deutschland feierten mit. Die Fernsehkameras liefen, die Fotografen zoomten das nicht mehr ganz junge Paar heran. Als die Hochzeitsgesellschaft in einer kleinen Kirche ein Lied singen wollte, schritt der Pfarrer ein. Er verbitte sich einen Protest gegen den Zölibat in seiner Pfarrei, sagte der Geistliche und wies den Brautleuten die Tür. „Mama hat geweint", erinnert sich Thomas.

Thomas erinnert sich noch an seinen Ekel über die Pressefotos und die Kitschberichte über die angeblich glücklich vereinte Familie. Die „Bunte" zeigte das Hochzeitsbild mit seinen lächelnden Eltern sogar vorn auf ihrem Umschlag – neben dem Titelfoto vom Massaker auf dem Platz des Himmlischen Friedens in Peking, wor-

Foto: WOLFGANG M. WEBER

Thomas und Gabriele

auf ein weinender chinesischer Student seinen schwer verletzten Kommilitonen trägt. Wie Helden wirkten die Eltern auf den Hochglanzfotos. Ihr tatsächliches Leben empfanden sie dagegen als glanzlos und trist – genau wie ihre Kinder, die mit Nachnamen jetzt nicht mehr „Rosenbaum" hießen, sondern „Forster", wie ihr Vater.

Als Theologe war Anselm eine Persona non grata geworden. Das Kloster Schäftlarn verhängte ein Hausverbot gegen ihn – ein Verbot, das bis heute besteht und den Ex-Mönch so verbittert hat, dass er aus der römisch-katholischen Kirche ausgetreten und den Altkatholiken beigetreten ist. Auch Thomas hat im vergangenen Jahr die Kirche verlassen, obwohl er sich zum Christentum bekennt.

Gisela war im Kloster ebenfalls nicht mehr wohl gelitten: Gleich nach der Hochzeit schickte die Schulleitung der Lehrerin und Familienernährerin die fristlose Kündigung. Begründung: Gisela habe erstens, so der Brief, eine Liebesbeziehung mit einem Mönch. Zweitens habe sie von diesem Mönch zwei Kinder. Und drittens seien die Punkte eins und zwei öffentlich bekannt geworden. Die Lehrergewerkschaft GEW hielt den Vorgang arbeitsrechtlich für so ungeheuerlich, dass sie die Kosten für die Anfechtung bis vor das Verfassungsgericht übernahm. Elf Jahre berieten die Karlsruher Richter, um am Ende – 2002 – die Klage nicht zuzulassen.

Das Kloster sieht den Fall anders: Der Schulträger, sagt der Abt, habe der Kunstlehrerin kündigen „müssen", da sie ihr früheres Doppelleben in aller Ausführlichkeit gezielt an die Öffentlichkeit gebracht habe. Der Abt sieht sich und seinen Konvent selbst als Opfer von Thomas' Eltern. „Im Kloster Schäftlarn wird und war niemand zu einem Doppelleben gezwungen." Hätte Pater Anselm „rechtzeitig" seine Lebenssituation offenbart, hätte man ihn „von den klösterlichen Gelübden entbinden können", womit, so der Abt, „am meisten den Kindern gedient" gewesen wäre. Denn „natürlich", so der Ordenschef, „muss auch ein Mönch, wenn er Vater eines Kindes ist, sich um dieses Kind und auch um dessen Mutter kümmern".

Um diese Mutter und ihre Kinder indes kümmerte sich auch nachträglich keiner. Die bis dato Alleinerziehende verlor stattdessen einen weiteren Prozess gegen das Kloster: Es ging um nachträgliche Alimentezahlungen. Zwar besaß sie sogar einen Titel auf Alimente. Diesen Rechtsbescheid hatte sie sich einige Jahre zuvor bei einem vertrauenswürdigen Jugendamtsmitarbeiter gegen Anselm besorgt, indem sie unter dem Siegel der Verschwiegenheit die Identität des Vaters offenbarte. Aber als sie den Titel nachträglich vollstrecken lassen wollte, wies der Orden jede Verantwortung von sich. Anselm habe kein eigenes Geld gehabt, und man könne nicht einfach ein Oberstudiendirektorgehalt für seine Dienste ansetzen, argumentierten die Klosteranwälte.

Gisela rechnet dagegen vor: „Das Land Bayern trägt zu 85 Prozent die Kosten von Klosterschulen. Der Staat bezuschusste also Anselms Direktorengehalt Monat für Monat mit rund 8000 Mark, 22 Jahre lang. Aber den Kindern dieses Mannes steht laut Amtsgericht nichts von dem ihm vorenthaltenen, vom Steuerzahler größtenteils bezahlten Gehalt zu."

Das Kloster siegte. Landgericht und Oberlandesgericht in München begründeten ihr Urteil lapidar: „Schließlich hat der Mönch seine Arbeitskraft nicht aus finanziellen, sondern aus religiösen Gründen zur Verfügung gestellt."

Zu Hause wurde es für Thomas nach Anselms Einzug ungemütlich. „Ständig ging es damals um diese Prozesse, um Geld, um fiese Kirchenleute", erinnert sich der damals Zwölfjährige. Gabriele, die als letztes Kind noch im Familienschlafzimmer schlief, musste ihren Platz für den Vater räumen. Der war nun immerzu da, wanderte wie ein gefangenes Tier auf und ab in dem einen Wohn- und Küchenzimmer und verströmte Unglück. „Auf einmal waren alle ernst", erinnert sich Thomas, „diese offene Atmosphäre, diese lustige Familie, die wir gewesen sind, die waren wir auf einmal überhaupt nicht mehr. Wenn ich aus der Schule kam, saßen die beiden am Küchentisch, und ich merkte, dass sie verstummen, weil ich reinkomme."

Gabrieles Schlafzimmer lag über der Küche. Oft konnte sie nicht einschlafen. „Das Schweigen unter mir war so bedrückend", erinnert sie sich. „Manchmal sagte einer was, und der andere machte nur ‚hm'. Es war grauenhaft." Immer häufiger hatte Anselm Wutanfälle. Dann schmiss der leidende Mann mit Kruzifixen oder Weingläsern nach seiner Frau. Ihn selbst schmerzt es heute, an diese Zeit zurückzudenken. „Wir hätten das besser planen sollen", erklärt der Ex-Pater sich seine Not. „Ich hatte mir unter Familienleben vorgestellt, dass man zusammen kocht und isst und ins Bett geht. Aber solch eine Ordnung, wie ich sie ja aus dem Kloster gewöhnt war, kannten die gar nicht. Jeder aß, wann er wollte, ging ins Bett, wann er wollte. Und die Kinder widersprachen mir ständig, räumten nie auf und taten nichts für die Schule."

Zu der Überforderung, praktisch über Nacht zur Familie zusammenzuwachsen, kamen die materiellen Probleme. „Manchmal schenkten uns mitleidige Mitmenschen einen Schinken oder legten uns sogar Geld auf den Tisch", sagt Gisela, „sonst hätten wir's nicht geschafft." Die milden Gaben kamen von Wildfremden – viele Freunde des Paares hatten sich abgewandt. Sie konnten nicht verwinden, so lange betrogen worden zu sein.

Gisela gab die Suche nach einer neuen Tätigkeit als Lehrerin bald auf und lernte stattdessen Altenpflegerin. Anselm nahm einen kleinen Job in einer Druckerei an. Später hatte er Glück und bekam sogar eine Anstellung an einer Münchner Privatschule.

Während die Eltern von ihren äußeren und inneren Nöten absorbiert wurden, waren die Kinder sich praktisch selbst überlassen. Thomas fing an, sich Kummerspeck anzufressen. Zur Schule hatte er keine Lust mehr. Seine Mutter sah diese Entwicklung mit Sorge. Ihr Mann bot keine Hilfe: im Gegenteil. Anselm flüchtete sich immer mehr in die Resignation. „Ich war im Heim und hatte 300 alte Menschen zu versorgen, da ruft eines Abends Gabriele an und sagt: ‚Mama, Mama, der Anselm macht uns nicht auf'", erzählt Gisela. Ihr Mann hatte keine Kraft dazu gehabt.

Nach diesem Schock stand für sie fest, dass es so nicht weiterging. Anselm, obschon ein Nervenwrack, musste ausziehen – sonst würden sie sich alle gegenseitig zerfleischen. Er war dagegen. Gisela schaltete einen Anwalt ein und zwang ihn zu gehen. „Als er weg war, gingen wir zu Hause so leichtfüßig wie auf dem Mond", sagt Thomas, „so stark verringert war die Schwerkraft."

Ein paar Wochen nach dem Auszug stand Anselm wieder in Farchach vor der Tür. „Er wollte den Fotoapparat wiederhaben, den er mir ausgeliehen hatte“, erzählt Thomas. Er holte ihn. Als er wiederkam, stand sein Vater vor dem Küchenschrank. Er zeigte auf ein Glas und sagte: „Das gehört mir, das nehme ich auch noch mit.“ Thomas wurde misstrauisch. „Ich weiß nicht, wem hier was gehört“, sagte er, „warte, bis Mama wieder da ist.“ Er stellte sich vor den Schrank und sagte: „Ich lass dich hier nicht ran.“ Anselm versuchte, seinen Sohn zur Seite zu schubsen.

Plötzlich ringen sie miteinander, ringen sich zu Boden, ringen weiter. Bis der schwergewichtige Sohn auf seinem kleinen Vater sitzt. „Das war das eigentlich Schlimme, dass ich ihn besiegt habe, meinen eigenen Vater“, sagt Thomas so ruhig, als hätte er die Szene schon hundertmal erzählt. „Und Anselm hat geweint.“ Als der Vater weg war, heulte Thomas auch.

„Wir haben nie darüber geredet“, sagt Thomas. Ein Kichern schüttelt seinen Körper, aber er ignoriert die Verlegenheit und führt seinen Gedanken fort. „Vielleicht würde sich an unserer heutigen Beziehung einiges ändern, wenn er mich darauf ansprechen würde. Vielleicht könnten wir dann über viele Dinge reden. Ich bin nicht sein Therapeut, ich ziehe ihm nicht die Würmer aus der Nase. Für mich war das schlimm genug, denn danach war mein Vater einfach nicht mehr mein Vorbild. Der konnte mir nichts mehr sagen.“

So weit, wie Thomas glaubt, scheinen er und sein Vater gar nicht auseinander zu liegen. Anselm bringt von sich aus die Sprache auf die Vater-Sohn-Schlägerei. Er klingt dabei, als legte er ein peinliches Geständnis ab, spricht hastig, leise, die Sätze halb verschluckend. „Meine Zeit bei den Kindern mündete in die Katastrophe, dass wir handgreiflich wurden“, sagt er. „Da war ich zutiefst erschüttert.“ Und dann gibt er den Hergang der Rauferei genauso wieder, wie Thomas es erzählt hat.

Mit Anselm ging es danach langsam bergauf. Der Ordensmann musste sich zum ersten Mal in seinem Leben um die Organisation seines Alltags kümmern: Er suchte sich eine eigene Wohnung, kaufte Möbel, abonnierte Zeitungen. „Ich entdeckte ein neues Lebensgefühl“, sagt der Ex-Mönch, „auf die Anschaffung meines kleinen Cembalos bin ich bis heute stolz.“

Damals fiel ihm auf, wie sein Sohn immer mehr abdriftete. Der Vater fühlte sich hilflos. „Ich habe versucht, Thomas wenigstens in Latein Nachhilfe zu geben“, erzählt er, „aber zwischen uns war zu viel Spannung.“

Mit 16 wog Thomas 90 Kilo bei 1,75 Meter Körpergröße. Der Hausarzt schickte ihn zur sechswöchigen Abmagerungskur. Hinterher war er noch unglücklicher als vorher. „Ich hab da nur herumgehangen, geraucht und Schach gespielt.“ Die Ärzte hatten seinen Körper zwar um fünf Kilo leichter gemacht. Zur Seele des Jugendlichen waren sie nicht vorgedrungen.

Im Frühjahr 1994, Thomas war gerade 17 geworden, begann er, immer öfter nach München zu fahren, zum Marienplatz. Er schloss sich einer Jugendclique an – Punks, Junkies, Ausreißer. Nacht für Nacht zog er mit seinen neuen Freunden durch die Straßen. Irgendwann rief er dann seine Mutter an, und dann holte sie ihn mit dem Auto ab. „Wenn ich ihm Vorwürfe gemacht hätte“, glaubt Gisela, „wäre er mir ganz entglitten und hätte angefangen, selbst Drogen zu nehmen. Darum hab ich ihm immer bloß gesagt, ich würde ihn zu jeder Zeit von überall abholen.“

Für Thomas war die Beziehung zur Mutter nicht spannungsfrei. Gefühle vertraute er ihr nicht an. „Sie ist durch und durch Diplomingenieurin“, sagt er. „Sie hat mich früh aufgeklärt, mit einem Buch. Das erklärte technisch, wie Kinder entstehen.“ Dass aber zum Sex auch Liebe gehört, habe sie nie gesagt. „Meine Mutter hat das ganze Thema immer auf diese komische Art behandelt“, sagt Thomas, „so als wenn Sex das Normalste von der Welt wäre, aber das ist es eben nicht, sondern es ist etwas, was unglaublich mit Gefühlen zusammenhängt. Es ist nicht so was wie S-Bahn-Fahren.“

Der phantasievolle Junge lebte in Tagträumen. Er verliebte sich in Mädchen, die unerreichbar waren. Eines gab nach, ein Mädchen, das auf der Straße lebte und mit ihm nach Hause kam. Die 14-Jährige wolle sich das Leben nehmen, erklärte er seiner Mutter. Am nächsten Tag passierte das Unglaubliche: Er durfte Sabine küssen.

„Es war das schönste Gefühl meines Lebens“, sagt Thomas. „Sie war wunderschön.“ Doch als er sie zu streicheln begann, nachdem Sabine eingeschlafen war, fuhr das Mädchen mit einem Satz hoch, schob seine Hand von ihrem Busen und sagte: „Ich dachte, zwischen uns wäre das anders!“

Zwei Wochen lang schlief Sabine in seinem Bett. Sie hatte ihm erzählt, dass sie vergewaltigt worden war. Thomas rührte sie nicht an. Doch sobald sie in München waren, ignorierte sie ihn. Er litt unter dem Entzug wie ein Junkie. Eines Abends nehmen sie noch zwei weitere obdachlose Jugendliche mit. In Farchach fällt Sabine müde in Thomas' Bett. Einer der Typen gähnt und folgt ihr. Thomas lässt die beiden sich ausruhen und unterhält sich mit dem anderen Jungen. „Und irgendwann hörte ich es dann“, sagt Thomas. „Ein rhythmisches Geräusch, das aus meinem Zimmer kam, und dazu diese Seufzer. Ich konnte es nicht fassen. Unter meiner Decke, in meinem eigenen Bett, treibt mein Mädel es mit irgendeinem Typen und genießt es auch noch.“ Danach verschwand Sabine aus seinem Leben.

Thomas stürzte sich in seine Schüler-Band. Der Bass-Spieler stellte sich seine Rockgruppe als verschworene Gemeinschaft vor. Für ihn waren sie Komplizen, dem Ehrenkodex der Mafia unterworfen: Treue um jeden Preis. Er war fassungslos, als die Ersten die Gruppe im Stich ließen, weil sie Freundinnen oder Sport wichtiger fanden.

Über Thomas' Leben erfährt man vieles auf seiner Homepage www.forestfactory.de. „Ich bin ja auch als Musiker auf der Bühne“, erklärt er den offenen Umgang mit der eigenen Biografie, „Kunst ist Kommunikation mit dem Publikum.“ Auf seiner Website stellt er seine Werke vor: literarische Texte, darunter sogar Theaterstücke, und verfremdete Bilder. Dichtung und Wahrheit verschmelzen hier, Thomas nutzt sein ungewöhnliches Leben als Steinbruch für seine Kunst. Über seine Pubertät schreibt Thomas im Internet:

In den Jahren hatte ich damit zu tun, keine allzu großen Störungen auf Grund meiner extremen familiären Situation zu entwickeln. Meine Bestrebungen gingen in die Richtung, dass ich versuchte, ein normaler Mensch zu werden, was mir – rückblickend – überhaupt nicht gelungen ist. Ich begann also, Musik zu hören, die „in" war (McHammer, Public Enemy), obwohl ich eigentlich eher mit Klassik aufgewachsen bin, kaufte mir ein paar Kapuzenshirts, die mir überhaupt nicht standen, und versuchte, die Mädchen attraktiv zu finden, denen meine Freunde hinterherpfiffen. Nichts von all dem ist mir jemals gelungen, und so schlimm war es dann auch gar nicht, aber ich tue mich noch heute schwer, mich in menschlicher Gesellschaft zu bewegen (wobei ich unmenschliche noch viel schlimmer finde).

I love life, but I hate those who are part of it.
I hate life, but those who are part of it keep me living.
Richard Jobson: „16 Years of Alcohol"

Zur der Zeit bekam Thomas' Schlafbedürfnis etwas Krankhaftes. Sicher, Thomas schlug sich viele Nächte im Münchner Untergrund um die Ohren und kam deshalb morgens nicht immer aus den Federn. Jetzt verschlief er aber ganze Wochenenden. Oft schaffte es der Elftklässler nicht, aufzustehen und in die Schule zu gehen. Es hagelte Abmahnungen und schlechte Noten. In seinem Zeugnis am Ende der elften Klasse stehen Kommentare wie „sitzt den Unterricht völlig apathisch ab" (Latein, Note: 6), „keine Noten auf Grund der langen Fehlzeit" (Chemie) und als Empfehlung des Sportlehrers, der ihm eine 5 gab: „Thomas sollte auch im Sinne seiner Mitmenschen mehr Wert auf Körperhygiene legen!"

Seine Mutter war überfordert. Oft brach sie morgens um halb fünf zu ihrer Arbeit als Pflegerin auf. Ab sechs Uhr ließ sie dann das Telefon zu Hause dauerläuten – vergebens, Thomas war nicht wachzuklingeln. Giselas Schichtdienst als Pflegerin war ein Knochenjob. Nachts musste die Frühaufsteherin häufig noch den Sohn irgendwo auflesen. Außerdem war da noch Magnus, der mit dem Abitur kämpfte, und die eigensinnige Gabriele, die in die Pubertät kam.

In der Zeit näherten sich Gisela und ihr Mann nach langer Funkstille wieder an. Ob er sich vorstellen könnte, dass Anselm wieder zu ihnen zöge, fragt Thomas' Mutter den Sohn. „Da wich plötzlich alles Blut aus seinem Gesicht", erzählt sie, „und er stieß hervor: Das wäre mein Ende." Damals wucherte der Tumor schon in seiner Brust, aber keiner ahnte es. Es wäre wohl auch lange noch nicht herausgekommen, hätte Thomas nicht durch einen Zufall zum Arzt gemusst. Gisela ersparte ihrem Sohn, der nicht versetzt worden wäre, den weiteren Schulbesuch und schlug ihm vor, Sozialarbeiter zu werden. Schließlich kümmerte er sich sowieso ständig um seine Freunde, die auf der Straße lebten. Zur Anmeldung auf der Fachoberschule für Sozialpädagogik war ein Attest nötig. Thomas ging zum Hausarzt.

Der Mann erschrak, als er den Schüler sah. „Du siehst schlecht aus", sagte er, „was fehlt dir?" „Nichts", sagte Thomas, „ich bin nur müde." Der Arzt horchte ihn ab. Er hörte ein leichtes Rasseln in der Luftröhre und schickte ihn vorsichtshalber zum Facharzt.

Der Lungenarzt hängte die Röntgenaufnahme von Thomas' Brustkorb an die Lichttafel und sagte: „Wow. Da praktiziere ich nun seit 29 Jahren, aber so einen großen Tumor hab ich noch nie gesehen. Und das bei einem so jungen Burschen!" Thomas erschrak. Während der Arzt ungerührt dem Schüler eine Überweisung zur Computertomografie schrieb, hatte Thomas das Gefühl, er bräuchte sich nicht mal mehr die Schuhe zuzubinden. „Ich dachte, ich würde sowieso gleich sterben", sagt er.

Um zur nächsten Praxis zu fahren, musste er die U-Bahn nehmen. Thomas stand am Gleisrand, blickte hinunter auf den dunklen Schotter und spürte einen unheimlichen Sog. Warum nicht? Springen und aus, vorbei, Ende. Kein Krebs mehr, kein Liebeskummer, kein Schulfrust, kein aufgesetztes Grinsen, wenn einem zum Heulen zu Mute ist, keine gehässigen Schulkameraden, kein fetter Wanst, kein … Da sauste die U-Bahn vorbei und kam langsam zum Stehen. Thomas stieg ein, wie in Trance. „Der Zug war da, bevor ich mich entschieden hatte", erzählt er ruhig. „Ich hab damals die wunderbare bayerische Tautologie begriffen, dass man so lange lebt, bis man stirbt – und nie wieder an Selbstmord gedacht."

Der Computerbefund machte seine Lage klarer. „Ob es Krebs ist, weiß ich nicht", sagte der Arzt zwar einschränkend, „aber das Ding da muss weg. Es ist zwölf Zentimeter groß." Dann schickte er Thomas mit den Bildern zurück zum Lungenarzt. Nach anderthalb Stunden im Wartezimmer hielt es Thomas dort nicht mehr aus. Er legte seine Bilder auf die Theke und ging.

Seiner Mutter sagte er nichts. „Ich hatte Angst, sie meckert, weil ich so viel rauche", sagt Thomas. „Der wollte mich nicht noch mehr belasten", glaubt seine Mutter, „ich war doch sowieso schon fertig zu der Zeit, mit den vielen Sorgen seinetwegen." Auf die Idee, seinem Vater Bescheid zu sagen, kam Thomas gar nicht. Der war ja noch nie eine Hilfe gewesen.

Lieber traf er sich mit seinen Punk-Freunden und hörte sich als Zaungast das Pink-Floyd-Konzert an. Am nächsten Morgen erwachte er davon, dass ihn seine Mutter streichelte. Er sagte nichts, schaute sie nicht an, versuchte, nicht zu atmen. „Du musst nicht reden, wenn du nicht willst", sagte sie schließlich. Da stieß Thomas hervor: „Hier sitzt ein großer Tumor." Er zeigte auf seine linke Brust. Sie sagte nichts. Sie nahm ihn bloß in die Arme, wiegte ihn, und langsam, ganz langsam merkte er, wie er wieder Luft holen konnte.

Seine Mutter nahm den Kampf gegen die Krankheit auf. Sie rief jeden Facharzt an, konsultierte Freunde und Bekannte, schleppte ihren kranken Sohn zu Koryphäen. Von Diagnose zu Diagnose verschlechterten sich die Aussichten für Thomas: Sein Tumor war bösartig. Lymphkrebs, Heilungschancen 70 Prozent. Gisela rief Anselm an. Eigentlich war sie enttäuscht von ihm, weil er, obwohl er von Thomas' Befund wusste, in den lange vereinbarten Urlaub nach Genf gefahren war. Am Telefon schluchzte er: „Unser Sohn! Was haben wir ihm für ein schönes Leben gewünscht."

„Was konnte ich denn tun", rechtfertigt sich Thomas' Vater, „ich hatte doch zu dem Kind gar keinen Kontakt, weil alles über die Gisela lief." Heute ist Anselm überzeugt, dass Thomas' Krebs kein Zufall war. „Die vielen Jahre der Heimlichkeit, der Unsicherheit und der Einsamkeit haben ihn krank gemacht", sagt er und klingt schuldbewusst. Auch Gisela ist selbstkritisch: „Wir haben Thomas völlig überfordert. Sein Körper hat reagiert. Die wuchernden Krebszellen waren Thomas' Überlaufventile."

In einem Buch, das Thomas zusammen mit der Autorin Karin Jäckel direkt nach seiner Krebserkrankung verfasste, schreibt er: „Mein Tumor war das Ergebnis von siebzehn Jahren verinnerlichter Geheimnisse ... Wie ein immer härter versteinernder Klumpen waren all die ungesagten Worte irgendwo auf meinem stockenden Atem zurückgeblieben, hatten sich auf meine Brust gelegt und schnürten mir nun mit bösartigen Wucherungen die Luft ab und das Herz dazu“ (Karin Jäckel, Thomas Forster: „... weil mein Vater Priester ist“. Bastei Lübbe, Bergisch Gladbach 2002 [1997], Seite 374).

Der Patient kam auf die Krebsstation einer Kinderklinik. Der Chefarzt kam zu Thomas. „Du musst dich jetzt entscheiden“, sagte er und guckte den 17-Jährigen an wie einen Erwachsenen. „Nämlich ob du leben oder sterben willst. Es wird nicht einfach für dich, wenn du leben willst, wir brauchen da deine ganze Kraft.“ Thomas schwieg. Dann sagte er leise: „Ich will lieber sterben.“

Seiner Mutter wurde schwindelig. „Ich hatte das Empfinden, dass mein Körper nach hinten fiele und ich mit dem Kopf voran abwärts rase. Nichts war da, das mich hätte aufhalten können. Ich war nichts mehr, und um mich war nichts.“

Doch der Arzt schaute Thomas fest in die Augen und sagte: „Denk am Wochenende noch mal nach. Am Montag teilst du mir dann mit, wie du dich entschieden hast.“

Vielleicht war es die Ernsthaftigkeit, mit der der große, wichtige Mann diesen Jungen behandelte, der sich selbst so klein, hässlich und unbedeutend vorkam. Jedenfalls sagte ihm Thomas am Montag: „Ich will leben.“

Schon nach der ersten der fünf Chemotherapien verlor er büschelweise die heiß geliebten langen Haare. Seine Mutter und seine Schwester flochten ihm Zöpfe, schnitten sie ab und legten sie in eine Schatulle. Thomas schaute in den Spiegel und war unglücklich. Die Krankheit hatte ihm die liebste seiner Masken runtergerissen: die des Freaks, des Coolen, des linken Bürgerschrecks.

Bald war der Haarverlust das geringste Problem. Nach jeder neuen Giftdosis musste er kotzen. Mal brannte sein Mund, mal juckte er

vor Pilzen. Es ging ihm dreckig. Manchmal schien ihm Sterben wie eine Erlösung.
Folgender Text auf Thomas' Homepage stammt aus der Zeit der Krankheit:

[The sea, the sun, the sky
the sun boils the sea
and I jump
and I jump]
Meine Haut schält sich von meinen Knochen
Mein verspritztes Blut färbt das Meer rot
Meine Haare schwimmen wie eine Perücke auf der Meeresoberfläche
Mein Auge sinkt in unendliche Tiefen
Wo die Seelen der Menschen nach Luft schnappen
Und wieder und wieder sterben
Meine Gedanken werden von den Knechten Neptuns
In seinen fürstlichen Kerker entführt
Ich sehe eine Unzahl von Höhlen, in jeder eine lachende Fratze
Die in meinen zerstörten Körper getriebenen Haken
Ziehen mich in jede Richtung
Das Leuchten in meinen Augen wird durch das
Trübe Wasser verdunkelt
Das Leuchten der Sonne gleicht tödlichen Strahlen
Die Dunkelheit unter mir strahlt verhängnisvolle Geborgenheit aus
Die Haken reißen mir mein Fleisch in Fetzen
Nur einer – mit dem Kopf eines Teufels – reißt mich mit
Und nahe dem anderen Ufer löst er sich aus meiner Haut
Ich steige aus dem nach Verwesung stinkenden Wasser
Und sehe meinen Sohn auf der anderen Seite
[and he jumps]

(14. Dezember 1994)

Aber es kam Hilfe. Da war die Freundin seiner Mutter, die für ihn erlösende Sätze sprach: „Du musst jetzt gar nichts mehr, Thomas. Nichts. Nicht leben, nicht sterben, du kannst einfach nur sein, wie du willst.“ Sie war Kunsttherapeutin. Für sein namenloses Gefühl fand sie Formen. Als was für ein Gegenstand er sich gesehen habe, damals, als er erfuhr, dass er krank sei? Thomas malte ein Schale. Eine Schale für das Leid, die Sorgen, die Qual anderer – der Eltern, seiner Punk-Freunde, der kleinen Junkie-Mädchen, die sich von Freiern den HI-Virus holten.

Manchmal saß sein Vater an seinem Bett, wenn er aus seinen Narkosen aufwachte. Er freute sich dann. Aber noch mehr bedeutete es ihm, wenn der Chefarzt an sein Bett trat und seinen haarlosen Kopf streichelte. Das war eine Geste, nach der sich Thomas zeitlebens gesehnt hatte – eine zärtliche Berührung von einem erwachsenen Mann. Der Arzt seinerseits, erzählt die Mutter, sei beeindruckt gewesen von der Tapferkeit des jungen Patienten, der weder jammerte noch klagte. „Ein Priesterkind hat gelernt, still zu leiden“, sagt Thomas.

Zwischen den Chemotherapien ging Thomas nicht zur Schule. Aber er hatte wieder eine Band. Sein Freund Armin war der Gitarrist. Armin stand ihm die ganze Krankheit über bei. Ihr erstes Konzert war eine Spontaneinlage in einem kleinen überfüllten Klub.

Es war Winter. Thomas hatte längst ein neues cooles Outfit, passend zu seiner Chemoglatze: ein schwerer SS-Mantel und eine bunte Ballonmütze. Damit bestieg er jetzt die Bühne. Bald tobte das Publikum vor Begeisterung, es war laut und rauschhaft und heiß. Thomas riss sich die Kopfbedeckung herunter. Ihm begann der Schweiß zu laufen, direkt in die Augen, denn er hatte kein einziges Körperhaar mehr – keine Brauen und keine Wimpern, die die brennende Flut hätten aufhalten können. „Aber es war geil“, sagt Thomas, „ich hackte auf meinen Bass ein, als hinge mein Leben davon ab. Und irgendwie stimmte das ja auch: Am nächsten Morgen war wieder eine neue Chemo angesagt – die vierte, glaube ich. Vielleicht würde sie schlecht ausgehen, vielleicht würde sie mein Leben retten – ich dachte nicht dran, ich spielte nur und war glücklich.“

Dann kam endlich der Tag, an dem Thomas, seine Mutter und der Stationsarzt auf die Ergebnisse der finalen Computertomographie warteten. Fünfmal hatten die Ärzte in den letzten neun Monaten seinen Körper mit Gift voll gepumpt. Mehr würde Thomas' Körper nicht vertragen. Gisela saß neben Thomas auf dem Gang und sagte: „Wenn der Tumor größer geworden ist, dann gehen wir und machen uns noch ein schönes Leben. Und wenn er kleiner ist …" „… fängt das Leben erst an", vollendete Thomas den Satz.

Alles war gut. Dort, wo ein riesiger Zellhaufen gewuchert hatte, war jetzt bloß eine Narbe. „In mir war nur noch Jubel", sagt Thomas. Alle, die da waren, die Ärzte, Schwestern, fielen Thomas und seiner Mutter um den Hals. „Wir waren alle am Ende unserer Kräfte nach diesem Dreivierteljahr", sagt Gisela. „Es ist unvorstellbar, was das Personal auf Krebsstationen leistet."

Mit dem Krebs hatte Thomas alten Ballast abgeworfen. Er war 20 Kilo leichter. Er war durch die Hölle gegangen und hatte gesiegt. Auf die Masken, fand er, könne er ab sofort verzichten. „Seit dem Krebs versuche ich, offen zu sein", sagt er und strafft sein breites Kreuz. „Ehrlichkeit rangiert bei mir an erster Stelle. Ohne totales Vertrauen kannst du doch jede zwischenmenschliche Beziehung vergessen."

Er ging dann doch wieder aufs Gymnasium, sozusagen neben seiner Haupttätigkeit als Bassist, und schaffte, wie er sagt, „bei minimalem Einsatz ein ganz passables Abitur" – Notenschnitt: 2,7. Das war 1997. Seitdem hat Thomas vieles probiert: Er hat angefangen, Philosophie zu studieren, und es wieder verworfen, hat eine Tontechnikerschule angeguckt und sich „unter den Oberlippenbartträgern mit den Goldkettchen" nicht wohl gefühlt. Er hat lange fürs Fernsehen gearbeitet, hat vom Kabelträger bis zum Kamera-Assi und Chauffeur von Filmcrews alles Mögliche gemacht. Dabei war er stets selbst kreativ, mal als Musiker, oft aber auch als Autor. Er hat Kurzgeschichten und Hörspiele geschrieben und sogar einen makabren kleinen Kurzfilm gedreht, Thema: ungewollte Vaterschaft.

Der Film spielt in der Zukunft. Drei Frauen treffen sich im Wartezimmer einer Geburtsklinik. Sie warten auf ihre Babys. In der Zeit, in der sie leben, gebiert man den Nachwuchs nicht mehr. Die künftigen Eltern geben ihre Blutproben her und holen sich neun Monate später den herangezüchteten Säugling wieder ab.

In Rückblenden sieht man, auf welche Weise die Frauen die männlichen Blutspenden gewonnen haben: Die eine hat für ihren Freund lustlos die Beine breit gemacht, um nach dem Akt, sozusagen als Gegengabe, sein Blut zu erbetteln. Die zweite hat einem anonymen Disco-Flirt während des Tanzes in den Mittelfinger gestochen und ist mit dem geraubten Blut geflohen. Die dritte, Miriam, sitzt in einem kargen Raum. In der Mitte des Zimmers ein Bett mit einem alten toten Mann. Eine Frau sitzt neben dem Toten und weint. Dann nimmt Miriam die Hand des Toten, küsst jeden seiner Finger einzeln und sticht dann mit einer Kanüle in eine Kuppe, bis Blut fließt. Dazu singt die andere Frau, ihre Schwester: „Oh, mein Papa war eine wunderbare Clown, oh, mein Papa war eine große Künstler."

Aus übergroßer Vaterliebe wird da ein Kind erzeugt, das niemals seinen Vater kennen lernen kann. Aus übergroßer Sehnsucht nach einem eigenen Kind benutzen drei Frauen rücksichtslos Männer. Thomas lehnt es ab, Parallelen zu seinem Leben zu ziehen. Er zieht an der vierten oder fünften Zigarette in dieser Stunde, lächelt freundlich und schweigt.

Er redet nicht gern über das Verhältnis zu seinen Eltern. Er möchte selbst leben und die Eltern leben lassen – seine Mutter in ihrem selbst gebauten Haus, seinen Vater, der heute in einem 1-Zimmer-Apartment am Starnberger See lebt und harmlose Jugenderinnerungen aufschreibt. An seinen Wänden hängen zwei große Kinderfotos von Thomas, die noch aus den gemeinsamen Italienurlauben stammen. Die Mutter lebt weniger kontemplativ, sie hat große Missionen, allen voran die Emanzipation der Frau in der katholischen Kirche.

„Wir sind alle Idealisten in meiner Familie", sagt Thomas. Er sagt das etwas lauter, stolzer. Auf keinen Fall will er bürgerlich leben, „eingekastelt in einem Vorstadthaus". Ihm gefällt seine neue Heimat, das alte Bauernhaus in Tutzing mit seinem Biergarten. „Bass spielen in der Band und die Wirtschaft am Laufen halten", nennt er seine derzeitigen Prioritäten, „eine unheimlich schöne Zeit mit unglaublich netten Leuten verbringen, drei- bis viermal die Woche ein paar Stunden arbeiten, so dass für alle genug Arbeit bleibt und wir unseren Standard halten können." Dass bei so viel Zwanglosigkeit sich niemand für das Reinigen der Toilette zuständig fühlt, nervt ihn nur ein kleines bisschen.

„Mein Vater hat seine Schule ähnlich gesehen wie ich die Wirtschaft, für die ich arbeite: Etwas, wo es sich lohnt, seine Zeit reinzustecken, wo man mit Leib und Seele dabei ist." Und warm fügt er hinzu: „Mei, mein Vater hat's irgendwie nicht gefunden. Vielleicht gab's damals nur die katholischen Klöster, die dem am nächsten kamen. Ich hab das Glück, dass ich andere Möglichkeiten habe."

Merkwürdig findet Thomas bloß, dass er die Freiheiten, die er im Gegensatz zu seinem Vater innerhalb seines Biergarten-Ordens genießt, bisher nicht ausschöpfen konnte. Manchmal gehe ihm diese eine Bibelstelle bei Matthäus nach, erzählt er und zitiert frei: „Manche sind zur Ehelosigkeit geboren." Ausgerechnet das Jesus-Wort, das den Zölibat begründet, dieses Kirchengesetz, das wie ein Fluch über Thomas' Kindheit gehangen hat. „Ich hoffe wirklich, dass Matthäus nicht mich meinte." Er habe das Gefühl, sagt er und lacht verlegen, er sei „für Frauen der Mann, mit dem man über Probleme, die man mit Männern hat, reden kann. Aber ich selbst bin eben kein potenzieller Partner."

Er tröstet sich damit, dass er ja noch jung sei. Dass er ja noch Zeit habe, die Gesten, die Blicke und geheimen Codes zu entziffern, die die Sprache der Liebe ausmachen. Eine Sprache, die zu Hause keiner beherrscht hat. „Wenn meine Eltern sich umarmten, sah dass immer so aus, als würden sie eine Umarmung spielen", sagt Thomas.

Die tickende Zeitbombe

Pia* und Florian* sind die Kinder einer Familie, die es in einem katholischen Pfarrhaus eigentlich nicht geben darf. Die wilde Ehe des Priesters Martin* mit seiner Haushälterin Maria* ist offiziell geheim, doch viele in der Gemeinde wissen davon. Die Kinder wünschen sich, dass die beiden heiraten, „um eine ganz normale Familie zu sein – irgendwann einmal".

Die Glocken läuten zum Gottesdienst. Die Tische der Straßencafés werden in die Sonne gerückt, Bratenduft liegt hier und da in der Luft, irgendwo hüpfen Kinder auf Gehwegplatten. Der Beginn eines friedlichen Sonntags in einer deutschen Kleinstadt.

Mitten in der Altstadt ragt die katholische Kirche über die Dächer der Bürgerhäuser. Hier strömen die Menschen noch in Scharen zur Messe, sie sind ordentlich herausgeputzt. Vor der schweren, hölzernen Kirchenpforte schütteln sich Bekannte noch schnell die Hände, innen sind die Bankreihen bereits gut gefüllt. Schon setzt die Orgel ein. Die Gemeinde und ihr Pfarrer sind scheinbar eine Freude für ihren Bischof.

Doch das Idyll ist zerbrechlich. Der Oberhirte darf auf keinen Fall wissen, dass hier ein Priester den Gottesdienst zelebriert, der im Pfarrhaus mit seiner Haushälterin und zwei gemeinsamen Kindern „in Sünde" zusammenlebt. Niemals dürfte so einer am Sonntag das Hochamt abhalten, die Kommunion austeilen und überdies den Versammelten zum Schluss Gottes Segen sprechen.

Unter den eifrigen Ministranten, die am Sonntagsgottesdienst mitwirken, sind auch Pia und Florian, die beiden Kinder der vierköpfigen Pfarrersfamilie. Das neunjährige Mädchen und ihr zehnjähriger Bruder reden eigentlich nicht über ihre Familienverhältnisse, aber über das Ministrieren: „Das haben wir uns schon lange

* Name geändert.

gewünscht." Warum? „Weil wir dann mit Martin was Schönes zusammen machen können", sagt Pia. Florian stimmt ihr zu: „Wir wohnen ja schließlich auch alle zusammen, in unserem Haus."

„Unser Haus" – das ist das alte katholische Pfarrhaus gleich gegenüber der Kirche. Fragt der Fremde auf der Straße nach dem Weg, erzählen ihm die Leute: „Da wohnt der Herr Pfarrer mit seiner Haushälterin." Dabei wissen die meisten, dass die seine Frau ist und die beiden zwei Kinder haben. „Und das", sagt Maria, die heimliche Pfarrersfrau, „ist eine schöne Sache und ein Dilemma zugleich."

Maria hat gekocht, Sonntagsbraten mit Kraut, gute bayerische Kost. Es hat allen geschmeckt, die Kinder haben den Tisch nach dem Dessert allerdings schon verlassen.

Wie so oft im Pfarrhaus sitzt ein Gast mit am Tisch im Esszimmer. Ein polnischer Vikar lebt derzeit mit im Haus. Er weiß, was wirklich zwischen den beiden los ist. Janek kennt solche Konstellationen auch aus seiner Heimat und hat gerade darüber ein paar Anekdoten zum Besten gegeben. „Wir vermeiden es, aus unserer Beziehung ein ganz großes Geheimnis zu machen", sagt Maria, „damit der Druck nicht allzu sehr auf uns und den Kindern lastet."

Martin beschreibt das Dilemma der Familie konkreter: „Man ist und bleibt erpressbar, man hat Angst vor Denunziationen. Die Leute im Ort, in der Gemeinde müssen es einfach tolerieren. Sonst ist's aus." Maria blickt ihren Mann an und sagt in die Runde: „Jedes Tabu ist wie eine Zeitbombe, die tickt und irgendwann doch einmal platzt."

Später am Sonntag tummeln sich Pia und Florian im alten Garten, gleich neben dem Pfarrhaus. Die Kinder, so Marias Antwort auf neugierige Fragen, stammen vom ersten Mann. Der Pfarrer gilt als väterlicher Freund.

Der 48-jährige Martin tritt aus dem Haus und kommt seiner Familie entgegen. Martin ist ein vitaler Mann, groß, schlank und braun gebrannt. Als Priester ein richtiger Workaholic, jemand, der gern unter Leuten ist, bei allen Ereignissen im Ort stets dabei und dafür viel Anerkennung und Aufmerksamkeit bekommt. Die Kraft für seine Arbeit holt er sich daheim, bei seiner Familie.

„Papa!“ dürfen die Kinder ihm dennoch niemals laut und öffentlich entgegenrufen. Sie haben es sich darum gar nicht erst angewöhnt, nicht einmal im gemeinsamen Wohnzimmer. Ihren Vater nennen sie stets beim Vornamen.

Den beiden Kindern wurde schon früh beigebracht: Wenn sich jemand nach den genauen Familienverhältnissen erkundigt, dann sollen sie antworten: „Fragt meine Mutter.“ Bisher hat aber niemand gefragt. Wenn andere Kinder aus dem Ort zum Spielen ins Pfarrhaus kommen, ist das kein Problem. Zehnjährige unterhalten sich selten über ihre Familienverhältnisse. Die Tochter Pia wünscht sich: „Schade, dass die beiden nicht heiraten dürfen, um eine richtige Familie zu sein.“

Dabei ist ihre Mutter gerade deswegen ins Pfarrhaus gezogen, um so etwas wie eine Familie zu schaffen. Sie hat sich beim Bistum auf die Stelle als „Haushälterin“ beworben. In dem Job ist sie tüchtig: Sie putzt das Pfarrhaus, kauft ein, wäscht die Wäsche, kocht jeden Tag das Essen. Rund 1000 Euro bekommt sie jeden Monat dafür. Die Kirche zahlt ihr auch Altersvorsorge und Krankenversicherung. Allerdings hat sie von morgens bis abends zu tun, nie wirklich Feierabend, immer klingelt noch das Telefon oder die Tür geht, und sie bekommt irgendeinen Wunsch an den abwesenden Herrn Pfarrer aufgetragen.

Maria, die Haushälterin, und Martin, der Pfarrer. Ein klassisches Modell, das in Deutschland unter Pfarrhausdächern gelebt wird.

Martins und Marias Haus ist groß und verwinkelt, die Räume des Pfarrers lagen ursprünglich getrennt von der Wohnung der Haushälterin. Ein geschickter Durchbruch im Flur, nicht auf Anhieb erkennbar, hat die Wege kurz gemacht. Das gemeinsame Wohnzimmer liegt neben dem gemeinsamen Schlafzimmer, die Kinderzimmer gleich über den Flur im selben Stockwerk. Martin hat sie beim Einzug renoviert und die Einrichtung mit ausgesucht. „Da spürte ich erstmals dieses häusliche Versorgergefühl, das doch irgendwie einen Vater entscheidend mit ausmacht.“ Irgendwo gibt es noch einen voll gerümpelten Raum, der eigentlich einmal der Schlafraum der Haushälterin sein sollte. Er ist ungenutzt. Für Gäste ist im großen Haus ohnehin noch jede Menge Platz.

Die Kirchenobrigkeit weiß von alledem nichts. Nur alle paar Jahre schickt der Bischof einen geistlichen Visitator als Kontrolleur in seine Pfarreien. Vor ein paar Monaten kündigte sich einer im Pfarrsekretariat an. Martin machte sich dann doch ein bisschen Sorgen. Er fragte bei Kollegen herum, was denn da auf ihn zukommen könnte. Die erzählten ihm: „Weinkeller und Schlafzimmer interessieren den Bischof nicht mehr." Das beruhigte ihn: „Na gut, dachte ich, glauben wir's mal." Das Paar überstand den hohen Besuch unbeschadet. „Der war nur einen Tag da, sah nicht einmal nach dem Haus und führte mit mir und einigen Ehrenamtlichen lockere Gespräche im Dienstraum, denn ihn interessierte nur das Gemeindeleben."

Nur wenn abends die schwere Haustür verschlossen wird, ist die katholische Pfarrfamilie wirklich mal allein zu Haus. Das Pfarrhaus ist wie ein Taubenschlag, da kann immer jemand aus der Gemeinde unvermittelt in Diele oder Küche stehen. Tagsüber muss man deswegen auf der Hut sein. Nicht allzu sehr darf die Vertraulichkeit zwischen Maria und Martin dann sichtbar sein.

Wenn der Pfarrer keine Termine hat, werden abends die Vorhänge zugezogen, und die vier rücken auf dem Sofa zusammen. Am liebsten spielen sie gemeinsam Familienspiele wie „Carcassonne", sehen einen Film oder erzählen einfach nur vom Tag. Pia und Florian genießen diese Stunden. Später, wenn die Kinder schon im Bett sind, lesen Martin und Maria gern noch aus einem Buch oder aus der Zeitung vor. Dann legt sich Maria wie selbstverständlich zum katholischen Geistlichen ins gemeinsame Doppelbett. „Nein, Gewissensbisse wegen der Kirche haben wir nicht", beteuert sie.

Am Wochenende kommen die Kinder gern noch zum Kuscheln oder Toben ins Bett des Priesters. Maria macht dann schon das Frühstück für die Familie – wie in unzähligen normalen Familien auch.

Offiziell ist Maria allein erziehend – in der Praxis allerdings meistens auch. Denn ihr Mann hat viel Arbeit, die gemeinsamen Stunden sind eher selten. „Katholische Pfarrer haben immer die Rettung der Welt im Blick“, entschuldigt Martin sich. „Wir arbeiten meist bis zum Anschlag, oft 60 Stunden jede Woche. Viele von uns haben mehr als eine Pfarrei zu betreuen, da ist kein Platz für Kinder vorgesehen.“

Was bleibt, sind die Familienurlaube – allerdings muss die Familie jedes Mal die Abreise sorgfältig tarnen. Sie fahren stets getrennt los und treffen sich später am vereinbarten Ort. „Erst am Urlaubsort kann man sich dann endlich mal auf der Straße frei und ungezwungen in den Arm nehmen“, sagt Maria.

Seit vielen Jahren geht das Doppelleben im Pfarrhaus nun schon so. Ein stetig wachsender Kreis von Eingeweihten weiß Bescheid. „Sonst ist die Heimlichtuerei zu entwürdigend“, sinniert Maria. Man muss „ganz viel darüber reden und niemals den Kindern verbieten, mit uns darüber zu sprechen“.

Neulich hat sie mit Pia ein kurzes Gespräch geführt. Es sind immer nur kurze Gespräche. Ihre Tochter hatte sie unvermittelt während der Hausarbeiten gefragt: „Warum darf das eigentlich zwischen euch beiden nicht sein?“ Sie versteht es nicht, warum es bei den evangelischen Pfarrern geht, aber nicht bei den Katholiken. „Ich habe ihr erklärt, ganz viele führen so ein Leben wie wir, sie zeigen es nur nicht so nach außen, weil es die Kirche nicht will.“ Pia, sagt Maria, fragt selten, aber sie fragt. Florian scheine weniger daran interessiert zu sein und nehme die Situation einfach hin, wie sie ist.

Wie hält man so eine Situation auf Dauer nur aus? Ein stabilisierender Faktor, berichtet Maria, seien für sie regelmäßige Treffen mit anderen Priesterpaaren aus der Gegend. Nichts Organisiertes, einfach nur so, Wochenendtreffen zum Austausch über gemeinsame Probleme. „Wir beide haben dadurch Freunde gewonnen.“

Was beim letzten Mal Thema war? „Die Frauen klagten, dass ihre Männer oft nicht genug mit ihnen und den Kindern reden.“ Und? „Die Männer haben gegrillt, mit den Kindern getobt, für Unterhaltung gesorgt und ansonsten auf ihre starke Belastung in ihrem Job hingewiesen.“ Aber nachdenklich seien sie am Ende schon gewesen, und Besserung hätten sie auch versprochen.

Mit der Gemeinde hat das Paar nach Marias Aussagen kaum Probleme: „Vielen ist Martin lieber als ein verstaubter Pfarrer. Sein Vorgänger hat Paare nicht getraut, die schon in wilder Ehe gelebt hatten. Martin kehrt gar nicht erst den strengen katholischen Moralisten heraus. Er kann aus eigener Erfahrung schöpfen, denn er hat selbst eine Frau und Kinder und misst nicht mit zweierlei Maß." Sein „Wochenende für Brautleute" genießt den allerbesten Ruf.

Die Klassenlehrerin der beiden Kinder weiß genau Bescheid. Außerdem ein alter Studienfreund des Pfarrers. Auch der Freund lebt in der benachbarten Pfarrei mit Frau und Kindern zusammen. Und die Eltern der beiden?

Da wird es am Esstisch aus Naturholz einen kurzen Moment still. Maria antwortet für Martin: „Seine alte Mutter weiß nichts. Wenn sie es erfährt, würde sie nicht damit zurechtkommen. Für sie bin ich auch nur die Haushälterin." Maria stemmt beide Ellenbogen auf die Holzplatte: „Meiner Mutter habe ich es geschrieben. Sie hat mir geantwortet: ‚Ihr macht euren Weg schon.'" Die Väter sind tot. Zwei Schwestern von Maria wissen ebenfalls von der Priesterehe. Und im Ort? „70 Prozent in der Gemeinde ahnen und akzeptieren es", sagt Martin. Manchmal werde er augenzwinkernd gefragt: „Wie geht es deiner Frau?" Dann antwortet Martin: „Gut!" und fragt einfach zurück: „Und wie geht es deiner?" So war es heute, als er den Bürgermeister traf.

Doch die Leute unterscheiden sehr wohl zwischen Pfarrer und Frau. In dem ländlichen Ort genießt der Priester noch hohes Ansehen. Die Haushälterin wird einfach übergangen. Die Mittdreißigerin erinnert sich an die vielen Gespräche vor ihrer Entscheidung, ins Pfarrhaus zu ziehen: „Mir wurde gesagt: ‚Mensch, lass es! Du wirst krank davon. Und deine Kinder auch.' Doch so ist es bisher nicht gekommen."

Es gehe ihr gut, sagt sie. Die Rolle der Haushälterin passt ihr nicht immer. Maria ist eine freiheitsliebende Frau, die sich unbedingt auch selbst entfalten will. Sie möchte gern gepflegt ausgehen, was mit einem Pfarrer leider nur selten möglich ist.

Man muss auf sich achten, sagt sie, auf seine eigenen Interessen. „Ich brauche etwas, woraus ich Kraft schöpfen kann. Manchmal reicht es mir, in den frühen Morgenstunden am Seeufer entlangzujoggen. Manchmal ist es ein Nachmittag, an dem ich Musik machen kann, manchmal suche ich mir was anderes." Maria hat viele Interessen, am liebsten trifft sie sich mit Menschen, sie engagiert sich in einer Umweltgruppe, sie malt Aquarelle und tanzt leidenschaftlich gern.

Wenn die Kinder schlafen, geht sie mit Martin hinauf auf den großen Dachboden des Pfarrhauses. Früher wurde der saalähnliche, mit Parkett ausgelegte Raum von der Gemeinde für Pfarrfeste genutzt: weinrote Samtvorhänge, Kerzenleuchter, indirektes Licht, eine gute Stereoanlage. Martin hat dann eine Flasche Rotwein unterm Arm, sie wählt die Musik aus.

Die erste CD heute Abend ist von Astor Piazzolla. Und dann geht es los. Eine ganze Stunde lang tanzen die beiden Tango. „Manchmal schimmern die Sterne durchs Dachfenster", schwärmt Maria, „ehrlich!" Heute Abend sind sie nicht zu sehen. Den heimlichen Tango im Pfarrhaus finden die beiden überhaupt nicht albern, sie üben ja nur – bis zum Urlaub können sie es dann richtig, da sieht sie ja keiner. „Schließlich sitzen wir hier nicht nur zusammen und leiden von morgens bis abends, stets in Erwartung aufzufliegen. Wozu habe ich mich für so einen tollen Mann entschieden."

Sie möchte allen Frauen in ihrer Situation einen Rat geben: „Geh keine Beziehung ein, in der du zu viel von dir selbst aufgibst. Die Kirche beschneidet uns schon genug, also beschneide dich nicht noch selbst. Wirf bloß nicht alles Eigene über Bord, mach nicht ‚ihn' allein zum Lebensinhalt, bloß um irgendwann später zu merken, Mensch, das war's doch nicht!"

Und noch etwas sei ihr hier im Pfarrhaus erst so richtig klar geworden: „Ich bin für mein Glück selbst zuständig, nicht mein Mann."

Herbstliche Nachmittagssonne im Pfarrhausgarten, Maria hat nach dem Mittagessen auch noch Kuchen gebacken. Julia greift nach der Kanne mit dem selbst angesetzten Fliederbeersaft. "Wo ist Martin?" fragt sie. Maria antwortet: „Zu einem Taufgespräch." Julia:

„Er wollte mit mir doch noch Mathe machen. Wir schreiben gleich in der ersten Stunde morgen die Arbeit."

„Er ist rechtzeitig vor dem Abendbrot zurück, hat er gesagt."

„Dann bin ich aber sicher schon zu müde. Wollten wir heut' abend nicht grillen?"

Wie die meisten katholischen Priester, die Frau und Kinder haben, liebt Martin seinen Beruf so sehr, dass er nicht von ihm lassen mag. Er liebt Maria, und er liebt sein Amt. Wegen der Familie den Traumjob aufgeben? Niemals.

Beide Kinder, sagt Maria, hätten längst gelernt, mit der komplizierten Situation umzugehen. Sie genießen Haus, Hof und Garten, die vielen Leute um sich herum. Die Kinder praktizieren eine Normalität, die ihnen zusteht. „Nur ab und zu", sagt Pia, als ihre Mutter gerade weg ist, „bin ich doch etwas traurig."

„Worüber?"

„Darüber, dass wir immer noch nicht eine ganz einfache, normale Familie sind." Aber „irgendwann" hofft sie, „wird das den katholischen Pfarrern auch noch erlaubt". Vielleicht könne sie dann sogar auch Priesterin werden, mit so einer tollen alten Kirche wie Martin.

Maria kommt zurück an den Tisch. „Als ich hierher zog", erzählt sie, „wollte ich ein offenes Haus haben. Ein offenes Pfarrhaus für alle Besucher, viele Freunde und gute Gespräche. Inzwischen möchte ich vor allem viel Zeit für meine Kinder. Das tut mir selbst gut. Ich bin dann ausgeglichener und kann auch besser auf die vielen anderen Leute eingehen." Zunächst musste sie, die eigentlich einen eigenen Beruf als Erzieherin hatte, in die neue Rolle hineinwachsen. Einen Mann zu bedienen, war ihr eigentlich nicht recht. Inzwischen habe sie die Tätigkeit aber auch ein wenig lieb gewonnen. „Vielleicht mehr, als mir bewusst ist. Da ich viele Freiheiten habe, kann ich mir meine Schwerpunkte selbst wählen, teile meine Zeit selbst ein und bin mein eigener Chef."

Sehr viel erzählt das Paar nicht über die schwierige Zeit, bevor es ins Pfarrhaus zog. Alles begann vor gut zehn Jahren eher unspektakulär. Maria lernte den Kaplan Martin auf dem Spielplatz nahe seiner damaligen Kirche kennen. Die Erzieherin schaukelte gerade mit einem Mädchen, er setzte sich auf der Wippe spontan dazu und hob die Kleine in die Luft, lachte und scherzte mit ihr. Sie trafen sich in der Gemeinde wieder, es funkte zwischen ihnen. „Ich habe viel verdrängt am Anfang, wollte einfach wegschieben, dass er Pfarrer war", erinnert sich Maria. Ein halbes Jahr gingen sich beide aus dem Weg. „Aber der Gedanke an Martin kam immer wieder, mir fiel es schwer, ihn loszulassen." Ihm ging es wohl genauso. Die beiden trafen sich erneut. Irgendwann war es eine feste Beziehung.

Doch die Geliebte eines Pfarrers muss leidensfähig sein. Maria musste zwischen Armaturenbrett und Vordersitz abtauchen, wenn sie in seinem Auto aus dem Dorf fuhren. „Das sind dann die Beziehungen, die auf Dauer wirklich krank machen", sagt sie. Ein erniedrigendes und anstrengendes Versteckspiel. Das ewige Auf und Ab einer ungeklärten Beziehung. Kein wirkliches „Ja" und kein wirkliches „Nein". Das wollte sie nicht, und das wollte Martin auch nicht. Also musste ein Kompromiss her.

Eines Abends, nach wochenlangen Debatten über alle Möglichkeiten, klingelte bei Maria das Telefon. „Martin war dran und fragte mich, ob ich nicht seine ‚Haushälterin' werden wolle. Haha, habe ich gesagt. So stellst du dir das vor." Erst kam es ihr zu verrückt vor, dann fand sie Gefallen an der Idee.

Doch es dauerte noch eine ganze Weile, bis sie den Plan, zusammenzuleben, umsetzen konnten. Der Pfarrer wollte eigentlich nur eine Frau. Doch Maria wollte ihr Leben mit einem Mann nicht ohne Kinder verbringen. Er willigte schließlich ein.

Martin erinnert sich an seinen Jahrgang bei der Priesterweihe. „Bei der Verpflichtung zum Zölibat sagten die meisten: Schau'n wir mal! Zwischen dreißig und vierzig kam dann bei allen der erste, große Frust über das einsame Priesterdasein hoch. Ich brauche doch jemand, mit dem ich reden kann. Anders als tagsüber." Und bei manchen alten, ehelosen Priestern habe man gesehen, was sonst übrig bleibt: „Fressen, Saufen, Selbstbefriedigung." Ja, so drastisch müsse man das schon sehen. Und dann empört er sich: „Der Zölibat hat doch nichts mit unserer Vision vom Gottesreich zu tun!"

Martin weiß genau, dass er, der Zölibatsbrecher, dennoch viel zu wenig für Frau und Kinder da ist. Er gibt die Schuld daran seiner nach wie vor unveränderten offiziellen Rolle. Martin fühlt sich als unverheirateter Priester ständig unter Druck: „Die Leute denken, ich sei nur für sie da. Es wäre aber leichter, wenn ich einfach sagen könnte: Entschuldigung, ich hab Familie, ich geh jetzt."

Da sind sich Martin und Maria völlig einig, auch sie wäre gern anerkannte Pfarrfrau. Neuerdings gestaltet die engagierte Katholikin ab und an Wortgottesdienste in der Gemeinde. Dann steht sie vorn in der Kirche wie ein Pfarrer, liest das Evangelium und predigt.

„Unsere Pfarrhäuser", resümiert Maria und meint damit all die vielen anderen Paare in ähnlicher Lage, „sind jetzt manchmal Inseln der Normalität. Wir wollen es aber in Zukunft auch wie selbstverständlich nach außen tragen können und unseren Kindern normale Eltern vorleben." Ihre Lösung, finden Martin und Maria, ist nur ein Provisorium, unter den Bedingungen des Zwangszölibats allerdings immer noch die beste aller Möglichkeiten.

„Dennoch bleibt der Druck auf meiner Seele und auf den Kindern", klagt Maria. Etwa bei den vielen Einladungen des Pfarrers zu Hochzeiten und Jubiläen. „Selbst bei Leuten, die ahnen, was bei uns los ist, steht er dann vorn allein im Mittelpunkt. Die Kinder und ich müssen hinten alleine sitzen oder herumstehen. Wie fühlt man sich denn da?"

Um nicht immer hinten zu stehen, geht sie oft auch überhaupt nicht mit. „Die Kinder und ich, wir müssen immer wieder darum kämpfen, dass wir nicht die sind, die hinter ihm herlaufen."

Mit älteren Bäuerinnen außerhalb des Ortes klappt es besser. Die sind pragmatischer und laden den „Herrn Pfarrer" stets mit „seiner Frau" ein, sagen schlicht und einfach: „Und bringen Sie ruhig die Kinder mit." Neulich sagte eine: „Ihr müsst doch auch im Pfarrhaus glücklich sein."

Ein frommer Wunsch. „Wenn wir unsere Beziehung offen leben würden", glaubt Maria, „käme es wohl zu einer Gemeindespaltung. Grund genug für die Kirchenobrigkeit, um Martin sofort zu versetzen oder ganz rauszuschmeißen, wenn er sich nicht auf der Stelle von uns lossagt."

Da ist sie wieder, die tief lauernde Angst vor der Denunziation. Martin erzählt zur Beruhigung dann gern die letzten Gerüchte aus der Bistumszentrale. Da habe es neulich, als ein Denunziantenbrief einging, geheißen: „Wir wissen von nichts." Anonyme Briefe an den Bischof würden gar nicht mehr beachtet.

Maria weiß, dass ihr halb offizielles Familienleben „irgendwie eine typisch katholische Lösung ist". Im Grunde, sinniert sie, „stützen wir mit solch einem Arrangement auch die Fortexistenz des Zölibats. Daran wird nichts geändert, weil die Kirche damit einen Teil ihrer Macht aufgeben würde. Selbst viele Priester wollen in Wahrheit keine Veränderung, weil sie dann keine besonderen Männer mehr mit besonderen Freiheiten wären".

Können die beiden eigentlich ewig so leben?

„Irgendwann", sagt Maria – und guckt plötzlich genau wie Tochter Pia – „würd ich mir schon wünschen, dass er sagt, komm, lass uns heiraten."

Der Verstoßene

Christian*, 38, ist mit nur zwei Bezugspersonen aufgewachsen: seiner allein erziehenden Mutter und seinem heimlichen Priestervater. Als er 17 war, erfuhr er: Sein Vater hatte eine zweite heimliche Geliebte. Zwischen Sohn und Vater kam es zu einem Bruch, der nie wieder gekittet wurde – weil der Vater den Sohn verstieß.

Christians einziger männlicher Vertrauter als Kind war sein Vater. Diese enge Bindung beruhte auf einem Paradox: Weil niemand von der Existenz dieses Vaters wissen durfte, stand nur er neben der Mutter als Bezugsperson zur Verfügung. Christian durfte sich keinem Außenstehenden gegenüber öffnen – denn dann hätte er ja von seiner Familie erzählen müssen. Offiziell aber lebte der Junge nur mit seiner allein stehenden Mutter zusammen.

In Wirklichkeit verbrachte der heute 38-Jährige damals jedes Wochenende und jeden Urlaub mit seinen Eltern. Bis auf wenige Ausnahmen war nicht einmal die Verwandtschaft eingeweiht: Um die berufliche Existenz ihres Geliebten nicht zu gefährden, reduzierte Christians Mutter sogar den Kontakt zu ihrer sehr gläubigen Familie auf ein Minimum. Christians Großvater erfuhr nie von der Existenz seines Enkels. „Er hätte meine Mutter vermutlich geköpft."

In der Pubertät entwickelte Christian Magersucht. Der Zwang, Essen in sich hineinzuschlingen und es anschließend voller Reue wieder zu erbrechen, hing zusammen mit dem Zwang zur Heimlichkeit, mit der Verleugnung des Vaters, die zur Selbstverleugnung führte. Christian, heute groß und schlank, hielt sich damals für dick und hässlich. Magersucht ist ein seltenes Phänomen bei Jungen. Meist entwickeln Mädchen diese lebensgefährliche Krankheit – oft nach traumatischen Kindheitserlebnissen.

* Name geändert.

In der Zeit hörte Christian auf, zur Kirche zu gehen. „Das Doppelleben meines Vaters machte mich empfindlich. Alles schien mir scheinheilig." Damit platzte für den Vater ein Traum: Er wollte, dass Christian auch Priester wird – „vielleicht, um seine Schuld zu tilgen".

Der Therapeut, der Christian damals von der Fress-Kotz-Sucht heilte, war der Erste, dem er von seinem Vater erzählte. Der Arzt unterlag ja der Schweigepflicht. Ansonsten war Christian brav – er schwieg oder log und verriet den Vater nicht. Umso härter traf es ihn, dass sein Vater nicht so loyal war.

Eines Tages klingelte es bei Christian daheim. Er war 17, an der Tür stand eine „aufgedonnerte Person". Die Frau sagte: „Ich bin die neue Freundin deines Vaters." Zum Beweis schwenkte sie Fotos von sich mit dem Pfarrer in den Bergen. Christian erkannte die Gegend – es war das Lieblingsurlaubsziel seiner Familie.

Danach ging alles ganz schnell. Die Trennung seiner Eltern erfolgte – nach 20 gemeinsamen Jahren – umgehend und ohne Worte. Der Priester ließ sich am Telefon verleugnen. Als die Mutter und Christian zu ihm fuhren, um ihn zur Rede zu stellen, erbat er sich Bedenkzeit und schickte die beiden wieder fort. Danach meldete er sich nie wieder.

Der Sohn war so wütend, dass er seinem Erzeuger in einem Brief das Recht absprach, sein Vater zu sein:

30. April

Sehr geehrter Herr Thiel,*
Ja, ganz recht, Sie sind nicht mehr „Lieber Georg". Wieso? Warum? Nun, falls noch ein Funken Bereitschaft zu selbstkritischer Beobachtung in Ihnen steckt, müssten Sie merken, dass der Grund in Ihnen selbst liegt. Noch nie hat jemand mein Vertrauen so bitter enttäuscht, ich wusste bis Dienstagabend nicht, dass jemand jahrelang Leute belügen, verarschen und für dumm verkaufen kann und das Ganze noch als Taten christlicher, wenn nicht göttlicher Nächstenliebe hinstellt – fern aller egoistischen Motive.*

Wie, das ist nicht wahr?
– Haben Sie nicht um Verständnis dafür gebeten, dass Sie allein verreisen wollten, da Sie das bräuchten, und ich deshalb nicht mitfahren könne, und

auch in den Briefen war immer vom Alleinsein die Rede. (Wer kann sich heute so was schon leisten: Playboys, Bourgeois, oh, und Priester, wie man hört ...)
– Haben Sie mir nicht erzählt, dass Sie nur mich hätten, mit dem Sie reden können. Woher weiß dann diese sehr fesche Person von meinen intimsten Geheimnissen, z. B. der Kotzerei. Ich habe es ihr nicht erzählt, meine Mutter auch nicht. Wer denn? Gehen Sie immer so mit dem Seelenleben anderer Leute um? Bezeichnen Sie das als Vertrauen? Scheinbar ja. Ihre Mätresse war auch genauestens über das Leben und die Probleme meiner Mutter unterrichtet.
– Mein Gott, ist das keine Verarschung und Für-blöd-Verkaufen, wenn ich um Rat gefragt werde, wie man diese Person loswerden könne, wenn gesagt wird, wie blöd sie ihre Wohnung einrichte, dass sie einen vereinnahmen wolle – und in Wahrheit ist man dauernd bei ihr und steigt mit ihr ins Bett.
– Wenn meine Ohren noch in Ordnung sind, war da dauernd die Rede von Verzeihen und „Ich bin doch da", von Verständnis und von Liebe. Nennt man es heute Liebe, wenn ein Mann eine Frau zwingt, ihr ganzes Leben auf ihn auszurichten, nur ja keine anderen Beziehungen jeglicher Art anzuknüpfen, bzw. wenn er es als Gnade hinstellt, dass er alle Woche mal reinschaut, sich die Sonnenseiten nimmt, wenn dabei der Alltag mit einem Kind und die Verantwortung natürlich bei der Frau liegen und wenn er dann, wenn die Sache schwierig wird, einfach zu einer anderen geht??? Ist ja auch recht einfach – keine Formalitäten! Man nimmt sich, was man braucht! Ein Hundeleben! Und wenn sich da doch so etwas wie Gewissen rührt, fängt man an zu beten. Was ist das für ein Gott, bei dem man sich so einfach herausmogeln kann? Wozu man selbst zu feige ist, das soll dann Gott machen.
– Ist es nicht heuchlerisch, wenn man über die Treulosigkeit und die mangelnde Offenheit heutiger Ehen lamentiert und das Ganze in geradezu perfekter Weise vormacht.
– Ist es kein Vertrauensbruch, wenn mir zugemutet wird, eine Sache mithelfen zu kitten, die gar nicht mein Bier ist, die gar nicht mehr zu kitten ist. Und ständig war davon die Rede, sich immer die Wahrheit zu sagen.
– Das Ganze ist bezeichnend dafür, was wirklich von Ihren großen Reden

zu halten ist. Jetzt weiß ich, was darunter zu verstehen war, wenn es hieß, dass man es anerkennt, dass meine Mutter ihr Leben für zwei ganz bestimmte Menschen gelebt hat, und dass man ohne sie nicht leben könne und sie weiterhin liebe. Nämlich gar nichts. In Wirklichkeit haben Sie sich selbst für den Superstar gehalten, der sich so sehr um das Kind kümmert und die Mutter nicht im Stich lässt. Wer sich wirklich um mich gekümmert hat, scheint Ihnen bis heute noch nicht aufgefallen zu sein. Aber was man mit dem Mund sagt, braucht man ja nicht auch noch zu tun. Das hat man ja öfters bei guten Christen, besonders bei denen, die sich für noch „christlicher" halten.

...

Hatten Sie wirklich Vatergefühle? Und ich sollte auch Sohngefühle haben? Woher denn? Von den paar Stunden pro Woche? Wer hat mich wirklich ertragen? Wer hat mich erzogen? Zu wem konnte ich immer kommen? Zu wem konnte ich wirklich ein Gefühl bekommen, falls Sie wissen, was das ist? Ich weiß es.

Gut, wir hatten gute Gespräche, Sie waren ein guter Kumpel, mein wahnsinnig großes Vertrauen kam nicht von ungefähr. Doch nicht Worte, sondern Taten zeigen den Wert eines Menschen. Ihr Verhalten hat mir gezeigt, wer Sie wirklich sind. Auf eine solche Beziehung lege ich keinen Wert. Und wenn Sie jetzt denken, ich käme allein nicht klar und Sie müssten mit mir Erbarmen haben, so ist das ebenfalls Produkt Ihrer Realitätsverkennung.

Seien Sie freudig, die Schauspielerei hat ein Ende, Sie brauchen sich um niemanden mehr krampfhaft zu kümmern. Und trotzdem: Das Paket an Schuld, das Sie haben, möchte ich nicht tragen. Aber höchstwahrscheinlich spüren Sie es nicht einmal.

Christian

PS: Der Höhepunkt ist wohl, dass man nicht glaubt, dass ich Ihr Sohn bin. Ich bin es auch nicht mehr.

Der Sohn ist seinem Vater trotzdem noch jahrelang nachgelaufen. Aber der wollte ihn nicht mehr sehen. Ein einziges Mal gelang es Christian, Jahre später, ihn aufzuspüren. Sein Vater lebte jetzt verheiratet mit der neuen Frau und verstoßen von seiner Kirche. Christian fuhr zu ihm, ohne sich anzumelden. Nach nur 20 Minuten komplimentierte ihn sein Vater wieder aus dem Haus.

Danach erhielt Christian einen Brief von einem Anwalt, in dem stand, dass er sich bei seiner Stippvisite „unmöglich benommen" habe und dass er ab jetzt Hausverbot bei seinem Vater habe.

„Etwa zehn Jahre nach diesem Treffen hab ich ihn angerufen. Ich hatte den Eindruck, dass er sich freut, mich zu hören." Christian machte sich schon Hoffnungen, da erhielt er wieder einen Brief:

Mit in Fotokopie beigefügtem Schreiben hast du mir mitgeteilt, dass du „nicht mehr mein Sohn seist". Sehr schwer ist es also für mich und meine Frau zu glauben, dass du dich uneigennützig eines anderen besonnen hast. Es existiert eine Akte „Christian" in unserem Haus, die gefüllt ist mit so viel Negativem, obwohl wir wirklich mit unseren Mitteln alles für dich ausgeschöpft haben: Kindergeld, Krankenversicherung. Was hier von dir existiert, ist wirklich nicht vorzeigbar. Ich habe für die „Sonnenseite" meinen Preis gezahlt. Ich setze dich davon in Kenntnis, dass es mein Wille ist, falls ich vor meiner Frau sterben sollte, dass keiner meiner Angehörigen benachrichtigt werden soll, auch du nicht.

Meine Verhältnisse sind geordnet, zu erben gibt es nichts.

Wenn du dennoch glaubst, als hoffentlich erwachsener Mann, einen Vater, vielleicht auch Geschwister suchen zu müssen, dann muss die Basis eine andere sein. Das dir seinerzeit über den Rechtsanwalt erteilte Hausverbot bleibt bestehen.

Georg

Vor fünf Jahren wagte der Sohn einen letzten Anlauf. Es war wieder dasselbe Spiel: Der Vater freute sich am Telefon. Daraufhin schrieb ihm Christian sogar einen Brief. „Ich hab ihm angeboten, dass wir uns treffen, aussprechen und aussöhnen."

Stattdessen erhielt er postwendend eine weitere handschriftliche Abfuhr:

Eine Antwort auf deinen Brief kann nur sein: Lass mich auf immer in Ruhe. Dein Brief ist heute so ungereimt und voller Widersprüche wie damals. Du hattest Abiturreife, warst groß genug, um um die Welt zu reisen, wo gab es da eine Zumutung?

Immer noch der gleiche Egoismus, die gleiche Unbarmherzigkeit. Du musst noch oft auf die Schnauze fallen, um Mensch zu werden.

...

Weitere Post geht ungeöffnet zurück. Das Hausverbot gilt uneingeschränkt weiter.

Georg

Das war das letzte Lebenszeichen, das Christian erhielt. Warum der Vater ihn verstieß, hat er nie erfahren – und wird es auch nie erfahren. Christians Vater hat dieses Geheimnis mit ins Grab genommen. Von seinem Tod erfuhr der Sohn per Zufall, Monate nach der Beerdigung.

„Ich hatte zu der Zeit, als er starb, von seinem Tod geträumt“, sagt Christian und schüttelt ungläubig den Kopf. Über sein Schicksal, findet er im Übrigen, solle man nicht jammern. „Bringt nichts.“

Die Stimme von oben

Lena* kam vor vier Jahren auf die Welt. Ihr Vater Klaus* ist katholischer Priester. Mit Genehmigung seines Bischofs darf er sich um sein Kind kümmern – nicht aber um die Mutter Simone*. Das Hin und Her zwischen seinem Amt und der Liebe zu seiner Frau zerreißt den Geistlichen.

Es sollte so ein richtig entspanntes Weihnachtsfrühstück werden, nur unter Frauen. Aber jetzt liegt da dieser Teststreifen auf dem Tisch, und der Balken in der Anzeige sagt eindeutig: schwanger! Die Frau, die darauf starrt, ist verwirrt: „Ich und schwanger?“ Simone sucht den Beipackzettel, liest nach, was sie falsch gemacht haben könnte.

„Kann doch nicht sein!“, meint sie zu ihren beiden Freundinnen. Ihnen hatte sie erzählt, dass sie schon eine Woche über der Zeit sei und plötzlich so ein ungutes Gefühl habe. Die Gastgeberin besaß zufällig noch einen unbenutzten Test: „Wenn du's genau wissen willst, dann probier es doch einfach mal.“

Im Beipackzettel fand Simone nichts, was sie falsch gemacht haben könnte.

Kaum hatte sie sich verabschiedet, rief sie noch auf der Straße mit dem Handy ihren Freund Klaus an. Doch es war der zweite Weihnachtstag 1998, und der katholische Priester hatte jede Menge Termine. Sie erreichte nur seine Mailbox, bat ihn dringend zurückzurufen.

Drei Stunden später klingelte ihr Telefon. Er war dran. „Hör zu“, sagte sie, „du musst vorbeikommen. Ich bin schwanger von dir. Lass uns darüber reden, was wir machen.“

„Das kriegen wir schon hin“, meinte der werdende Vater. „Du ziehst ins Pfarrhaus ein, nimmst deinen Sohn und unser Baby mit.

* Name geändert.

Und dann machst du einfach auf Alleinerziehende. Es gibt doch so viele andere Haushälterinnen, die Ehefrauen sind." Simone war nicht gerade begeistert. Ihren Beruf als Arzthelferin wollte sie nicht einfach aufgeben. Es verschaffte ihr immerhin einige Unabhängigkeit. Sie lebte mit dem achtjährigen Sohn von ihrem Mann getrennt, die Scheidung lief.

Ihren Eltern, gläubige Katholiken, erzählte Simone erst einmal nichts und fuhr mit Klaus zwei Wochen in die Berge. Dort diskutierten die beiden alle möglichen Alternativen durch. Selbst eine Abtreibung. An ein gemeinsames Kind hatte das Paar überhaupt nicht gedacht, sie verließen sich auf die Pille. Bis heute versteht Simone nicht, wie sie dennoch schwanger werden konnte. „Es hat wohl eben sein sollen", sagt sie und zuckt mit den Schultern.

Simone und der Priester Klaus waren seit einem Jahr zusammen – in einer schwankenden Beziehung. Kennen gelernt hatte sie Klaus, als sie nach der Trennung von ihrem Mann jemanden suchte, mit dem sie sich aussprechen konnte. Da bot sich der junge Priester aus dem Nachbarort an. Ein gut aussehender, großer Mann Mitte dreißig, mit schwarzen Locken und grünen Augen. Ein lebensfroher Typ, der zuhören konnte.

Bei den Seelsorgegesprächen kamen die beiden sich rasch näher. „Wir berührten uns kurz hier und da, mal absichtlich, mal unabsichtlich. Ich merkte, hoppla, es kribbelt, hier läuft doch was, aber das kannst du eigentlich doch nicht machen."

Simone zog die Notbremse: Sie brach den Kontakt ab. Ein paar Monate herrschte Funkstille. Dann trafen sie sich auf einer Feier wieder. „Ich meinte zu ihm: Komm doch mal gucken, wo ich jetzt wohne, es geht mir und meinem Kind wieder ganz gut."

Der Priester kam schon am nächsten Tag. Als sie die Tür öffnete, fielen sie sich in die Arme. „Wir ließen uns nicht mehr los", sagt Simone, „alle Dämme brachen."

Vier Wochen ging das so. Doch dann erklärte Klaus eines Abends abrupt, er bekomme den Spagat nicht länger hin. Tagsüber Priester, abends bei ihr im Bett. Sie müssten Schluss machen.

Wieder herrschte ein paar Monate Sendepause. Aber im Sommer

tauchte Klaus wieder auf. „Er habe es versucht, sagte er mir, aber er könne ohne mich nicht leben." Klaus ist seit acht Jahren Priester.

Sie glaubte ihm. Zwei-, dreimal in der Woche trafen sie sich. Sie gingen sogar zum Essen aus oder ins Kino. Simone sagte ihren Eltern nichts, eine Freundin hütete während der Schäferstunden ihren Sohn.

„Klaus war so anders als mein Mann, er hatte Zeit, war gebildet, an so vielem interessiert. Er ging mit mir aus. Ich habe das aufgesogen wie ein ausgetrockneter Schwamm. Ich dachte: Wow! Ist das ein Mann! Dass es so einen gibt!" Dafür nahm sie das ganze peinliche Versteckspielen in Kauf. „Wenn die Tür zu war, dann hatte ich ihn. Das reichte mir. Bei meinem Ehemann hatte ich nichts von alledem."

Die unerwartete Schwangerschaft machte alles noch komplizierter. Nach der Rückkehr aus dem Urlaub hatte Simone einen Termin beim Frauenarzt. Ultraschall. Klaus war mitgekommen. In dem abgedunkelten Untersuchungszimmer übertrug der Lautsprecher den Herzschlag des Kindes.

Am selben Abend rief Klaus an. Morgen habe er ein Gespräch mit dem Bischof. Er halte es nicht länger aus, er werde seinem Chef alles beichten.

Am nächsten Abend klingelte Klaus an ihrer Tür. Er blickte sie kaum an. Er komme nur, um seine Sachen zu holen. Während er ein paar Bücher zusammensuchte, sein Rasierzeug und ein paar Hemden in eine Tasche stopfte, meinte er: „So, das war's!" Der Bischof habe ihn vor die Entscheidung gestellt: entweder Priester oder Vater. Er sei mit Leib und Seele Priester und wolle es bleiben. Er könne es nicht länger ertragen, am Altar zu stehen und dabei an sie zu denken.

Simone war wütend: „Halt! Du kommst dann aber jetzt noch erst mit zu meinen Eltern, das mach ich nicht allein. Ich kann denen gerade noch sagen, dass ich schwanger bin. Aber dass du gehst und warum, das sagst du ihnen bitte selbst!"

Die Eltern reagierten anders als erwartet. Simones Vater meinte nur sarkastisch: „Das Kind kommt auch ohne dich zur Welt! Wenn du meinst, du musst gehen, dann geh bitte. Aber bleib dann auch weg, und mach kein Hin und Her mehr!"

Klaus hielt nur einen Monat durch, dann war er wieder am Telefon, wollte wissen, wie es Simone ging. „Hör auf", brüllte sie ihn an, „lass mich in Ruhe. Meld dich nicht mehr!" Doch am nächsten Tag war alles wie gehabt: Er kam vorbei, sie schliefen miteinander. Klaus war völlig euphorisch. „Wir heiraten, wir gehen zu deinen Eltern und sagen es ihnen."

Klaus blieb drei Tage bei Simone. Nur am Sonntag ging er fort, um im Krankenhaus die Messe zu lesen. Er arbeitete dort als Seelsorger und betreute die Kranken. Die Katastrophe nahm ihren Fortgang. Am Montagmorgen, noch im Bett mit ihr, sagte er plötzlich: Es ginge nicht, es ginge beim besten Willen nicht. Er habe die Messe gefeiert und dabei eine Stimme gehört: Ich brauche dich! Heulend stammelte der Mann: Er müsse doch Priester bleiben.

Simone erinnert sich ab diesem Moment an nichts mehr. Sie habe einen Filmriss gehabt und sei erst wieder zu sich gekommen, als sie auf dem Bürgersteig vor dem Haus ihrer Eltern stand. Klaus hatte sie hingefahren, sie dort abgesetzt. Tränenüberströmt sei sie hineingegangen und habe ihrer Mutter gesagt: „Er hat mich wieder allein gelassen."

Ihr wurde schlecht, man brachte sie ins Krankenhaus. Blutungen setzten ein, eine Fehlgeburt drohte. Doch das Kind überlebte.

Irgendwann hatte sie ihren Priester wieder am Telefon: Er müsse sie dringend sprechen. Nun sei er wirklich völlig klar. Er habe mit dem Generalvikar gesprochen. Er komme jetzt für immer zu ihr und gebe sein Amt auf. Zuvor aber, so habe er dem Generalvikar versprochen, gehe er für drei Monate nach Münsterschwarzach. Bei diesem bayerischen Kloster betreibt die katholische Kirche eine Psychoklinik für katholische Priester, das Recollectio-Haus.

Als er zurückkam, war alles wie zuvor: Der wankelmütige Klaus erklärte Simone, er wolle nun doch Priester bleiben. Er ging mit Simone zum Jugendamt und erkannte die Vaterschaft über das noch Ungeborene an. Dann verschwand er mal wieder – bis die Geburt anstand. Eines Tages stand er vor der Tür, er kümmerte sich um den Haushalt, fuhr Simone zum Schwangerenschwimmen. Er blieb 14 lange Stunden bei der Geburt dabei, bis seine Tochter auf der Welt war. Den Namen Lena hatten sie gemeinsam ausgesucht.

Seit diesem Tag ist Klaus ein katholischer Priester mit unehelichem Kind. Sein Name steht in der Geburtsurkunde, zwei Tage nach der Geburt ging er persönlich zum Standesamt, um seine Tochter anzumelden. Mit dem Bischof traf Klaus eine mündliche Absprache: Für den Unterhalt muss Klaus selbst sorgen. Er und die Mutter seiner Tochter haben das gemeinsame Sorgerecht. Der Geistliche darf seine Tochter jede Woche besuchen, er nimmt sie sogar im Urlaub mit und hat ihr in seiner Wohnung ein eigenes Kinderzimmer eingerichtet.

Der Kirchenobere war mit dem Agreement wohl auch deshalb einverstanden, weil er als Krankenhausseelsorger arbeitete und nicht als Gemeindepfarrer. Ein öffentlicher Eklat war nicht zu befürchten. Der Preis für den Deal: Klaus sollte auf seine Geliebte ein für alle Mal verzichten. Für Simone hatte der Oberhirte bescheidenen Trost. „Irgendwann, ganz am Anfang, hat der Bischof mir einen schönen Gruß ausrichten lassen. Mehr nicht."

Natürlich hielt Klaus sein Versprechen nicht lange. Fast die ganze Woche kommt er inzwischen abends ins Haus von Simone. Morgens geht er zur Arbeit ins Krankenhaus. Vorher bringt er seine Tochter noch rasch in den Kindergarten. Der Bischof weiß von alledem nichts.

An Simone sind die endlosen Krisen nicht spurlos vorübergegangen. Gerade hat sie eine Therapie hinter sich. „Diese Angst bleibt", sagt sie, „dass er eines Tages wieder kommt und zu mir sagt: Ich hör wieder Stimmen, ich krieg es nicht auf die Reihe mit euch und meinem Priesterdasein."

„Am Anfang", sagt sie, „hätte ich ihn geheiratet, jetzt bin ich mir nicht mehr sicher. Er musste diese Entscheidung unter Zwang treffen, er kann in der Ehe nur unglücklich werden. Denn er ist Priester mit Leib und Seele, er liebt diesen Beruf und wollte nie etwas anderes machen. Verliert er ihn, wird er unglücklich, und es wird auf mich und sein Kind zurückfallen."

Noch versucht Klaus, ein guter Vater zu sein. Er geht zur Bücherei, besorgt Hörkassetten oder Bilderbücher. Er bringt seine Tochter oft ins Bett und liest ihr Geschichten vor. Er kocht für die Kinder, hilft dem Großen bei seinen Hausaufgaben.

Klaus, der Priester, spricht aber wenig über seine Vatergefühle.

Manchmal setzt sich seine Tochter in ihrem Kinderstuhl auffällig gerade hin, und Simone sagt: „Schau mal, die sitzt genau wie du!"

„Na klar", sagt er dann, „das ist ja auch meine Tochter!"

Klaus hat ihr gerade wieder etwas Neues beigebracht. Er sieht seine Tochter an und sagt: „Papa und Lena sind…", und die Vierjährige brüllt dann: „…ein Team!"

„Bleibt nur eine Frage für Lena offen", meint Simone nach einer Weile: „Warum die Eltern nicht auch zusammen ein starkes Team sein dürfen?"

Wie das auf Dauer weitergehen soll, darüber weigert sich der Priester mit seiner heimlichen Lebensgefährtin auch nur zu sprechen. „Was kommt, das kommt", sagt er dann.

Das Kind, das nicht auf die Welt kommen durfte

Maria*, 43, hat ihr zweites Kind von einem Kaplan nicht ausgetragen. Er stellte sie vor die Alternative, entweder das Kind zu verlieren oder ihn: Er würde sich umbringen, wenn sie nicht abtriebe. Maria fiel nach dem Schwangerschaftsabbruch in eine Depression. Nach einem Selbstmordversuch schaffte sie den Absprung und zog weg. Da endlich entschied der Kaplan sich für Frau und Kind. Vor sechs Jahren trennte sich das Paar. Das ungeborene Kind, meinen beide, stehe bis heute zwischen ihnen.

15. 3. 1979

Nein, das darf doch nicht wahr sein. Was machen wir jetzt? Ich bin wieder schwanger, durfte die Pille noch nicht nehmen. Das „Aufpassen" hat nicht gelangt. Die letzten Monate haben an uns gezehrt. Für Volker das Gefühl, schon durch Sebastian, der jetzt drei Monate alt ist, zerrissen zu werden. Für mich das ewige Warten – und immer alles im Untergrund leben müssen. Volker sagt: „Ich könnte diese weitere Spaltung nicht aushalten. Noch ein Kind, noch mal dieses Zerrissensein zwischen Amt und Familie, ich kann's nicht." Und ich: „Ich kann kein Kind abtreiben. Ich wollte ja auch nicht schwanger werden, aber jetzt ... Warum würde das so viel ändern, wenn da noch ein Kind wäre?" Ich weinte, und auch Volker fing an: „Glaub mir, ich würde gerne noch mal Vater werden – aber jetzt, in dieser Scheißsituation. Eher würde ich mich umbringen, als dass ich das noch ein weiteres Mal auf mich nehmen könnte." Was soll ich tun? Ist es wirklich so, dass ich mich entscheiden muss zwischen dem Tod meines Kindes oder dem von Volker und dann wohl auch von mir? Und Sebastian dann allein?

Ich habe aus Verzweiflung einen Frauenarzt, der ein entschiedener Gegner der Abtreibung ist, gebeten, mit Volker zu sprechen. Aber auch er riet zum Abbruch. Volker würde es eben nicht schaffen, sein Amt aufzugeben.

* Alle Namen geändert.

Und ich würde eine Adoption gleich nach der Geburt noch viel weniger verkraften als die Abtreibung.

Ich war auch noch bei unserem neuen Kaplan. Der sagte: „Maria, trag das Kind aus. Wenn Volker dich wirklich lieben würde, dann würde er spätestens jetzt sein Amt aufgeben. Hör nicht auf ihn, er wird eh nicht zu euch kommen."

Ich bin verzweifelt, warum gibt mir keiner die Hand, die ich brauche, um das Kind auszutragen? Warum sagt keiner: Komm, trag das Kind aus, ich bin da, wenn du jemand brauchst, das schaffst du, und Volker schafft das auch. Dem Kaplan kann ich nicht glauben. So wie Volker bei uns ist, wie er an uns hängt, uns braucht, nach den gemeinsamen Stunden dürstet, zerrissen wird und weint, immer wieder mit mir weint. Ich hätte nie gedacht, dass ich jemals dazu gezwungen werde abzutreiben, aber ich schaff's einfach nicht allein.

Kennen gelernt hatten sich Maria und der Kaplan Volker nach einem Jugendgottesdienst 1977, bei dem sie Gitarre spielte. Sie war 18, er 31. Maria schrieb damals in ihr Tagebuch:

21. 12. 1977
„Kommst du mit, ein bisschen plaudern und ein paar Adventsplätzchen essen?", fragte er mich. „Ja, gut." Auf Kekse war ich zwar nicht scharf, aber er ist jetzt seit über einem Jahr Kaplan bei uns, und ich hatte ihn noch gar nicht so recht kennen gelernt. So saßen wir bei Kerzenlicht in seinem Zimmer und erzählten von uns. Es war ein offenes Gespräch, und ich erzählte zum ersten Mal von der Vergewaltigung, die anderthalb Jahre hinter mir liegt.

Die Zeit verging im Nu, Mitternacht war vorüber. „Soll ich dich nach Hause fahren?" Mir war's natürlich recht, hatte keine Lust, so spät die zwei Kilometer allein durch die Stadt zu laufen. Wir standen auf. Volker nahm mich in die Arme. Es war schön. Er küsste mich. Warum? Was wollte er? Das darf er doch nicht. Er griff nach meiner Brust. Ich ließ es gewähren, ließ es auch gewähren, dass er den Schlafsack ausrollte und mit mir darauf schlief. Ich spürte zwar eigentlich nichts, hatte auch Angst, traute mich aber nicht zu fragen, Nein zu sagen; genoss die Liebkosung, die

Zärtlichkeit, nach der ich so dürstete. Die wollte ich nicht verlieren, und so ließ ich auch den Geschlechtsverkehr zu. Ich wollte ihn auch nicht stehen lassen, ihm einen Wunsch abschlagen.

Später fuhr er mich nach Hause.

27. 12. 1977
Habe Volker heute gefragt, ob es ihm nichts ausmache, seinen Beruf, sein Zölibatsversprechen zu vereinbaren mit der Beziehung zu mir. Er verneint. „Das macht mir nichts aus." Mich wundert es, bin doch stark in meinem Priesterbild von meinem Reli-Lehrer geprägt. Der hätte das nie gekonnt. Weiß auch nicht, ob Volker wirklich voll die Wahrheit sagt. Werde ihn nochmals fragen.

Am 2. April 1978 ruft Volker seine Geliebte an, die gerade vom Frauenarzt zurückgekommen ist. Ja, sie sei schwanger, bestätigt ihm Maria und bettelt: „Mach keinen Mist!" „Ich liebe dich", sagt er und legt auf. Später erzählt er ihr, dass er sich auf der Autobahn zurückhalten musste, nicht gegen einen Brückenpfeiler zu brettern. Am Ende sei er zu einem befreundeten Priester gefahren und habe ihm alles gestanden. Danach sei er „zusammengebrochen".

25 Jahre später sagt Maria, dass schon die Zeit der Schwangerschaft mit ihrem ersten Kind Sebastian ein „Horror" war für sie und Volker. „Ich war mitten im Abi. Und Volker war ständig down. Nachdem er mir von seiner Selbstmordphantasie auf der Autobahn erzählt hatte, stand das Thema ständig im Raum. Wir haben uns immer wieder gegenseitig angefleht, uns nicht umzubringen, und wenn wir uns trafen, haben wir uns aneinander geklammert und unsere Ängste mit Sex bekämpft."

Maria machte kurz vor der Niederkunft ihr Abitur und beantragte beim Jugendamt eine Wohnung für sich als Alleinerziehende. Bei ihren Eltern konnte sie nicht bleiben: Wie viele Frauen, die sich auf Geistliche einlassen, hat Maria eine traurige Kindheit hinter sich. Ihre Mutter, sagt sie, sei die Sexsklavin ihres Vaters gewesen. Sie selbst sei von frühester Kindheit an geprügelt worden, auch einer ihrer Brüder misshandelte sie. Nach außen hin wahrte die Familie der gehobenen Bildungsschicht dabei stets den katholisch-bürgerlichen Schein. Als Maria mit 16 Jahren auf einer Jugendfreizeit der Kirche von einem Busfahrer vergewaltigt wurde, konnte sie darüber mit niemandem reden.

Einsamkeit und Verzweiflung, glaubt sie heute, haben sie in die Arme des beliebten Kaplans getrieben – nicht Liebe. „Im Grunde genommen wollte ich nie Sex. Ich habe es gern gehabt, wenn man mich mal in den Arm genommen hat, aber mehr wollte ich nie. Aber ich wusste, wenn ich Sex ablehne, dann würde ich auch nicht mehr in den Arm genommen werden. Und ich werde so leicht schwanger wie ein Karnickel, ich habe das Gefühl, dass ich zehn fruchtbare Tage habe statt der üblichen zwei bis drei. Aber das wusste ich damals nicht, über Verhütung war ich schrecklich schlecht informiert – Volker leider auch."

Im Rückblick wirkt das Verhalten ihres Priesterfreundes, heute ein sympathischer, jung gebliebener Mittfünfziger, geradezu schizophren: Der Kaplan begleitete seine Freundin in den Kreißsaal, zog sich den grünen Kittel über und hielt ihr die Hand, während sie presste. Eine Stunde nach der Geburt rief ihn sein Amt, und er warf sich das Messgewand über, um Gottesdienst zu halten.

Maria hatte den Verdacht, dass viele Außenstehende Volkers Doppelrolle durchschauten:

26. 12. 1978
Wir sind im Pfarrhaus, um Weihnachten zu feiern. Es ist schön, so nah bei Volker zu sein, aber auch sehr schlimm. Seine Haushälterin kreuzt ständig auf, um nach einer Lappalie zu fragen. Wir glauben, dass sie etwas ahnt. Sie schenkte mir zwei Waschlappen: für „Sie" und „Ihn". Und dann die Gottesdienste. Da steht Volker in all seinen feierlichen Gewändern am Altar, und ich sitze mit dem Baby wie alle anderen in der Bank. Keiner darf wissen, woran wir denken, keiner darf unsere Blicke sehen. Da bleibt nur das Teilen der großen Hostie als kleines Zeichen unserer Verbundenheit.

Vielleicht wäre alles anders gekommen, wenn Maria nicht drei Monate später wieder schwanger gewesen wäre. Vielleicht wäre am Ende eine heimliche Pfarrhausfamilie mit Maria als Haushälterin entstanden – die unglückliche Mutter war ja noch sehr jung, hatte noch keine Ausbildung und war sehr auf Volker angewiesen. Seine Vaterschaft hatte er beim Jugendamt angezeigt, er zahlte auch Alimente. Allerdings in bar, damit die Diözese nicht dahinter kam.

Doch als er hörte, dass seine Maria wieder schwanger war, sah Volker rot. Bis heute hat sich der inzwischen von seinem Amt suspendierte Priester nicht verziehen, dass er Maria damals vor die ausweglose Alternative stellte: Entweder das Ungeborene stirbt – oder ich. „Aber es war so", sagt der ergraute Theologe, „mit den Konsequenzen muss ich leben."

28. 3. 1979
Die Morgenübelkeit ist weg, weg ist auch mein Kind. Drei Tage waren wir im Pfarrhaus. Ich habe gehofft, gefragt und gebettelt. Warum muss es sterben, unser Kind? Bis zuletzt habe ich von dem Satz geträumt: Unser Kind darf leben. Sebastian ließen wir im Pfarrhaus und fuhren wegen einer „Unterleibsgeschichte" zum Arzt. Volker drehte das Radio an. Ich schwieg die ganze Fahrt lang. Warum musste er jetzt das Radio laufen lassen, so als ob dieser Tag wie jeder andere wäre. Wann würde er endlich halten, sagen: Komm, wir fahren zurück, lassen unser Kind leben. Aber Volker fährt weiter.

Wir fanden die Arztpraxis nicht gleich – ich hoffte, vielleicht rettet uns das. Aber nein, wir waren da, gingen rein, ich gab den Indikationsschein ab, den ich von der Familienberatungsstelle ohne jede Nachfrage bekommen hatte als „allein erziehende Sozialhilfeempfängerin". Sie haben ihn mir praktisch aufgedrängt.

Dann kam der Arzt, sehr freundlich, machte einen Ultraschall. „Sie müssen nicht hinschauen, ich kann den Apparat drehen." „Nein, ich möchte das Kind sehen." Es strampelte mit seinen neun Wochen schon kräftig mit den kleinen Beinchen und Ärmchen. Dieses Leben sollte jetzt gleich zu Ende sein? Volker sieht es doch auch, warum sagte er nichts? Der Arzt fragte mich, ob ich den Abbruch wirklich wolle, ich schwieg, Volker sagte leise: „Ja." Ich bekam eine Spritze, der Eingriff wurde vorgenommen. Es tat weh, und mir war schlecht, hundeschlecht. Dann legten sie mich auf ein Bett, ich musste brechen, brechen ...

Volker sagte, er müsse zurück, ob ich dableiben wollte, er könne mich in drei Stunden abholen. Nein, ich wollte nicht allein hier bleiben, ging unter ständigem Erbrechen zum Auto. Wir fuhren zurück, diesmal protestierte ich gegen das Radio. Vorm Pfarrhaus blieb ich im Auto sitzen, Volker rannte in die Kirche und sagte den Kindern dort Bescheid, dass er gleich komme. Dann führte er mich die Treppe hoch ins Bett und ging in die Kirche. Ich lag da, leer, unendlich leer, beraubt, wie vergewaltigt, beinah gestorben. Und Volker war in der Kirche, feierte mit den Kindern Messe. Ich begreife ihn nicht, werde ihn wohl nie begreifen.

Am Abend schlich ich mich davon in die Kirche, setzte mich in die Bank und weinte:

Mein Kind, mein Kind.
Warum?
Ich habe dich geliebt, liebe dich.
Ich wollte dich austragen und gebären,
dich stillen und in die Arme nehmen,
dich wachsen sehen,
mit dir froh und traurig sein dürfen,
aber ich durfte nicht.
Wie soll ich das überleben?
Wo bist du jetzt?
Herr, nimm mein Kind, nimm es bitte auf
und beschenke es,
tröste es.
Ich möchte dir einen Namen geben,
dich beerdigen,
Warum musstest du sterben, warum?

Volker fand mich später, weinte mit mir, entzündete drei Kerzen.

Ich habe Angst, dass wir miteinander genauso umgehen wie mit unserem Kind – gegenseitig getötet. Nur noch in Schatten nehme ich dieser Tage alles auf. Ich müsste es im ganzen Pfarrhaus herausschreien, schreien, was hier getan wurde.

Später, als alle anderen schliefen, saßen wir in Volkers Zimmer. „Musste es wirklich sein?" „Ja, ich wäre gestorben." Wir weinten. Später sagte er mir, er habe zur Strafe auf den Absaugschlauch geschaut.

Die Verzweiflung über das verlorene Kind verfolgte Maria Tag und Nacht. Sie nahm ihr sogar den letzten Trost: ihren Glauben.

Ostern 1979
In aller Gottesfrühe sind wir aufgestanden. Das Osterfeuer wurde entzündet, wir sind mit allem feierlichen Drumherum in die Kirche eingezogen. Die Sonne ging auf, spiegelte sich im Glas der Fenster. Der Herr war auferstanden, die Nacht war zu Ende, das Licht schien, die Verzweiflung war der Erlösung gewichen, der Tod dem Leben. Diese Hälfte der Osternacht bekam ich nicht richtig mit, sie ist noch so fern von uns, werden wir sie überhaupt erleben?

Juni 1979
Wir waren gemeinsam im Urlaub: am Ende der Welt. Volker holte uns ab, alles war gepackt, und ich lud dann den Polo voll, denn dazu fehlen ihm die Nerven. Es war wirklich das Ende der Welt: Von 80 geplanten Chalets waren nur 20 gebaut, von denen nur ein Bruchteil belegt war. Wiesen, Wald, Felder, Kühe und Pferde waren unsere Nachbarn.

Es wäre schön gewesen, wäre nicht da das Ende der Ferien: Volker zurück zum Pfarrhaus, ich mit Sebastian zurück in unsere kleine Wohnung – und wieder warten; warten auf ein paar Stunden, warten auf eine Entscheidung.

An einem Abend wollte ich weggehen; weggehen, um nicht zurückzumüssen, weggehen und sterben.

Juli 1979
Wir fahren bald wieder zurück in die Berge nach E., wo Volker, wie schon öfters, die Ferienvertretung für den dortigen Pfarrer übernommen hat. Außer uns sind noch sechs Jugendliche, die Pfarrhaushälterin und eine ältere Frau dabei. Die beiden schmeißen die Küche – ich hätte es gern getan, aber Volker sagte, das könne er den Frauen nicht antun.

Hier ist es unerträglich. Vorgestern habe ich mich aus der Kneipe zurückgezogen, wo die anderen fröhlich hockten, und mich am Waldrand versteckt. Wollte ich Volker prüfen oder quälen? Ich, die ich so verzweifelt bin: Jetzt erst merke ich richtig, dass mein Kind nicht in meinem Bauch ist. Es müsste jetzt strampeln, aber ich spüre nichts.

„Herr Pfarrer, Herr Pfarrer", ich kann es nicht mehr hören. „Herr Pfarrer, noch eine Tasse Kaffee? Ach, jetzt macht er wieder Witze, der Pfarrer" ... O Mann, ich möchte laut schreien – oder es auch nur leise sagen dürfen, wer er ist. Aber nichts. Ich muss artig sein, brav sein, mir nichts anmerken lassen.

Ich kann es nicht hören, wie er umtüdelt und verehrt wird – und ich häng da mit meinem Elend, mit einem Kind im Arm und einem toten in der Seele; und der tolle Pfarrer kümmert sich so rührend um uns, einfach Spitze.

Da saß ich nun im Wald und weinte vor mich hin. Warum ist es so schwer zu sterben, so schwer zu leben? Volker kam später, ohnmächtig wie immer. Hinterher wurde er krank, ich durfte nicht zu ihm, die Haushälterin ließ mich nicht: „Lassen Sie ihn in Ruhe. Sie sehen doch, wie schlecht es ihm geht."

Wieder verleugnete er mich, so wie auch in den Träumen, die ich Nacht für Nacht habe: Ich liege vor der Kirche schwer verletzt auf dem Boden. Viele Menschen schauen mich an, alle schauen, keiner spricht mit mir, keiner fragt, keiner versucht auch nur zu helfen. Da kommt Volker, ich schreie: „Volker, hilf mir!", denn nur er könnte mich heilen. Er aber wendet sich ab und geht: „Ich kenne diese Frau nicht."

Seit der Abtreibung kann ich nicht mehr in die Messe gehen. Ich schäme mich, meinen Part zu übernehmen, die anderen müssten davon wissen. Ich kann nicht heucheln. Außerdem tut es zu weh, viel zu weh. All das, was der Priester sagt, könnte Volker jetzt auch von einer anderen Kanzel sagen. Aber was tut er? Liebe? Verantwortung? Ehrlichkeit?

August 1979
Volker möchte für die Kirche einen neuen Altar anschaffen. Gemeinsam mit uns ist er durch die Gegend gefahren, wir haben Kirchen besucht und Altäre angeschaut. Gemeinsam, oft Hand in Hand, sind wir reingegangen

in diese Gotteshäuser, und es tat mir jedes Mal weh, sie zu betreten. Es macht mich sehr traurig. Früher war ich gern in Kirchen, wurde dort ruhig, fühlte mich geborgen. Jetzt ist sie wie ein Beil, besser gesagt wie eine Konkurrentin. Sie nimmt mir Volker weg oder ich ihn ihr.

Warum muss Volker zwischen ihr und mir wählen. Ich habe Angst, dass ich sie, die Kirche, verlieren werde.

September 1979
Die Bestimmungen dieser Kirche sind zu hart.
Für uns wäre es das Beste, du könntest beides leben;
aber wir dürfen nicht.
Unser Kind musste sterben.
So dient diese Kirche nicht,
schenkt kein Leben,
sondern tötet.

15. 2. 1980
Wir machen ein paar Tage Winterurlaub in einem Familiendorf auf der Schwäbischen Alb. Wieder ist es über mich gekommen: weglaufen und sterben, um nie wieder zurückzumüssen. Im Schlafanzug, barfuß, bin ich raus und durch den Schnee gelaufen. Die Füße, ich spürte die Kälte nicht. Wollte laufen über die verschneite Wiese, in den Wald, bis ich irgendwann zusammenbreche und erfriere.

Aber Volker ist raus, hat Sebastian allein im Haus gelassen, hat nach mir gerufen, wollte mit dem Auto wegfahren. Wohin? Ich werde es nicht erfahren. Ich bin zurück, warum? Weil ich mein Kind nicht allein lassen wollte? Oder hatte ich Angst, dass Volker sich etwas antut? Ich wäre so gern erlöst, aber nun sitze ich auf der Bettkante, während Volker meine Füße in warmem Wasser badet und trocken frottiert.

Nach diesem zweiten Versuch, dem Leben zu entfliehen, verabredeten Volker und Maria, eine Weile nur noch telefonisch und brieflich Kontakt zu halten. Volker sagte, er brauche diese Trennung, um sich entscheiden zu können. Maria stellt bohrende Fragen: Wie kann einer, der ein Kind abgetrieben hat, überhaupt noch den

Menschen auf der Kanzel Nächstenliebe predigen? Zunehmend gerät die 20-jährige Mutter in eine gefährliche Isolation.

Aus einem Brief von Maria an Volker vom 6. März 1980:

Du sagtest letzte Woche, spätestens, wenn du nicht mehr Eucharistie feiern kannst, wirst du aufhören. Was gibt es für Gründe, Eucharistie nicht mehr zu feiern? Ich setze früher an: Wie kann ich ein Leben führen im Dienst der Liebe, des Heils, des Lebens, wenn ich in meiner unmittelbaren Umgebung dies alles nicht versuchen kann? Wie kann ich das tun, wenn ich eine Frau, mein Kind unglücklich mache, wenn die Liebe halb bleibt und ich ein Kind töte? Ich kann nicht lebendig machen, wenn ich töte …

Ich kann seit der Abtreibung nicht mehr zur Messe gehen – nicht nur aus Glaubensgründen, Enttäuschung über die Kirche oder dem Gefühl der Gottverlassenheit. Es ist vor allem, weil ich mich schäme; weil ich nicht wert bin, Lebensgemeinschaft zu feiern, mich zu Liebe, Heil und Leben zu bekennen, und gleichzeitig, was niemand weiß, zu töten, ganz direkt, massiv – unser Kind ist tot. Vielleicht fühlte ich schon anders, wenn ich anderen diesen Mord gestehen könnte; aber so heuchle ich, und das kann ich nicht.

Ich könnte niemals Hirtenbriefe „zur menschlichen Geschlechtlichkeit“ oder zur Abtreibung verlesen. Ja, bei jeder Verkündigung von Liebe und Leben würde mir der Satz im Halse stecken bleiben; ich würde davonlaufen müssen – reden könnte ich nicht. In deinem Verkünden forderst du Menschen auf: Folgt! Sie sehen dich als Vorbild, aber sie wissen nichts von deinem Versagen, damals und heute.

Aus Volkers Antwort:

Du weißt, dass ich euch sehr, sehr lieb habe. Aber du kannst nicht begreifen, warum ich dann jetzt nicht endgültig und ohne Einschränkungen zu euch „Ja“ sagen kann. Und ich begreife nicht, warum du das nicht begreifst. Ich glaube, wir haben große Schwierigkeiten, uns gegenseitig anzunehmen, so wie wir sind. Und wir tun uns immer wieder gegenseitig weh, versuchen, den anderen nach „unserm Bild und Gleichnis“ zu formen … Wir laufen Gefahr, uns gegenseitig zu verkrüppeln. Das ist wohl das Schlimmste für mich …

Maria am 13. März 1980:

Du schreibst, ich könnte nicht begreifen, warum du zu uns nicht „Ja" sagen kannst. Doch, weil ich dich nicht so nehmen kann, wie du bist, und du mich nicht, wie ich bin. Deshalb, Volker, wenn wir wirklich ehrlich zueinander sein wollen, müssen wir einen gemeinsamen Nenner finden, um uns annehmen zu können, so wie wir sind.

Volker sieht sich in seinem Leid in der Nachfolge Christi:

Ich habe die Passionszeit und besonders den Karfreitag in diesem Jahr unheimlich miterlitten. Ich habe unseren eigenen Kreuzweg in den Kreuzweg Christi hineingelegt. Freilich gelingt das nur unvollständig ... Und dann kommt um sechs Uhr die Auferstehungsfeier. Sie geschieht mitten in der Nacht – mitten in meiner Nacht des Versagens, der Trennung, der Traurigkeit. Und ich weiß genau, dass dabei die Sonne aufgeht ... Ich habe für dieses Jahr Angst davor; ich weiß nämlich, dass morgen für dich (für uns) die Sonne nicht aufgehen wird – morgen nicht! Wann denn?

In einem späteren Brief klagt er ihr:

Ich möchte mit dem Auto gegen eine Mauer fahren; wenn ich schon im Leben keinen Frieden mehr finden kann, möchte ich ihn wenigstens durch Tod haben.

Doch das Verlangen ist stärker. Am 28. April 1980 schreibt er an Maria:

Gestern Abend war ich sehr unruhig. Das Telefonieren mit dir war da besonders quälend ... Ich möchte dich in deiner Ganzheit erfahren ... Es gibt eine Ebene, in der die Worte versagen ..., dann spricht der ganze Körper und die ganze Seele in einer Sprache, die sämtliche Worte der Welt überholt und weit hinter sich lässt. Paulus deutet es an in seinem Brief an die Korinther: „Wenn ich in allen Sprachen der Menschen und Engel redete, hätte aber der Liebe nicht, wäre ich nichts als ein dröhnendes Erz oder eine lärmende Pauke." ... Dich nur hören zu können und sonst nichts zu können, lässt mich fast verrückt werden.

Maria antwortet eine Woche später und fragt nüchtern:

Hast du dir Gedanken gemacht wegen der Lebensform des Zölibates für dich? Ich kann mir gar nicht vorstellen, wie du in einem Amt bleiben könntest, und schon gar nicht, wenn du, wenn du uns nicht mehr siehst, „an Sehnsucht sterben" würdest.

Ich weiß nicht, ob du meine Worte hörst und verstehst ...

Aus Marias Tagebuch:

5. 5. 1980
Sebastian scheint in den totalen Schlaf zu fliehen. Mit seinen 18 Monaten schläft er ganze 18 Stunden. Volker und ich kommen nicht vorwärts, drehen uns im Kreis, in einer Spirale immer weiter bergab. Es muss unbedingt etwas geschehen – so spielen wir mit dem Tod.

Wie zur Bestätigung schreibt er ihr am 11. Mai 1980:

Was ich in Zukunft auch tun werde, mein Lebensweg wird mit (zumindest seelischen) Leichen gepflastert sein. „Wer einem von diesen Kleinen, die an mich glauben, zum Ärgernis wird, für den wäre es besser, man würde ihm einen Mühlstein an den Hals hängen und ihn in die Tiefe des Meeres versenken ..." (Neues Testament!) Wer sind diese „Kleinen": Ihr, die anderen oder alle beide? Bleibt mir wirklich nur die Wahl, welche Menschen ich über die Klinge springen lasse? ...

In diesen Komplex gehört für mich auch die Frage, ob ich überhaupt noch den Zölibat als Lebensform für mich akzeptieren kann ... Über den Sinn des Zölibats an sich will ich mich hier nicht auslassen, ich halte diese Einrichtung immer noch für sinnvoll. Wichtig ist nur: Ist es sinnvoll für mich, lebbar für mich, nach allem, was geschehen ist? Ich kann ja nicht am Punkt null wieder anfangen, so als ob nichts passiert sei. Ich fühle mich schon verantwortlich für euch beide ... Andererseits bedeutet mir mein Beruf so viel. Ich fühle mich zu ihm hingedrängt. Aber was ist es: Berufung oder Illusion (Flucht)?

Priestersohn Sebastian hat inzwischen das Laufen gelernt – aber nicht an den Händen seines Vaters, den er „Olka" nennt. Trotz der langen Trennung fragt das Kleinkind viel nach Volker, zieht immer wieder das Fotoalbum hervor und zeigt auf Bilder von „Olka".

Maria kommt vom Trauma der Abtreibung nicht los. Am 18. Mai 1980 schreibt sie an Volker:

Wenn du dich für dein Amt entscheidest, dann müsstest du dein Herz für Gott allein öffnen, deine Existenz von ihm allein abhängig machen; dann kann es dich auch nicht mehr umbringen, dass du ein Kind umgebracht hast, einen Sohn hast und eine Frau, die ohne dich seelisch und körperlich sterben werden. Es ist für mich nicht einfach, dies zu schreiben, weil ich mir nicht vorstellen kann, wie du dich so Gott öffnen kannst, und weil ich nicht fassen kann, wie so etwas möglich ist. Aber ich bin ein Mensch, und das ist eine göttliche Größe.

Er antwortet neun Tage später:

Du meinst, einer, der Gott erfahren hat und sich ihm ganz öffnet, der „müsste doch eigentlich in seiner letzten, tiefsten Existenz unverletzbar sein, da er sich doch immer angenommen und geliebt weiß". Und du wunderst dich darüber, dass ich es nicht bin. Du hast Recht: Ich bin verletzt. Oftmals glaube ich sogar, dass ich nach all dem, was geschehen ist und was für die Zukunft droht, sogar tödliche Wunden davongetragen habe… Ich stehe vor dem Trümmerhaufen meiner Ideale. Ich fühle mich wie Hiob auf dem Misthaufen, gebrochen und voller Bitterkeit. Ich lebe aber in der Angst, dass ich nicht wie Hiob aus den Trümmern ein neues Leben aufbauen kann, sondern dass mich am Ende „die Pforten der Hölle" doch überwältigen werden.

Deine Meinung halte ich nicht für richtig, dass es mich bei einer Entscheidung für mein Amt auch nicht umbringen würde, dass ich ein Kind auf dem Gewissen habe und vielleicht dann euch auch noch. Kann ich überhaupt damit fertig werden als gläubiger Mensch? Liebe zu Gott und Liebe zu den Menschen lässt sich doch nicht grundsätzlich gegeneinander ausspielen.

Bei Maria bricht zu diesem Zeitpunkt eine unheilbare Krankheit aus, die sie zeitlebens begleiten wird und die sie auch heute noch immer wieder ans Bett fesselt. Beide wissen damals noch nicht von dem Leiden, ihr Zustand verschlechtert sich in Schüben. Ob es auch ohne die Belastung durch die Krankheit zur Beinahkatastrophe gekommen wäre, ist unklar. In ihrem Tagebuch protokolliert Maria am 10. Juni 1980:

Benebelt, müde, betäubt… 40 Schlaftabletten wollte ich gestern Abend mit Wein schlucken, habe aber nur 8 geschafft. Da ist Sebastian wach geworden und weinte. Meine Verantwortung hat mich wieder dem Sterben entrissen. Ich kann nicht alles liegen lassen, das Kind allein lassen (auch wenn ich alles testamentarisch geregelt habe) und davonlaufen und sterben.

Aber so, so kann ich nicht mehr weiterleben. Seit der Abtreibung lerne ich, nicht alles mit mir machen zu lassen. Ich habe auch ein Recht, Nein zu sagen. Immer nur warten und hoffen, das reicht nicht zu einem aktiven Leben, nicht einmal zum Leben überhaupt; zumal Volker immer mehr in dem Dilemma steckt, dass er Amt und uns so sehr liebt, dass er glaubt, auf nichts verzichten zu können.

Ich habe unseren Kinderarzt angerufen und um ein Gespräch gebeten, das bald darauf bei mir stattfand. Dr. G. riet mir wegzuziehen. Volker könnte sich erst dann entscheiden, wenn er nicht mehr beides hat und merkt, dass etwas passieren muss. Volker hat so die Möglichkeit, sich relativ frei zu entscheiden, indem ich zeige, dass ich versuche, auf eigenen Beinen zu stehen. Für das Kind sei der momentane Zustand auf die Dauer unzumutbar, psychische Schäden nur eine Frage der Zeit.

Rückblickend sagt Maria, dieser Selbstmordversuch sei der Wendepunkt in ihrem Leben gewesen. Dieses Mal war sie nicht aus einer lebensmüden Laune heraus weggelaufen – sie hatte die Tat vorbereitet. Nur das Weinen ihres Sohnes habe sie gerettet, sagt sie. „Damals habe ich mit dem Tod, mit dem ich schon seit meiner Vergewaltigung, also seit sieben Jahren, immer wieder geliebäugelt hatte, eine Art Frieden geschlossen. Es war wie eine Befreiung, so absurd das klingt. Plötzlich fand ich den Mut, einen Schritt zu machen, der vielleicht meinen Mann das Leben kosten würde. Ich erkannte, dass ich ein Recht darauf habe, weil es um mein Leben geht und das meines Kindes."

Der Schritt, den Maria meint, war die Trennung von Volker. Sie verbot ihm jeglichen Kontakt und zog mit ihrem Sohn in eine fremde Stadt, 250 Kilometer entfernt von Volkers Pfarrei. Sie schrieb sich für ein Studium als Grundschullehrerin ein und versuchte, ein neues, eigenes Leben aufzubauen.

Auf Volker wirkte das so, wie der Arzt es vorhergesagt hatte: Er begann sich so nach Maria und Sebastian zu sehnen, dass für ihn im Winter die Entscheidung feststand, zu ihnen zu ziehen. „Wenn er sich später entschieden hätte, ich hätte ihm gesagt: Du, komm nimmer", sagt Maria heute. „Wir haben so viel kaputtgemacht. Es ist eigentlich nie eine wirkliche Liebe, eine wirkliche Beziehung mehr geworden. Was uns zusammengeschweißt hat, war das Schicksal und dass man versucht hat, den nächsten Tag zu überleben. Mehr war das nicht."

Als er seiner Kirche die Entscheidung mitteilte, war die Resonanz erstaunlich: Sein Bischof habe „lieb reagiert", erzählte er Maria am Telefon. Wenn Volker sich bloß auf ein Verhältnis eingelassen hätte, hätte er ihn gebeten, es sich noch mal zu überlegen. Da aber schon ein Kind da sei, sei es ja eigentlich „ein Naturrecht", dass er als Vater bei ihm sein dürfe. Der Bischof versprach sogar, sich auf seiner bevorstehenden Romreise für Volkers Laisierung einzusetzen.

Völlig verständnislos dagegen reagierte die Frau, die Volker einst zum Priestertum erzogen hatte: seine Mutter. „Wenn du tot wärst, wäre es nicht weniger schlimm!", warf sie ihrem Sohn vor. Auch sein Vater tobte: „Was sollen denn die Leute im Dorf sagen, wir können uns da nicht mehr sehen lassen."

Beruflich hatte Volker Glück. Der Theologe fand schon zwei Monate später eine Arbeit als Lehrer. Maria indes trat aus der Kirche aus. Das Paar bekam noch ein Kind. Doch auf ihrer Ehe lag kein Segen. Er sei ein „Superverdränger", sagt Maria. Sie wollte Gespräche, er drängte auf Sex. Die Abtreibung ist für sie heute ein Symbol der „tiefen Verletzung", „der schlimmste Missbrauch, den ich erlebt habe". Ihr Mann, von dem sie seit sechs Jahren getrennt lebt, hofft immer noch, dass Maria zu ihm zurückkehrt, auch wenn er weiß: „Die Abtreibung steht zwischen uns. Darüber kommt sie nicht hinweg."

Zwei Männer und eine kleine Lady

Christina, 21, bekam mit neun Jahren einen zweiten Vater. Bis zur Scheidung der Mutter hielt sie deren Mann für ihren „Papa". Erst nachdem Christinas Patenonkel Walter, ein Priester, zu ihnen zog, erfuhr sie, dass er ihr leiblicher Vater ist. Heute hat die Osnabrückerin zu beiden Männern ein herzliches Verhältnis.

„Ich habe eine gute und eine schlechte Nachricht", sagte Christinas Mutter im Herbst 1981 zu ihrem Mann. „Die gute ist: Ich bin schwanger. Die schlechte: Ich weiß nicht, ob du der Vater bist."

Und so kam es, dass Christina in dem Bewusstsein aufwuchs, sie habe einen Papa, eine Mama und einen Walter. Noch als Zweitklässlerin malte sie in der Schule einen Stammbaum mit drei Eltern – einer Frau und zwei Männern. Walter war zwar nur ihr Patenonkel und außerdem ein Priester, aber für sie gehörte er zur Familie. Kein Wunder: „Walter, mein Ex-Mann und ich", sagt Christinas Mutter Susanne, „das war über Jahre eine klassische Dreiecksgeschichte."

Weniger klassisch wurde die Konstellation dadurch, dass einer der Männer ein zur Ehelosigkeit verpflichteter Priester war. Und dass die zwei Kinder aus diesen unorthodoxen Verhältnissen so überaus normal wirken, sie höchstens im positiven Sinn auffallen. Als wären sie mit besonders viel Liebe und besonders viel Freiheit aufgewachsen. „Ich bin ein erwünschtes Unfallkind", definiert sich die 21-Jährige mit den frechen kurzen Haaren.

Mit ihrer Biografie geht die junge Frau selbstbewusst um. „Niemand darf sich für seine Herkunft schämen", findet Christina, „schon gar nicht, weil der Vater Priester ist." Die gestaltungstechnische Assistentin für Medien und Design ist politisch engagiert als Sprecherin ihrer Berufsschule und Mitglied des Stadtschulrats. Kämpferisch wirkt sie deshalb nicht, sie lacht gern, hört genauso gern zu, wie sie redet, und scheint frei von Besserwissertum.

„Meine Grundfröhlichkeit habe ich von Walter geerbt", sagt Christina. „Und die Fähigkeit, frei zu reden. Genau wie ihm früher das Predigen lag, halte ich meine Referate frei." Mit ihrem Vater teilt sie die Leidenschaft fürs Kochen, für Bücher und für den Rückzug. „Ich verbringe gern Zeit allein", sagt die Priestertochter. Ab und zu ziehen die beiden ins Fußballstadion vom VfL Osnabrück, eine „typische Vater-Tochter-Aktion" nennt Christina das. Ob ihr Vater als Ex-Priester sich von anderen Vätern unterscheide? „Weiß ich nicht." Lange muss sie nicht nachdenken. „Wir haben ein besonders herzliches Verhältnis. Wir geben uns nicht bloß die Hand beim Begrüßen, sondern wir fallen uns um den Hals und küssen uns."

Christinas Eltern sind so, wie sich die meisten Jugendlichen ihre Erzeuger wünschen. Sie sind offen und überhaupt nicht bieder. Und sie sind verliebt. Der Ex-Priester hat sich ein sportliches Cabrio zugelegt, und seine 51-jährige Frau schwingt sich auf eine Vespa, um zu ihrer Arbeitsstelle als Diplompädagogin zu knattern. Zum Fuhrpark gehört auch noch ein alter Bully, auf den Christina ab und zu ein Surfbrett schnallt, um dem „Familiensport" zu frönen: Windsurfen.

Christina ihrerseits ist so, wie sich viele Eltern ihre erwachsenen Kinder wünschen. „Sie ist faszinierend", findet ihr Vater. Im Gegensatz zu anderen Priesterkindern hat Christina nicht unter Vatermangel gelitten, sondern im Gegenteil, sie hatte gleich zwei davon, auch wenn sie keine Ahnung hatte, wie die beiden Männer in Wirklichkeit zu ihr standen. „Ich hab die Kinder aber nie angelogen", sagt ihre Mutter, „mir war immer klar, dass ich ihnen die Wahrheit sage – sobald sie fragen." Dieses dialektische Verhältnis zur Wahrheit bewirkte, dass es zwar Geheimnisse gab, aber keine Tabus. Christina weiß heute mehr als die meisten Menschen über ihre Eltern.

Da ist dieses Foto im Familienalbum mit einem Baby, das in einem Korb mitten auf einer Arbeitsfläche in der Küche steht. „An dem Tag wurde ich gezeugt", sagt Christina. Der Säugling ist ihre adoptierte ältere Schwester – die Ärzte hatten Christinas Mutter nämlich nach einer langen Hormonbehandlung für steril erklärt. Der Priester hatte da zum ersten Mal mit Susanne geschlafen und ihr danach erklärt, er wolle es noch ein einziges Mal „zum Abschied" tun – und dann nie wieder. „Du hast einen Vogel", erwiderte sie und schickte ihn in ihrer Wut in die Küche, um Möhren zu putzen.

„Ich litt unter schlechtem Gewissen", erklärt Walter sein damaliges Verhalten, „ich hatte das Gefühl, einerseits Susannes Ehe zu gefährden und andererseits meine Gemeinde mit meiner Freundin zu betrügen."

Susannes Mann reagierte cool auf die schlechte Nachricht seiner Frau. Er wollte Susanne, seine Jugendliebe, nicht verlieren. Die beiden hatten gerade Steffi adoptiert. Außerdem kannte und schätzte er den Priester – Walter, Susanne und er waren bereits zweimal gemeinsam in den Urlaub gefahren. Solange er der offizielle Vater des Kindes in Susannes Bauch sein würde, war ihm alles recht. Sogar, dass Walter nach Christinas Geburt mindestens einmal pro Woche bei ihnen übernachtete. Walter wickelte seine Tochter, stand auf, wenn sie beim Zahnen schrie, und war so stolz wie jeder Vater der Welt, als sie ihre ersten Schritte schaffte.

Die drei fuhren weiter gemeinsam in den Urlaub, teilten Zelte und Hausboote. Darüber hinaus teilten die Männer die Frau. Einmal verreisten Walter und Susannes damaliger Mann sogar nur zu zweit. Sie radelten durch Dänemark. Abends, in der Telefonzelle, übergab dann der eine dem anderen den Hörer, um mit Susanne zu reden.

Nur einmal rastete Christinas offizieller Vater aus: Da hatte er beim Geschirrspülen den Ehering abgelegt. Walter probierte ihn an, drehte ihn hin und her und grinste. „Das hat ihn mehr gestört, als dass ich mit beiden schlief", glaubt Susanne. Sie verklärt die Dreiecksbeziehung nicht, im Gegenteil, „für mich war es sehr anstrengend". Aber als gute Katholikin sah sie keinen Ausweg: Eine Scheidung kam für sie nicht in Frage, und Walter durfte als Priester sowieso nicht heiraten. Ihn deswegen zu verlassen, brachte sie indes nicht übers Herz: „Ich wusste von Anfang an, dass er der Mann meines Lebens ist."

Damals, 1982, begann Susanne, sich mit anderen Frauen zu treffen, die auch heimlich einen Priester liebten. Zusammen gründeten sie die Gruppe der „Vom Zölibat betroffenen Frauen". Christinas Mutter war es, die 1987 die einzige Anti-Papst-Demonstration in der deutschen Geschichte anmeldete, anlässlich eines Besuchs von Johannes Paul II. in Münster. „Wir hatten uns verkleidet, um anonym zu bleiben", erinnert sie sich, „und die Polizei beschützte uns vor den fanatischen Papst-Anhängern. Eine Frau schrie: ‚Ihr seid keine Frauen, ihr seid Weiber!'"

Es gab eine Phase, da wurde die Drei-Eltern-Beziehung für die Beteiligten unerträglich. Christina war noch keine zwei Jahre alt, als ihre Mutter merkte, dass sie wieder schwanger war. Das war ein Schock, denn Susanne war klar, dass das Kind nur von Walter sein konnte. Die zweite Schwangerschaft war der Tropfen, der das Fass zum Überlaufen brachte. Ihr Mann war wütend und verzweifelt. „Ich habe damals davor gezittert, dass er entweder mich umbringt oder sich. Oder", fügt Susanne ungerührt hinzu, „ich mich." Letztendlich, sagt sie, seien es ihre Kinder, Steffi und Christina, gewesen, um deretwillen sie sich beide zusammenrissen. Sie schlief jetzt nachts im Wohnzimmer.

Walter war keine Hilfe. Das Angebot, zu ihm ins Pfarrhaus zu ziehen, lehnte Susanne ab. Sie war viel zu emanzipiert, um seine Haushälterin zu werden. Außerdem gab es noch ein anderes Problem, ein viel größeres: Walter war untreu. Seine vielen erotischen Kontakte – oft nur kleine Umarmungen, Küsschen, sehnsüchtige Blicke – und Susannes eifersüchtige Reaktionen waren schon lange ein Thema zwischen den beiden. Schon als Susanne mit Christina hochschwanger war, vertraute sie ihrem Tagebuch an:

22. 4. 1982
Heute fühle ich mich ganz mies. Innerlich habe ich eine lähmende Traurigkeit und Enttäuschung. Es fällt mir wieder schwer zu akzeptieren, dass Walter andere Frauen in den Arm nimmt und Zärtlichkeiten verteilt, was er gern „selbstlos" als Wärmeabstrahlen bezeichnet. Als wenn er selber dabei nichts davon hätte!

Gestern konnte ich nicht gut haben, wie Maria mit Walter umging, mit Anfassen hier und da. Abends saßen wir im Wohnzimmer zusammen und guckten Fußball. Als sich dann Walter von mir weg zu Maria setzte und sie streichelte, und ich saß mit meinem dicken Bauch daneben, da war es bei mir ganz aus.

Bei der Geburt von Nele, Christinas Schwester, stand Christinas „Papa" seiner Frau im Kreißsaal bei. Walter wartete draußen im Gang vor der Entbindungsstation. Spürte er Eifersucht? „Das habe ich völlig gelöscht. Das habe ich mir nicht genehmigt", sagt er. „Es ist ja eine der Fähigkeiten, die man als Priester lernt. Man blendet einfach die Sachen aus, die nicht sein dürfen."

Vielleicht brauchte er deshalb so lange, um zu begreifen, was er seiner heimlichen Freundin, immerhin Mutter seiner Kinder, zumutete mit seinen kleinen Eskapaden. Jedenfalls war Walter völlig überrascht, als sie sich wegen einer Nebenbuhlerin von ihm trennte. Es war kurz nach Neles Geburt. Walter fühlte sich erleichtert, Susanne gebeichtet zu haben, dass da noch eine andere war. Doch die Geliebte teilte diese Erleichterung nicht. Für sie war das Maß voll.

Da begriff der Priester. Susanne hatte Recht, als sie ihm zu Beginn ihrer Beziehung ein Zitat des Münchener Religionsphilosophen Fritz Leist unter die Nase gehalten und zu ihm gesagt hatte: „Du bist genau so." Leist schreibt da über Priester: „Sie versichern, die Ehelosigkeit zu ‚halten', und gestatten sich diese oder jene Ersatzlösungen. (… Das beginnt) schon da, wo einer ein beliebter Seelsorger in der Mädchenjugend ist. Er bleibt korrekt, und ‚es kommt nie etwas vor'. Er beachtet kaum, was jeder andere sieht, wie er immer wieder unbewusst durch seine werbende Stimme und selbstverliebte Gestik Mädchen in sich verliebt macht, wie er Hilfe und Dienstleistungen von Mädchen annimmt, die aus den Herzen der Mädchen entstehen. Wir haben vor uns den Typus des verhinderten, im Unbewussten verbleibenden Don Juan, der sich – wie einmal von seiner Mutter, so jetzt von den Mädchen und Frauen – verwöhnen lässt" (Fritz Leist: „Der sexuelle Notstand und die Kirchen". Gütersloher Verlagshaus Mohn, Gütersloh 1972, Seite 209).

Walter war auch so ein Don Juan im Habit. Er verletzte nicht nur Susanne, sondern auch unzählige junge Mädchen, deren Herzen schmolzen, wenn ihr Priester ihnen funkelnde Blicke zuwarf. Zumal Walter auch heute noch, mit 57, ein Mann mit Charisma ist: groß, bärtig, braun gebrannt, ein sympathischer Typ, der kein Wort zu viel sagt, aber auch keine Frage unbeantwortet lässt. In einem Beitrag für Susannes Anti-Zölibats-Gruppe legte Walter damals unter dem Pseudonym Werner Rechenschaft ab für sein unlauteres Verhalten: „Ich darf die Beziehung zu Susanne gar nicht leben. Aber solange ich nicht ganz beteiligt bin, ist es immer noch mit meinem Beruf vereinbar. Und Belege, dass ich nicht ganz an Susanne gebunden bin, sind Geschichten mit anderen Frauen" (Initiativgruppe der vom Zölibat betroffenen Frauen [Hrsg.]: „Ein Sprung in der Kette. Vom Zölibat betroffene Frauen und Priester durchbrechen ein Tabu." Eigenverlag, Solingen 1986, Seite 52).

Erst unter dem Druck der Trennung merkte Walter, wie sehr er an Susanne hing. Er wusste zwar, dass er auf jeden Fall Priester bleiben wollte, weil er diesen Dienst als seine Berufung ansah. Aber als Partner wollte er sich ändern. Künftig wollte er monogam leben, ohne verstohlene Blicke, ohne flüchtige Berührungen.

„Ich hab ihm dann noch eine einzige Chance gegeben", sagt Christinas Mutter, „weil ich fand, seine Ehrlichkeit – das Geständnis, dass es da noch eine zweite Frau gab – dürfe nicht bestraft werden." Der Priester nutzte die Chance. „Er mutierte vom Saulus zum Paulus", sagt seine heutige Frau glücklich, „ich bin überzeugt davon, dass er mir seitdem treu ist."

Und so blieb es für die Kinder bei der Eins-plus-zwei-Eltern-Konstellation. „Als Priester habe ich Walter nicht empfunden", sagt Christina. „Aber ich ging gerne in seine Gottesdienste, wenn wir mal zu ihm fuhren. Bei ihm durften alle Kinder vorn auf den Stufen sitzen. Das fanden wir toll." Sie gingen allerdings nur einige Male im Jahr in seine Messen, denn Walters Pfarrei war 80 Kilometer entfernt von Osnabrück.

Schon wegen des räumlichen Abstandes war es für Walter leicht, seinen Bruch des Zölibats zu kaschieren. Außerdem war der zweite Priester der Pfarrei sein bester Freund. Als Walter sich ihm anvertraute, fand er heraus, „dass der schon viel länger eine Freundin hatte als ich. Wir haben uns dann gegenseitig gedeckt". Der Ex-Priester glaubt, dass etwa die Hälfte seiner ehemaligen Kollegen nicht zölibatär lebt. „Das merkt man denen auch auf der Kanzel an. Wenn einer nach mehr als fünf Jahren Dienst immer noch ein überzeugender Prediger ist, steht zu 99 Prozent eine Partnerin oder ein Partner dahinter." Auch Christinas Mutter las damals Walters Predigten.

Immer wieder sah die heimliche Priesterfrau ihre Rolle darin, Walter in die Realität zu holen. Vor allem, wenn er von einem seiner jährlichen Priesterseminare kam. „Er ging da als vernünftiger Mann hin und kam mit bescheuerten Ideen wieder." Ihr Mann nickt. „In diesen Seminaren lässt man sich von dem Gruppengefühl einlullen und glaubt dann all diese Worthülsen der Kirchenmänner. Etwa an die Freundschaft mit Christus. Mit diesem imaginären Typen soll der Priester ja in Beziehung leben", erzählt der Ex-Klerikale und schimpft. „Wie füllt man denn diese Beziehung mit Leben? Eine Freundschaft beruht immer auf Gegenseitigkeit. Aber von diesem Jesus kommt nichts, das rede ich mir bloß ein. Und wenn ich dann zweifle, dann heißt es, ich werde geprüft. Da steig ich aus, das stimmt für mich nicht mehr."

Susanne arbeitete nicht, als ihre drei Töchter klein waren. Morgens wurde sie stets von einem gellenden Schrei geweckt: „Neeeeein!" Dann wusste sie, Christina ist wach und rüstet auf zum Kampf gegen die Autorität. Damals war noch nicht viel vom väterlichen Erbe, der Fröhlichkeit, zu merken. „Christina war gegen alles und machte nichts mit", erinnert sich ihre Mutter. Sie selbst erinnert sich, wie sie sich der Anweisung aufzuräumen widersetzte. „Da habe ich mir Bettlaken aneinander geknotet und bin aus dem ersten Stock geklettert", erzählt Christina. „Ganz einfache Lösung. Das habe ich bei ‚Pippi Langstrumpf' gesehen, wo die Verbrecher sich aus dem Gefängnis mit Laken abseilen."

Christina und Nele

Foto: MATTHIAS JUNG

Die Eltern waren erleichtert, dass die kleine Rebellin immerhin in der Schule mitmachte. Christina war etwas unglücklich, dass sie dort nicht zu den „Coolen“ gehörte, sondern zu den „Dicken und Doofen“, wie sie sagt. „Nicht, weil ich selbst dick gewesen wäre. Ich hab bloß immer die Außenseiter verteidigt, die sind mir noch heute näher als die Normalos.“ Als eine Mitschülerin den „Dicken und Doofen“ die Teilnahme an einem Spiel verbieten wollte, startete Christina eine Unterschriftenaktion in der Nachbarschaft gegen die Zicke. „Alle unterschrieben, dass sie das blöd von ihr fanden, und deren Mutter war stocksauer.“

Eine Mutter, ein Vater und ein Walter – die Lehrerin rümpfte die Nase über Christinas Stammbaum: „Ihr habt aber komische Familienverhältnisse.“ Die Mutter ärgert das noch heute, aber Christina hat es längst vergessen.

Die einzig schwierige Zeit in ihrer Kindheit, an die sich Christina erinnert, war die Scheidung ihrer offiziellen Eltern und die anschließende Neuorientierung des Paares Susanne und Walter. „Es ging nicht mehr“, sagt Susanne, „die schwierigen Umstände meiner Partnerbeziehungen hatten mich krank werden lassen.“

Drei Monate nach dem Auszug von Christinas „Papa“ zog der Priester bei der Mutter seiner Kinder ein. Seinem Bischof hatte er einfach gesagt, er quittiere den Dienst, weil er inhaltlich nicht mehr hinter seiner Rolle als Pfarrer stehe. Von seiner Frau und den Kindern redete er nicht. Auch einen Antrag auf Laisierung stellte er nicht.

„Ich war erleichtert, die Firma zu verlassen“, sagt Walter. „Ich kenne keinen Priester, der über lange Zeit mit seinem Job wirklich zufrieden ist. Die Erschöpfung frisst auf die Dauer allen Elan: zehn und mehr Messen die Woche, drei bis fünf Hochzeiten, mehrere Beerdigungen und dazu Jugendarbeit, Seelsorge, Altenpflege. Wir hatten 110 Kranke in meiner Pfarrei, die alle einmal pro Monat besucht werden mussten – im Schnitt 35 Minuten pro Fahrt. Und überall wollen alle noch einen Rat, ein Lächeln, einen Händedruck vom Herrn Pfarrer. Man beginnt, die Rolle zu hassen, die einen ständig überfordert, und hasst sich dann selbst für die eigene Unzulänglichkeit.“

Den beruflichen Absprung hat Walter bereits als Priester vorbereitet: Er hatte eine Fortbildung in chinesischer Medizin gemacht. Nach dem Ausstieg eröffnete er eine Praxis als Heilpraktiker. Die ersten Jahre waren finanziell schwierig, obwohl auch Susanne wieder voll arbeitete. Auf einmal wurden die Kinder nach der Schule von einer Tagesmutter empfangen, die für sie kochte.

„Wenn die um drei ging, fingen wir an, Fernsehen zu glotzen – bis Susanne oder Walter kamen", erinnert sich Christina. Wie so viele Scheidungskinder rutschte sie damals in der Schule ab und litt unter Schlafstörungen. „Ich las noch zwei Asterix-Hefte im Bett", sagt sie, „und wachte trotzdem um fünf Uhr morgens auf."

In der Zeit machte sie eine große Entdeckung. Die Neunjährige fragte ihre Mutter, von wem sie eigentlich ihre Augenfarbe habe. „Ich habe etwas Blau so wie du, einen braunen Punkt so wie Papa und etwas Grünes so wie Walter." Susanne war erleichtert: Der Zeitpunkt, Christina die Wahrheit über Walter zu sagen, hatte sich durch die Frage seiner Tochter sozusagen von selbst ergeben.

„Klasse! Dann ist das ja bei uns wie bei ‚Drei Männer und eine kleine Lady'", jubelte Christina. Der Film dreht sich um eine Männer-Wohngemeinschaft, deren Bewohner die Tochter von einem der drei gemeinsam aufziehen. „Walter ist dann mein biologischer Vater und Papa mein freiwilliger." Schon am nächsten Tag erzählte Christina fröhlich ihren Schulkameraden, sie habe einen „Bio-Papa" und einen „sozialen Papa". „Ich war stolz: zwei Papas, drei Omas und drei Opas."

Zu Anfang war ihr Walter als Vater allerdings fremd, vor allem, wenn der Bio-Papa plötzlich die ehemalige Rolle ihres sozialen Papas ausfüllen wollte und mit Christina schimpfte. „Du bist hier nur zu Besuch, du hast mir gar nichts zu sagen", brüllte sie Walter einmal an, riss alle seine Jacken aus der Garderobe und pfefferte sie vor die Haustür.

Bis heute nennen die drei Mädchen Susannes Ex-Mann, der inzwischen wieder geheiratet und Kinder bekommen hat, „Papa". Aber nach und nach, erzählt Christina, „verlor sich bei Walter der

Priester. Ich nenn ihn zwar Walter, aber inzwischen fühlt er sich wirklich an wie ein Vater."

Beide, Christina und ihr Vater, begannen sich damals allmählich von der Kirche zu lösen. Anfangs hatten beide noch Interesse am Gottesdienst und am Gemeindeleben. Zunehmend aber verlor Walter die Lust. „Ich bin da nicht unbefangen, ich bin ultrakritisch und denke ständig, was erzählt der Kollege denn da für einen Unsinn", sagt Christinas Vater. „Und ins Gemeindeleben eingreifen konnte ich ja auch nicht. Als Ex-Pfarrer kann man sich nicht in den Gemeinderat wählen lassen oder so etwas."

Etwa zur selben Zeit schied Susanne aus der Zölibatsfrauengruppe aus. „Die Phase, wo ich aller Welt erzählen wollte, wie schlimm die Kirche ist und wie frauenfeindlich der Zölibat", sagt sie, „liegt so weit hinter mir, dass ich mich fast wundere, wenn mir Pamphlete von damals in die Hände fallen."

Christina weiß genau, wann ihr Bruch mit der Kirche stattfand. Mit 13 schrieb sie an ihre Firmpatin einen Brief, in dem sie ihr erklärte, warum sie den Unterricht abbrechen und an der Zeremonie nicht teilnehmen wollte. „Ich war ja nebenbei auch Messdienerin", erklärt sie, „und ging viel zur Kirche. Aber immer mehr fühlte ich mich da wie in einer Sekte. So, wie sie die im Fernsehen zeigen, wo alle zusammen sind und irgendwen anpreisen. Ich habe die Leute beobachtet und gemerkt, die machen das nur, weil man es halt so macht. Manche pennen auf der Bank ein, manche verlassen die Messe, bevor sie zu Ende ist, und wenn gesungen wird, bewegen sie nur die Lippen. Mit Leib und Seele schien fast niemand dabei zu sein."

Vielleicht lag es auch an Christinas freier Erziehung, dass sie sich im Club artiger Katholiken nicht wohl fühlte. Sie erinnert sich noch sehr genau an die Reaktion im Zeltlager, als sie von ihrem „Freund" erzählte. Christina hatte nämlich schon mit 13 einen Freund, „da war sie sehr eigen, den konnte man ihr nicht ausreden", sagt ihre Mutter und lacht. „Die haben mich deswegen Schlampe genannt", empört sie sich und runzelt ihre Stirn. „Wir – Steffi, Nele und ich – waren denen alle zu freakig. Ich hab mich nicht angenommen gefühlt in der Gemeinde, in deren Bild ich mich nicht einpassen konnte und wollte."

Ihre jüngere Schwester Nele trägt ein blaues Strass-Piercing am Mund und sieht nicht braver aus als Christina. Trotzdem ist sie immer noch in der Gemeinde aktiv, sogar als Messdienerin. „Als Nele und ihr damaliger Freund, der auch Messdiener war, letztes Jahr zusammen Betreuer im Zeltlager waren, durften sie sich vor den Kindern nicht küssen", erzählt Christina. „Vor den Kindern saufen dürfen die Gruppenleiter aber durchaus. Ich denke, da sollte ein Kuss legitim sein." Nele, die gerade mit der Schule fertig ist, teilt Christinas Meinung. Aber sie hat eben ein paar „sehr gute Freunde" in der Gemeinde und hat sich mit dem früheren Kaplan prima verstanden.

Nach dem Bruch mit der katholischen Kirche ging Christina eine Weile zu den Freichristen. „Da gibt es auch einen Priester, der hat eine Frau und Familie. Über ihm steht aber kein Bischof oder Papst." Vor allem die Ernsthaftigkeit dieser Glaubensgemeinschaft gefiel Christina, etwa, dass Kinder erst mit zwölf getauft werden, wenn sie das Ritual schon verstehen können. Doch später stieß sie auf weniger schöne Züge ihrer neuen Gemeinde: „Ich war bei einer Frau aus der Freikirche auf der Toilette, und da hing so ein Zettel, auf dem war erst die Hausnummer und dann die eigene Straße, dann das Dorf, dann die Stadt, dann das Bundesland drauf – ein immer größer werdender Kreis. Auf die Weise wollte die Gemeinde wachsen und alle Menschen bekehren." Das befremdete Christina, ebenso wie die Intoleranz dieser Christen, für die das Ying-Yang-Zeichen der Chinesen schon eine „Gotteslästerung" darstellt.

Seitdem hat sie kein Bedürfnis mehr nach Kirche. „Das ist was für Menschen, die ein Zugehörigkeitsbedürfnis haben – andere treten einem Fußballverein bei. Ich brauche das für mich nicht." Ein wenig bibelfest sei sie immer noch, schließlich habe sie das Gesamtwerk schon gelesen – vom „langweiligen" Alten Testament, das seitenweise nur Genealogien auflistet, bis zu ihrer Lieblingsstelle, dem Lobgesang auf die Liebe im Brief des Apostel Paulus an die Korinther. „Bei ‚Trivial Pursuit' sagen meine Freunde schon mal ‚Ja ja, die Priestertochter'", erzählt sie und grinst, „in Bibelfragen bin ich firm."

Christina ist ein Beziehungsmensch. Seit dem ersten Freund mit 13 hat sie fast immer in einer Partnerschaft gelebt. „Treue ist mir wichtig", sagt sie. Von dem Dreier ihrer Eltern habe sie als Kind nichts mitbekommen. Später hat Susanne ihr davon erzählt, „das war keine einfache Zeit für sie", meint die Tochter mitfühlend. Ein Urteil maßt sie sich nicht an: „Geht es nicht vielen Menschen mal so, dass sie meinen, zwei Menschen zu lieben?"

Vor sechs Jahren haben ihre Eltern geheiratet. Christina war damals 15 und erinnert sich nur daran, dass es ein „schönes Fest" war. Auslöser für das standesamtliche Liebesbekenntnis waren allerdings die Kinder. Vor allem Nele wollte endlich „klare Verhältnisse". Von Amts wegen war ja immer noch Susannes Ex-Mann ihr Vater. Der Mann vom Jugendamt wusste einen Weg, Walters Töchter als solche offiziell anzuerkennen: „Am besten, Sie adoptieren sie", schlug er vor, eine Prozedur, über die sich Susanne im Nachhinein ärgert. „Da musste ich plötzlich darlegen, warum ich als Mutter meiner eigenen Kinder geeignet sei." Der Nachweis erforderte das Ausfüllen von Unmengen Papieren und eben den Stand der Ehe der beiden „Adoptiveltern" – Walter und Susanne. Mit Stolz erfüllt die Mutter, dass Christina und Nele damals selbstverständlich ihren Nachnamen für sich wollten. „Mama war und ist immer meine erste Bezugsperson gewesen", sagt Christina.

Sie erinnert sich noch, wie schwer es Walter anfangs fiel, sich an den Frauenhaushalt zu gewöhnen. Christina jobbt manchmal als Marktverkäuferin. Vom Stand aus „hab ich Walter mal angerufen, ob er mir Tampons mitbringen könne". Da war der Vater erst mal baff. Hinterher fand er es aber „lustig", sagt Christina, „denn früher in seiner Familie waren solche Themen tabu". Seine Besuche auf dem Markt erfüllen die Tochter immer mit Stolz, „weil man merkt, die Leute spüren seine Ausstrahlung. Der steht als Letzter in der Reihe, und die Araber, die da verkaufen, ziehen ihn nach vorn, schütteln ihm die Hand und sagen: Hallo, mein Freund."

Schwierig sei es für Walter gewesen, als Christina anfing, mit

Jungs zu schlafen, „aber das muss er einfach akzeptieren. So ist das, wenn man Töchter in der Pubertät hat“. Sie spricht über die ganz normale Eifersucht eines Vaters – nicht über unterschiedliche moralische Auffassungen. Die ganze Familie schert sich nicht um Konventionen; Geld, Besitz und Ansehen stehen nicht an erster Stelle. Mit über 50 Jahren knutschen die Eltern noch selbstvergessen und verliebt auf der Rückbank des Autos bei gemeinsamen Ausflügen – zur Freude ihrer Kinder.

Beim Gedanken an ihre jugendlich-lebenslustigen Eltern wird Christina wehmütig. „Es ist ja irgendwann so, dass die Eltern alt werden und dass sie dann schlechter hören und ein bisschen langsamer werden. Das finde ich schon schade. Aber nicht deshalb, weil man immer lauter reden muss. Ich finde es traurig, weil es einem das Gefühl gibt, das Leben ist auch endlich.“

Den Glauben an etwas Transzendentes hat die Priestertochter nicht völlig verloren. Aber da keine der großen Religionen Christina vorbehaltlos zusagt, „muss ich dann halt erst einmal eine Weile damit leben, dass ich an etwas glaube und nicht weiß, was. Vielen meiner Freunde geht es ähnlich. Irgendwoher müssen wir ja kommen, und irgendwer muss sich dieses ganze System ausgedacht haben. Aber das muss nicht unbedingt der Gott sein. Und nicht unbedingt ein Mann.“

„Diese Kirche wird nicht überleben"

Die Präsidentin der ZöFra (Verein der vom Zölibat betroffenen Frauen in der Schweiz), Gabriella Loser Friedli, 50, über Priesterkinder, Streit mit Schweizer Bischöfen, Abtreibungen und Alkoholproblemen von Zölibatsbrechern. Sie selbst hat nach 22 Jahren versteckter Beziehung einen Ordensmann geheiratet – ohne Segen der Kirche. Das Paar hat einen 21-jährigen Sohn. Seit Beginn der Arbeit 1992 hat die ZöFra mehr als 340 Frauen beraten. Der Internet-Link des Vereins steht mittlerweile auf der offiziellen Homepage der Schweizer Kirche.

Wie viele Priesterkinder gibt es in der Schweiz?

Anfang 2003 wurde die Bitte der Bischofskonferenz an uns herangetragen, eine Statistik zu erstellen. Uns sind 146 Priesterkinder bekannt. Es sind aber gewiss mehr: Fast jede Frau kennt mindestens noch eine Betroffene, die sich nicht traut, mit uns in Kontakt zu treten. Obwohl wir immer Anonymität garantieren.

Moment mal: Die Bischöfe wollten diese Zahl wissen?

Das hat eine lange Vorgeschichte. 1997 kam es zu einem ersten Gespräch zwischen einer Delegation der ZöFra und einer Delegation der Bischofskonferenz in Solothurn. Unsere Bemühungen um einen Dialog hatten wohl deshalb Erfolg, weil erst 1995 Bischof Hansjörg Vogel wegen der bevorstehenden Geburt seines Kindes freiwillig sein Amt niedergelegt hatte. Sein Rücktritt hat in der Schweiz hohe Wellen geschlagen. Bei dem Treffen haben die Bischöfe entschieden, dass unser kirchlicher Ansprechpartner die Kommission Bischöfe-Priester sein sollte. In dieser Kommission hatte unser Anliegen vorerst aber keine Priorität. Erst nach vier Jahren kamen ein erstes Gespräch und ein kleines Arbeitspapier zu Stande.

Das war 2001.

In dem Jahr bekam die Kommission einen neuen Präsidenten, einen jüngeren. Mit dem klappte die Zusammenarbeit viel besser, es wurden jährliche Treffen verabredet. Im Januar 2003 trafen wir uns – vier von der ZöFra und zwei von dieser Kommission. Sie haben uns gesagt, dass die Bischöfe jetzt gern einmal Zahlen hätten. Wir haben erst abgewehrt, weil wir unsere Unterlagen so nicht aufbereitet hatten, aber sie haben insistiert. Und dann haben wir zwischen Januar und März 25 Bundesordner voll Material durchforstet. Briefe, Telefonnotizen, Gesprächsnotizen, E-Mails. Am Ende stand fest: Bis zum März 2003 hatten wir mit 310 betroffenen Frauen Kontakt, und uns sind 146 Priesterkinder bekannt. Seitdem sind weitere 30 Frauen dazugekommen.

Und wie war die Reaktion?

Am 12. Mai haben wir eine Zusammenstellung dieser Zahlen der Kommission Bischöfe-Priester übergeben. Zeitgleich haben wir die Zahlen im „Tages-Anzeiger" publiziert, damit sie nicht in einer Schublade verschwinden. Die Bischöfe waren schockiert: erstens über die hohen Zahlen, zweitens über deren Veröffentlichung. Weil der junge Präsident der Kommission diese Publikation nicht verhindert hatte, wurde gar vorgeschlagen, ihn abzusetzen.

Und wie haben sie auf die Zahlen reagiert?

Nach einiger Bedenkzeit haben sie jetzt gesagt, dass sie unsere Zahlen von einem Experten ihrer Wahl begutachten lassen wollen. Das haben wir abgelehnt, wegen der Sensibilität der Daten – es geht ja um sehr viele heimliche Beziehungen zu Klerikern, die den Zölibat brechen. Stattdessen haben wir vorgeschlagen, unsere Zusammenstellung notariell beglaubigen zu lassen.

Wie viele Priester leben in Konflikt mit dem Zölibat?

Das ist schwierig zu sagen. Die Hälfte oder mehr leben den Pflichtzölibat wahrscheinlich nicht so, wie die Amtskirche sich das vorstellt. Viele haben auch homosexuelle Partner. Und wenn Sie noch diejenigen dazuzählen, die zwar zölibatär leben, aber dafür alkoholkrank sind oder depressiv – da bleiben nicht viele übrig, die nicht an diesem Pflichtzölibat leiden.

Worunter leiden Priesterkinder?

Darunter, dass sie eigentlich nicht existieren. Sie können sich kaum eine Identität machen. Kinder, die jahrelang ihren Vater verheimlichen müssen, klagen darüber, dass sie nie mit jemandem über ihre Familie reden können – also über ihren Lebensmittelpunkt.

Wie reagieren die Kinder darauf?

Ich weiß von Kindern, die immer irgendwie Bauchweh oder Kopfschmerzen haben. Es gibt Kinder, die damit fast nicht leben können und selbstmordgefährdet sind. Letzten Herbst hat mich nach einer Fernsehsendung eine Frau angerufen, die hatte ein Kind von einem Priester – dieser Sohn hat sich mit 26 Jahren umgebracht.

Weil er Priestersohn war?

Ja, weil er damit nicht leben konnte. So eine Geschichte ist wie Krebs an der Seele. Die Frau geht jetzt quasi zur Strafe regelmäßig zu diesem Priester in die Messe. Damit er sie anguckt. Der Mann kam nicht zur Beerdigung seines Kindes, und sie muss damit allein fertig werden.

Das heißt, sie hatte den Sohn allein erzogen.

Die meisten Mütter von Priesterkindern sind Alleinerziehende. Das ist auch ein Problem: die wirtschaftliche Not. Vor kurzem habe ich von einer Frau erfahren, die ein Kind mit einem Abt hatte. Der Obere hat ihr bei der Geburt 10 000 Franken als Abfindung gegeben, damit sie den Mund hält. Als das Geld alle war, hat sie an ihrem Arbeitsplatz Geld unterschlagen. Sie kam ins Gefängnis, hat ihren sechsjährigen Knaben weggegeben zu Freunden. Als sie aus dem Gefängnis rauskam, war es nicht mehr möglich, eine Beziehung zu ihrem Kind aufzubauen. Er ist bei diesen Pflegeeltern geblieben. Und der Abt hat weitergewirkt als Abt, auf dessen Leben hatte das keinen Einfluss.

Bekommen die Mütter wenigstens Alimente?

Das kommt ganz darauf an. Bei uns ist das ja mit der Kirche und dem Staat eigentlich in jedem Kanton und in jedem Bistum anders geregelt. Die Priester, die in der Deutschschweiz arbeiten, haben in der Regel ein gutes bis sehr gutes Salär. Die werden in einzelnen Kantonen wie Mittelschullehrer entlöhnt. So ein Priester bezahlt ohne weiteres Alimente.

Muss er nicht damit rechnen, enttarnt zu werden?

Das ist der Unterschied zwischen Kirchenrecht und Zivilrecht: Ein Priester kann mit einer Frau zum Friedensrichter gehen, die Vaterschaftsanerkennung machen, und kein Mensch muss das erfahren. Der Mann unterschreibt einen Vertrag, dass er die Verantwortung für das Kind finanziell übernimmt. Den Vertrag segnet der Friedensrichter ab, und dann hat die Frau ein Anrecht auf Alimente und er auf Besuchsrecht. Das läuft, ohne dass die Kirche irgendetwas davon erfährt.

Und was ist, wenn er nicht will?

Das passiert selten. Da machen wir dann schon mal ein bisschen Druck, wenn die Frau das will. Wir haben mehrere Vaterschaftsklagen begleitet. Da wird der Mann vorgeladen, und weil er keine Aufmerksamkeit erwecken will, kommt er. Wenn der Mann allerdings kein Geld hat, weil er etwa Mönch ist und nur das so genannte Sackgeld von 100 bis 150 Franken im Monat bekommt, muss sein Orden bezahlen. Wobei es in der Regel so läuft, dass der Orden sagt, wir bezahlen, aber du trennst dich von der Frau. Die Alimente, die vom Orden gezahlt werden, sind meistens gering.

Und wie ist das in den anderen Landesteilen?

Im Kanton Genf etwa sind Kirche und Staat getrennt. Man zahlt keine Kirchensteuer. Da lebt die Kirche von den Spenden der Leute.

Alle Priester haben den gleichen Lohn – nicht viel, zurzeit etwa 4000 Franken. Dann wird es sehr eng für die Mütter. Es gibt aber vom Schweizerischen Katholischen Frauenbund einen Solidaritätsfonds, der zur Verfügung steht, nicht zuletzt, weil die ZöFra Mitglied dieser Organisation ist. Dadurch können aber nur übergangsweise Härten gemildert werden, etwa, bis der Vater dann einen neuen Job hat. Wir haben bei der Kommission Bischöfe-Priester auch schon darum gebeten, dass sie einen Fonds einrichten für Männer, die weggehen wollen. Um Überbrückungsgelder zahlen zu können für Umschulungen oder für die Arbeitssuche.

Sie machen diese Arbeit ehrenamtlich. Was treibt Sie an? Glauben Sie daran, dass die Kirche sich ändert?

So wie die Kirche jetzt funktioniert, glaube ich nicht, dass sie überlebt. Da muss etwas Grundlegendes passieren. Aber darauf baue ich nicht. Meine Motivation ist teilweise religiös, weil mir Solidarität, Gerechtigkeit und Menschlichkeit wichtig sind, aber mein Engagement könnte auch an einem anderen Ort sein. Mein Mann hat neulich gesagt, wenn ich dies nicht machen würde, wäre ich wahrscheinlich bei Greenpeace. Aber da müsste ich mich voll in ein neues Gebiet einarbeiten, während ich mich hierin einfach durch meine Lebensumstände gut auskenne.

Durch Ihre persönliche Erfahrung …

… die ich sozusagen mein halbes Leben lang gesammelt habe. Ich hatte 22 Jahre lang eine heimliche Beziehung zu einem Priester. Er leitete ein Kloster und arbeitete an einer theologischen Fakultät. Seit 1974 haben wir zusammengearbeitet. Niemand hat etwas von unserer Liebe gemerkt. Erst 1982 wurde es schwieriger, weil mein Sohn geboren wurde. Von dem Moment an, wo er reden konnte, waren wir völlig isoliert. Wir konnten nirgendwo mehr hingehen, weil wir dachten, dass er uns verraten würde.

Der hat Papa zu seinem Vater gesagt?

Nein, er hat nicht Papa gesagt, aber die Beziehung zwischen den beiden war so, dass es jedem Außenstehenden sofort klar sein musste.

Wieso hat er sich nicht vom Orden getrennt?

Immer wenn wir Urlaub machten, war es so schön, dass er sagte, er wolle alles für eine Lösung tun. Kaum waren wir wieder zurück und er zwei Stunden im Kloster, war da wieder diese Loyalität gegenüber seinen Mitbrüdern. Er war Leiter dieses Klosters, ein Ausbildungshaus mit 30 jungen Leuten. Außerdem konnte er es seinen Eltern nicht antun. Die waren sehr katholisch und sehr arm. Er war der einzige Priester, den sein Heimatdorf hervorgebracht hat, und zwar mit Hilfe des Pfarrers. Seine Eltern erwarteten das von ihm. Als er zwei Jahre alt war, wusste sein Vater schon, dass sein Sohn Priester werden wird. Ein vorgezeichneter Weg. Erst mit 55 Jahren hat er gemerkt, dass das nicht sein Weg ist. Das war ein langer Prozess der Selbstwerdung. Er ist heute religiöser, als er je war, viel bewusster. Er lebt seine „Berufung" jetzt in seinem Alltag.

Was macht er jetzt?

Er ist immer noch Professor an der Uni. Er konnte mit seinem Lehrstuhl in die philosophische Fakultät wechseln. Damit gehört er zu den wenigen, die nicht ihre ganze Existenz verloren haben. Das ist auch einer der Gründe, weshalb ich diese Arbeit machen kann. Letzte Woche habe ich einen Mann getroffen, der 20 Jahre Priester war und jetzt im Lager eines Supermarkts jobbt, um seine Familie durchzubringen.

Wie war denn das für Sie, diese 22 Jahre Heimlichkeit?

Es war schwierig. Dass ich das so lange ausgehalten habe, hat mit meiner Biografie zu tun. Als ganz junge Frau stand ich ziemlich neben den Schuhen. Es ging mir sehr schlecht in der Zeit, als ich meinen Mann kennen gelernt habe: Ich hatte Magersucht, ich bin als Kind missbraucht worden und hatte absolut kein Selbstwertgefühl. Er als Mönch war der erste Mensch, mit dem ich darüber reden konnte. Bei ihm konnte ich das, weil ich von ihm ja absolut nichts zu befürchten hatte. Damals hatte ich Angst vor Männern. Er hat mir beigebracht, dass das Leben weitergeht, dass das zu meinem Leben gehört, dass ich damit werde leben müssen. Als es mir dann langsam besser ging und ich den Boden unter den Füßen wiederfand, hat er angefangen, von sich zu erzählen. Da hat sich dann ganz langsam eine Beziehung ergeben. Als wir dann merkten, dass es sich um eine Beziehung handelte, wie sie eigentlich nicht sein soll, waren wir schon mittendrin. Das war erst mal ein Schock. Ich habe dann zweimal eine Therapie gemacht, und wir hatten uns auch mehrere Male getrennt und die Beziehung jeweils wieder aufgenommen. Mein Lebenspartner hat auch sehr an der Beziehung gelitten, weil sie mit seinem Ordensleben, an dem er ja hing, unvereinbar war. Er hat angefangen zu trinken.

Haben Sie auch körperlich reagiert?

Ich hatte jahrelang Entzündungen, Abszesse und Blutungen, die nicht mehr aufgehört haben. Ich war immer wieder im Krankenhaus, weil irgendetwas wieder kaputt war und operiert werden musste. Jetzt geht es mir gut, aber es hat lange gedauert. Die Heilung vom Alkohol nach der Trennung vom Orden hat bei meinem Mann mehrere Jahre gedauert.

Und Ihr Sohn?

Heute geht es ihm gut. Aber das war nicht immer so. Er hat das Alkoholproblem seines Vaters schon als kleines Kind mitbekommen. Er kam öfters vom Kindergarten oder von der Schule heim und fand ihn bewusstlos irgendwo am Boden mit einer leeren Flasche Whiskey neben sich. Mein Partner hat den Graben, der zwischen dem lag, was er tat, und dem, was sein sollte, mit Alkohol zugeschüttet. Alle Entzugsversuche schlugen damals fehl. Manchmal kam ich nach Hause, und der Kleine stürzte mir entgegen und sagte: „Er ist tot, er ist tot, komm ganz schnell, Mama!" Ich weiß nicht, was den Jungen mehr geprägt hat, dieses Alkoholproblem oder der Umstand, dass er über seine Familie nicht hat reden dürfen.

Gabriella Loser-Friedli mit Sohn und Mann
(auf Hochzeitsreise in Tunesien)

Wie hat sich das bei Ihrem Sohn bemerkbar gemacht?

1996, zwei Jahre nach unserer Hochzeit, haben wir einen Film mit einem französischen Sender gemacht. Die TV-Leute haben meinen Sohn, der damals 14 war, gefragt, ob er bei dem Film mitmachen möchte. Er hat einen Tag darüber nachgedacht und dann zugestimmt. Er war in seinem Zimmer, hat dort mit Legos gespielt, und die haben mit Kamera und Mikrofon daneben gesessen. Der Junge hat gespielt und gespielt und gespielt und nicht einen einzigen Satz gesagt. Die Fernsehleute haben gefragt und gewartet, er aber spielte bloß. Er fand einfach keine Worte. Nach etwa einer Stunde bin ich hingegangen und habe ihn gefragt, ob es ihm lieber wäre, dass man aufhört, und er hat gesagt: Ja.

Hat er später Worte gefunden?

Zwei Tage lang hat er überhaupt nicht geredet. Er hat unheimlich körperlichen Kontakt gesucht. Jede Nacht kam er in unser Bett und hat mich dann die ganze Nacht nicht losgelassen. Und dann brach auf einmal der Damm. Drei Tage lang hat er nur davon geredet, wie schlimm es war, wie weh das getan hat. Dass er all die Jahre nie jemandem die Wahrheit hat sagen dürfen, dass er sein ganzes Leben immer versucht hat, nicht zu lügen, und folglich so viele Dinge auch nicht sagen konnte. Niemandem. Und nach drei Tagen hat er uns gesagt, er wolle nicht mehr weiterleben. Das hatte er schon einmal gesagt mit sechs Jahren, als er im Urlaub auf eine große Brücke geklettert ist und uns sagte, dass er sich da runterstürzen wollte. Aber danach hatte er nie wieder so etwas gesagt.

Wie fanden Sie Hilfe?

Wir hatten unheimliches Glück. Unser Sohn hat sich kurz darauf die Hand gebrochen und musste zum Notarzt. Der hat auch gesehen, dass der Junge stark übergewichtig war. Er hatte sich einen Schutzpanzer angefuttert, obwohl er als Kleiner spindeldürr war. Dieser Arzt hat ihn dann auch sonst noch ein bisschen gefragt, wie es ihm so ging und so. Der hatte was gespürt. Und plötzlich sagt mein Kind zu mir: „Geh bitte raus. Warte draußen." Das habe ich getan. Mein Sohn ist dann über längere Zeit regelmäßig zu diesem Arzt gegangen, und da haben sie einfach geredet. Ich denke, der Mann war seine Rettung. Nach etwa zwei Jahren hat er gesagt, dass er jetzt nicht mehr hingehen muss, dass das jetzt gut ist.

Macht Ihr Sohn Ihnen oder Ihrem Mann Vorwürfe?

Nein. Aber er will absolut nichts mit dieser Kirche zu tun haben, die so viel kaputtgemacht hat. Er kann auch nicht begreifen, weshalb ich mich da so ins Zeug lege. Er findet, das wäre so krank, so kaputt, man sollte das Ganze eigentlich sterben lassen. Er hat mal gefragt, ob es auch Priesterkinder bei der ZöFra gebe. Ich habe gesagt, nein, nur Frauen. Da hat er leise gesagt: „Gott sei Dank".

Ist Abtreibung ein oft gewählter Ausweg bei einer Schwangerschaft durch einen Priester?

Ja. Sehr oft.

Wie stehen Sie dazu?

Ich habe erst neulich mit einem Bischof wegen einer akuten Notsituation darüber gesprochen, kurz nach der Kampagne der Schweizerischen Bischofskonferenz für die Familie und gegen die Abtreibung. Ich habe ihm gesagt, dann müssen Sie jetzt auch etwas für ein Kind tun. Der Vater war ein Ordensmann aus Südamerika. Wegen seines Zölibatsbruchs hat sein Doktorvater ihn fallen gelassen, da verlor er die Aufenthaltsberechtigung. Die Mutter des Kindes war eine polnische Ordensfrau, die wegen der Schwangerschaft nicht mehr im Spital arbeiten konnte und auch vor der Abschiebung stand. Der werdende Vater hat verzweifelt an den Bischof geschrieben, aber der Sekretär hat ihm immer nur gesagt, sie seien nicht zuständig.

Hat der Bischof das auch zu Ihnen gesagt?

Erst hat er gemeint, der Mann habe ja nicht mal versucht, mit ihm Kontakt aufzunehmen. Daraufhin nahm ich die Kopien aus meinem Köfferchen und sagte: Da, gucken Sie mal! Keinen einzigen Brief haben Sie beantwortet, die wurden alle von Ihrem Sekretär abgewimmelt. Da hat er gejammert: Wie soll ich denn den jungen Leuten beibringen, dass man nicht mit einer Frau schläft, bevor man verheiratet ist, wenn unsere eigenen Leute so ein schlechtes Beispiel abgeben? Ich sagte ihm, er solle damit aufhören, die Schwangerschaft der Frau sei ein Faktum. Als er weitergejammert hat, hab ich gesagt, ob ihm die Abtreibung in dem Fall vielleicht lieber gewesen wäre? Natürlich nicht, meinte er. Und ich sagte: Gut, das Kind kommt, und jetzt müssen wir gucken, wo die drei atmen können. Er hat dann ein Empfehlungsschreiben an die Ausländerbehörde geschrieben.

Ihr Mann und Sie sind immer noch der Kirche treu.

Ja. Mein Lebenspartner hat gerade seine Amtszeit von fünf Jahren als Pfarreiratspräsident beendet. Er hat das gemacht, weil wir denken, dass man nichts verändern kann, wenn man draußen steht.

Können Sie sich ein Leben ohne Kirche vorstellen?

Klar. Ich kann meine Religiosität zwar ohne Gemeinschaft nicht leben, aber die könnte ich auch anderswo finden. In der Kirche sind wir Frauen ein Machtfaktor, an dem keiner vorbeikommt. Allein der Schweizerische Katholische Frauenbund hat schon rund 250 000 Mitglieder, die sich in der Kirche sehr engagieren. Wenn all diese Frauen die Kirche verließen, dann bräche sie zusammen. Die Kirche braucht uns mehr als wir sie.

„Ich bin ein Kind der Liebe"

Miriam, 31, ist Tochter eines Priesters, der seinen Orden aus Liebe zu ihrer Mutter verließ. Die beiden heirateten und bekamen zwei Kinder. Die studierte Journalistin, selbst Mutter, erzählt ihre Geschichte, „damit Priesterväter nicht mehr behaupten können, die Kirche hindere sie daran, zu ihrer Familie zu stehen". Miriam hat kirchlich geheiratet und lässt ihre Kinder taufen. Dennoch erwägt die Bayerin immer wieder, aus der Kirche auszutreten.

Als Miriam fünf Jahre alt war, machte sie eine große Entdeckung. „Das ist doch der Papa", rief die Vorschülerin und zeigte aufgeregt auf ein Foto von der Taufe ihrer älteren Cousine. Und tatsächlich: Der Mann in dem weißen Gewand mit der roten Borte, der das Baby mit geweihtem Wasser beträufelte, war ihr Vater.

Papa ein Priester! Bisher hatte Miriam immer gedacht, ihr Vater sei einfach einer, der morgens zur Arbeit geht und sich nachmittags, nach der Schule, um sie kümmert – wenn ihre Mutter arbeitet. Ihre Eltern waren Lehrer an einer Berufsschule im bayerischen Nördlingen: Jan, Miriams Vater, unterrichtete Religion, ihre Mutter Maria Wirtschaft. Dass ihr Vater mal Kinder getauft und Messen gelesen hatte, war eine große Überraschung für die kleine Kirchgängerin. „Ich war unheimlich stolz auf ihn", sagt Miriam.

Dieser Stolz hat sie nie verlassen. Miriam ist heute 31, von Beruf PR-Beraterin, außerdem verheiratet und Mutter zweier Kinder. Ihr Mann ist Ingenieur und promoviert; auch er ist Sohn eines Religionslehrers. Sie teilen sich den Haushalt und die Kindererziehung, so dass beide arbeiten können. „Das war ja schon bei meinen Eltern so", sagt Miriam, „die Gleichberechtigung der beiden gehört zu den Dingen, die ich übernommen habe."

Wenn Miriam erzählt, redet sie mit ihrem ganzen Körper – die langen, rötlichen Haare wippen, die schmalen Hände fliegen durch die Luft. Zwischendurch lacht sie laut, oder sie reißt ihre großen hellblauen Augen noch weiter auf, um eine Aussage zu unterstreichen. Sie spricht schnell und dennoch präzise. „Debattieren haben wir am Küchentisch geübt. In Rhetorik bin ich als Theologenkind den meisten überlegen." Es ist klar, dass jede Pressestelle Miriam sofort einstellen würde – und dass jeder erfahrene Personalchef zugleich wüsste, dass diese Mitarbeiterin sich nicht die Butter vom Brot nehmen ließe.

Miriam ist der lebende Beweis dafür, dass ein geweihter Priester ein guter Vater sein kann. Sie sei „kein Kind der Sünde, sondern im Gegenteil, ein Kind der Liebe", sagt die Priestertochter, „und zwar sogar im ganz besonderen Sinne: Mein Vater hat aus Liebe zu meiner Mutter auf Beruf und Karriere verzichtet, bewusst und klaglos. Eine Entscheidung, zu der er immer gestanden hat und unter der wir Kinder nie gelitten haben".

Wie die Eltern Miriam beschreiben würden? Ihre Mutter prustet los. „Munter. Aufgeweckt. Konnte schon mit einem Jahr eine ganze Palette Wörter. Setzt sich stark für andere ein. Nicht sehr geduldig." Ihr Vater fügt hinzu: „Der Familienzusammenhalt war bei uns vielleicht stärker als bei anderen, durch die Außenseiterrolle. Das funktionierte natürlich erst dann, als ich als Vater fertig geworden war mit dem Verlust meines Amtes. Vorher gibt man seine Frustration an die Kinder weiter."

Ihr Vater habe sich vorbildlich verhalten, findet Miriam. „Viele Priester, die in so einer Situation stecken, reden sich doch bloß heraus. Diese Typen, die ihre Kinder hängen lassen oder ihre Freundinnen zur Abtreibung zwingen. Und die dann sagen: Die böse Kirche zwingt uns dazu."

Ihre Augen sind jetzt riesig: „Entschuldigung, die Kirche zwingt uns aber zu gar nichts. Jeder erwachsene Mensch hat eine Verantwortung für sein Leben und für das Leben der Menschen, die ihm wichtig sind. Wer und was ihm wichtig ist, das muss er selbst definieren. Aber er soll sich bitte nicht auf andere oder auf irgendwelche Strukturen herausreden. Mir ist das einfach zu billig. Die unsichere berufliche Zukunft? Was spricht dagegen, nebenher noch ein zweites Studium durchzuziehen, sich für alle Fälle ein zweites Standbein aufzubauen. Ich möchte nicht predigen, wie so ein Mann sein Leben gestalten soll, aber ein bisschen Realitätsnähe wäre da manchmal hilfreich. Oder auch ein bisschen mehr Ehrlichkeit – etwa zu sagen, es ist für mich nur ein Abenteuer, mehr als Sex will ich nicht. Aber dann soll man es bitte nicht auf die böse Kirche schieben. Man kann so eine Struktur als Ausrede für so viele Sauereien nehmen. Da fliegt dann plötzlich auf, dass der Priester sogar zwei, drei Frauen nebeneinander hat! Da wird einem echt übel."

Mit Kirche kennt Miriam sich aus. Von klein auf nahmen ihre Eltern sie und ihre fünf Jahre jüngere Schwester jeden Sonntag mit in den Gottesdienst, „da wurde überhaupt nicht diskutiert zu Hause, das war einfach so". Vor den Mahlzeiten wurde gebetet und vor dem Zubettgehen auch.

Später, nach ihrer Firmung, hat Miriam sich freiwillig in der Gemeinde engagiert. Sie war Pfarrjugendleiterin der KJG, der Katholischen Jungen Gemeinde. „Die KJG hat eine recht eigenwillige Auslegung von Kirche – zu ihr gehören die rebellischeren Jugendlichen. Unsere Älteren haben damals gegen Atomkraft und Ähnliches demonstriert. Das fanden wir jüngeren Schüler cool." Eine Besonderheit von Miriams KJG-Gruppe war, dass sie nur aus Mädchen bestand. Miriam gefiel das – „in anderen Verbänden, wo Jungen dabei waren, hatten die Mädels nichts zu melden".

Für die Mönchstochter wurde die KJG zu einer „Heimat in der Kirche, etwas abseits vom Mainstream, von dieser ganzen frömmelnden Gesellschaft". Miriam verbrachte damals fast ihre gesamte Freizeit mit Kirchenaktivitäten. Als Oberstufenschülerin begann sie, sich auf Diözesan-Ebene zu engagieren, „das hat richtig Spaß gemacht". Sie nahm schon als Jugendliche an Gruppenreisen nach Florenz und Paris teil – wenn es um christliches Engagement ging, ließen ihr die sonst so strengen Eltern so viel Freiheiten, wie sie wollte. Und nicht nur die Eltern: „Mir bot die Kirche Gestaltungsfreiräume, die ich in einem Sportverein nicht gehabt hätte."

Mit der Zeit jedoch stieß Miriams Gestaltungsdrang an Grenzen. „Als kleines Rädchen in einem Getriebe wie der Kirche bewegt man doch nichts. Eigentlich bleibt da doch immer alles beim Alten. Irgendwann sah ich nicht mehr ein, warum ich mich da so fürchterlich aufarbeiten soll. Weil es doch immer wieder schmerzt, wenn man gegen Mauern läuft.“

Inhaltlich fühlt Miriam sich den radikalen Befreiungstheologen in Lateinamerika nahe, die das Himmelreich schon auf Erden für die Armen verlangen und die Laien ermuntern, Kirche von unten zu gestalten. Von dieser Vision scheint ihr die Kirche in Bayern weit entfernt, „dieses von oben nach unten. Statt Gewissensfreiheit herrscht unbedingter Gehorsam. Die KJG erschien mir immer mehr wie eine Nische für die besonders kritischen Geister. Denn wenn's hart auf hart kam, merkte man, wo der Wind eigentlich herweht – da wird dann der Druck übers Geld ausgeübt“.

Besonders ärgert sich Miriam über die Stellung der Frau in der Kirche. „Die Pastoralreferentin ist theologisch oft genauso gut ausgebildet wie der Kaplan. Aber sie darf nur niedere Aufgaben übernehmen, während er nach zwei Jahren das Pfarrherrle spielt.“ Zunehmend sei ihr aufgefallen, dass sich die Sonntagsworte von Miteinander und Nächstenliebe nicht an alle richteten: „Leute in extremen Lebenssituationen – etwa Frauen, die sich zur Abtreibung entschließen, oder Geschiedene, die wieder heiraten wollen – werden herausgedrängt. Ich bin wahrlich keine Abtreibungsanhängerin, aber man kann doch über diese Leute nicht einfach den Stab brechen.“

Das Zölibatsgesetz, das ihren Vater das Amt kostete, wischt seine Tochter mit einer Handbewegung weg. „Da macht doch jeder halbwegs aufgeklärte Katholik einen Haken hinter. Genauso wie hinter die angebliche Unfehlbarkeit des Papstes. Bittschön, woher soll die denn kommen? Den Mann bringen doch nur Machtspielchen auf seinen Posten – und nicht etwa der liebe Gott.“ Sie lacht.

„Einmal waren wir tierisch im Stress vor einem Gottesdienst. Irgendjemand drückte mir die fertigen Fürbitten in die Hand. Ich überflieg die und denk, mich trifft der Schlag. Da wollten die doch tatsächlich für mehr Priesternachwuchs bitten! Ich hab spontan die Bitte weggelassen. Bei so einem Quatsch mach ich nicht mit. Die Kirche braucht bloß ihre Strukturen zu ändern, dann hat sie genug Nachwuchs – indem sie auch Frauen zu Priesterinnen weiht und Priester heiraten lässt."

Miriam hat sehr wohl gespürt, dass ihr Vater an dem Verlust seines Amtes „zu knabbern hatte" – auch wenn er nicht jammerte. Allein schon seine Treue zur Kirche scheint ihr Beweis genug. „Das ist ja so, als feuerte mich mein Arbeitgeber, und ich ginge trotzdem noch zu seinen Konferenzen. Das kann man von außen nicht nachvollziehen – es hat etwas damit zu tun, dass Priester kein Beruf, sondern eine Berufung ist."

Miriam (links, mit Puppe) mit Schwester, Eltern und Großeltern

Feuern ließ sich Miriams Vater Jan für ihre Mutter Maria. Die Geschichte von Miriams Eltern sei „fürs ‚Goldene Blatt'", sagt Maria, 61: „Überschrift: ‚Schuld ist der Onkel aus Amerika'." Jans Onkel musste während des Krieges in die USA flüchten und wurde dort Pfarrer; seine Haushälterin kam aus Bayern – sie war die Cousine von Marias Vater. Zur ersten Messe des Neffen 1962 kam er samt Haushälterin in die Niederlande. Jan, 67, ist nämlich Holländer. Die Haushälterin lud auch Verwandte aus ihrer Heimat ein, darunter Maria.

Nach dem Gottesdienst wurde mit der ganzen Familie gefeiert. Ein Cousin von Jan versuchte, mit der hübschen Bayerin, damals 21 Jahre alt, anzubändeln. Der junge Mann hatte eine derartige Fahne, dass sich Maria angeekelt abwendete – da fing sie Jans Blick auf, quer durch die große Scheune. „Der ist hängen geblieben."

Eine biblische Spanne – sieben Jahre – verging, ehe Jan und Maria sich wiedertrafen. Maria versuchte fünf Jahre lang selbst ihr Glück in einem Kloster. Sie verließ es aber wieder: „Man zerrieb sich an Nebensachen, Kleinkariertem; Wesentliches kam zu kurz." Da die zielstrebige Novizin neben dem Ordensleben ein Studium als Handelslehrerin absolviert hatte, konnte sie nahtlos ins zivile Leben zurückkehren.

Und dann endlich kam der Mann mit den warmen blauen Augen auf Familienbesuch, zusammen mit seinen Eltern und einem Bruder. All die Jahre hatten die beiden sich nur Postkarten geschickt, und plötzlich stand Jan vor ihr. Maria wird immer noch wehmütig, wenn sie an seinen braunen Habit denkt mit dem halblangen weißen Mantel darüber, und schwärmt, wie „elegant der aus dem Zug schwang".

Die beiden verbrachten eine Urlaubswoche in Österreich mit seinem Bruder. Immer tiefer verfingen sich ihre Blicke. Daheim in Amsterdam brach Jan seine Habilitation ab. Alles zog ihn zurück zu Maria, nach Augsburg. Im Winter, nach einer schweren Grippe, beichtete er seinem Hausarzt den Grund seiner Zerrissenheit. „Der sagte: Ich schreib Sie krank, so lange Sie wollen. Wenn Sie sich mit so etwas auseinander setzen müssen, gehen Sie vor die Hunde."

Von einer heimlichen Beziehung hielt Jan von Anfang an nichts. Schon an Weihnachten führte Maria ihn bei ihren Eltern ein. Für ihn waren es mehr als Gefühle, die ihn mit Maria verbanden. Er spürte, in der selbständigen Frau sein weibliches Gegenstück gefunden zu haben, eine, die wie er vom Geist des Zweiten Vatikanischen Konzils beseelt war, dem kirchlichen Pendant zur 68er-Revolte der Studenten.

Für Jan war klar, dass seine Liebe keine Sünde war. Als der Ordensmann zum Ortsbischof, seinem Dienstherrn, ging, leitete der sofort seinen Laisierungsantrag nach Rom weiter. Der damalige Papst Paul VI. unterschrieb ihn bald. Jans Entscheidung für seine Frau war vergleichsweise schnell und klar gefallen: Damit ersparte er seiner Umwelt die übliche Zermürbung durch ein quälendes Hin und Her, durch Heimlichkeit und Heuchelei. Die meisten seiner Mitbrüder zürnten ihm nicht lange, sondern nahmen auch Jans Frau freundschaftlich auf.

1971 heirateten Maria und Jan in der Hauskapelle in Hazerswoude bei seinem Orden, den Unbeschuhten Karmelitern; ein ehemaliger Mitbruder traute sie. Ein Jahr später kam Miriam zur Welt. „Wir haben uns riesig gefreut. Denn für uns mit unseren Klosterbiografien war es alles andere als selbstverständlich, überhaupt ein Kind bekommen zu dürfen", sagen ihre Eltern.

Zur Zeit ihrer Geburt war Jan so dünn, „dass der erste Anzug meines Lebens, den wir bei Quelle gekauft hatten, an mir schlotterte. Die Umstellung auf das zivile Leben war mir unter die Haut gegangen. Vor allem beruflich: Ich war dort gelandet, wo ich niemals hin wollte – im Schulbetrieb". In Amsterdam hatte der Alttestamentler einen Ruf an die Katholische Hochschule erhalten, er hatte geforscht und gelehrt. Nun musste der 36-Jährige Maurern und Rohrverlegern an einer bayerischen Berufsschule die Bibel erklären. Anfangs verzweifelte er, zumal, wie seine Frau mitleidig sagt, „seine Schüler den Rieser Dialekt sprachen – er als Holländer hatte keine Chance".

Dabei hatte Jan die Stelle wie so viele suspendierte Priester erst am Ende einer langen, enttäuschenden Suche gefunden. Nach seiner

Hochzeit stand er drei Tage lang im Arbeitsamt in unterschiedlichen Schlangen für Ausländer an, bis er endlich einen Angestellten ansprach: „Bringt dieses Warten mir eigentlich etwas?" Der Mann fragte ihn nach seinem Beruf und schickte ihn dann zu einem Schalter für „Sonderfälle". „Der Berater dort war nett", sagt Jan, „aber einen Job hatte er nicht."

Ein evangelischer Pfarrer wollte ihn dann unbedingt für den Posten eines Sekretärs für das Ökumenische Pfingsttreffen in Augsburg haben. Jan warnte ihn, dass das ein aussichtsloses Unterfangen sei, obwohl seine Qualifizierung ideal war für den Posten. Er behielt Recht: Die katholische Kirchenhierarchie stemmte sich mit aller Gewalt gegen die Ernennung eines verheirateten Priesters. Daraufhin vermittelte der hilfsbereite Kollege Jan an ein evangelisches Hilfswerk in Vaihingen: als Heimerzieher für Aussiedler und Vorbestrafte. Es war eigentlich ein Glücksfall, dass er ein halbes Jahr später an die Schule seiner Frau wechseln konnte. Ihr Schulleiter suchte so händeringend nach einem Religionslehrer, dass er sich mit dem kategorischen „Nein" des Bischofs nicht zufrieden gab. „Ein Augsburger Domkapitular hat mich praktisch eingeschmuggelt. Das war so ein typisches nachkonziliares Verhalten: Eigentlich geht es nicht, aber da ist ein Mensch, und dann geht es eben doch."

Miriam hat diese Zeit nicht miterlebt. „Er hat sich für meine Mutter entschieden und nie mehr zurückgeschaut. Wer schafft das schon? Ich kenne viele normale Familien, da werden die Kinder im Streit angebrüllt: Warum habe ich mir euch eigentlich angetan? Ich könnte so ein schönes Leben haben ohne euch!"

Je älter Miriam wurde, desto öfter hörte sie in ihrer Umgebung Unverständnis über die Entscheidung ihres Vaters. Mit zwölf Jahren schleuderte sie einem neugierigen Frager entgegen: „Wenn er das nicht getan hätte, würd's mich nicht geben – und ich lebe gern."

Manchmal tauscht sie sich mit befreundeten Kindern von verheirateten Priestern aus. „Muss deine Mutter auch deinem Vater den Pullover passend zur Hose rauslegen? Bei der Frage nicken immer alle und lachen. Unsere Väter sind alle ziemlich unbeholfen, was Kleidung, Haushalt und Geldfragen angeht."

Ansonsten sei das Leben mit so einem Vater manchmal eine ernste Angelegenheit. „Papas unglaublich hoher moralischer Anspruch", sagt Miriam, „überfordert ein Kind und erst recht einen Jugendlichen. Weil man nichts nur so, aus Spaß machen kann. Bei allem wird sofort nach dem tieferen Sinn gefragt." Auch seien ihre Eltern nicht gerade zu Partylöwen mutiert, nachdem sie die kirchlichen Fesseln abgestreift hatten. Im Gegenteil: Gemeinsame Kontakte pflegten Miriams Eltern im Rahmen der Kirche. Maria ist bis heute in verschiedenen ehrenamtlichen Projekten engagiert – allen voran bei einem Frauenhaus und bei der Initiativgruppe der vom Zölibat betroffenen Frauen.

Richtig anstrengend wurden die Eltern, als Miriam in die Pubertät kam. „Disco-Besuche haben sie mir kategorisch verboten, ‚Bravo'-Lektüre war tabu, und in der Rockmusik suchte mein Vater nach satanischen Anspielungen." Ihre Eltern verteidigen sich. „Diese Disco, da hing damals direkt die Drogenfrage dran", sagt ihr Vater, „einen der Typen, die sich da auskannten, hab ich ja unterrichtet, ich war genau informiert über die Gefahr."

Miriam schüttelt den Kopf. Sie habe damals ab und zu den strengen Eltern ein Schnippchen geschlagen, bei einer Freundin übernachtet und sich ein eigenes Bild von der angeblichen Drogenklitsche gemacht. „Die Disco war harmlos", sagt sie, „da durften ja auch alle meine Klassenkameraden hin – nur Klein Miriam musste immer abwinken, sorry, geht nicht. In eine coole Clique kam man so natürlich nie." Sie glaubt, ihre Eltern waren ein wenig „weltfremd durch ihre Kirchensozialisation. Bei ihrem Versuch, mir angemessene Grenzen zu setzen, haben sie sich an das Jugendschutzgesetz geklammert. Ich war total erstaunt, als ich mit 18 schlagartig alles durfte – ich bekam sogar das Auto geliehen, um zu Feten zu fahren".

Neben Disco und „Bravo" waren „Markenklamotten der dritte Vorhof zur Hölle". Die attraktive Frau seufzt. „Die ganze Kindheit und die Jugend hindurch, bis ich mir mit Jobs selber Geld verdienen konnte, haben wir uns darüber Gefechte geliefert. Sie blieben knallhart. Ihnen war die stromlinienförmige Markenwelt überhaupt nicht geheuer. Die angesagte Levi's-Jeans fand in ihrer leicht alternativ-christlich angehauchten Lebenswelt nicht statt. Was hätte ich für ein oder zwei Alibi-Outfits gegeben, einfach, um im richtigen Moment dazuzugehören. Wenn ich nicht die KJG gehabt hätte, wäre ich als Außenseiterin abgestempelt worden.“

Die Zeit ihrer modischen Diaspora hat Miriam sichtbar hinter sich gelassen. Ihren kurzen schwarzen Angorapullover und die anliegende beige Hose trägt sie mit lässiger Eleganz – dabei stillt sie derzeit noch ihr zweites Kind. Ihre Wohnung dagegen ist „wie daheim bei meinen Eltern: nicht Chrom-Glas-wichtig – sondern einfach nur gemütlich“.

Selbstbewusst war Miriam schon immer. Dass es in der Kleinstadt Nördlingen „Familien gibt, die uns schneiden“, erwähnen die Eltern – nicht die Tochter. Sie erinnert sich nur an eine besondere Stellung bei ihren jeweiligen Religionslehrern, die natürlich um ihre Herkunft wussten: Da war der abgebrochene Priesterseminarist, der seinen Frust offenbar an der Priestertochter ausließ: „Er hat mich schlechter behandelt als alle anderen.“ Ganz anders dagegen ihr priesterlicher Religionslehrer: Miriam war wegen ihres theologischen Wissens eine seiner Lieblingsschülerinnen.

Mit 21 wird sie in eine Fernsehsendung über Priesterkinder eingeladen. Auf die Frage der Moderatorin, ob ihre Klassenkameraden sie wegen ihrer Herkunft gehänselt hätten, erwidert die rothaarige Studentin keck: „Im Gegenteil! Es hieß dann immer: ‚Das ist ja irre, ja, gibt's so was überhaupt?‘“ Und provozierend fügt sie hinzu: „Da war man doch eher interessant!“

Ihr TV-Outing als Priestertochter begriff Miriam schon damals als Kampfansage an die Adresse der Kirche. „Was ist das für ein Gott“, fragt sie in der Sendung, „der mit einer menschlichen Beziehung konkurrieren muss? Was ist das für ein Gottesbild?“

„Stell dir vor“, wird sie am Ende der Sendung gefragt, „du hättest einen Sohn, und der sagt irgendwann zu dir: Mama, ich will Priester werden.“ Miriams Antwort kommt prompt: „Ich würde mir überlegen, was ich in der Erziehung falsch gemacht habe. Denn wenn jemand so obrigkeitshörig ist, dass er unter diesen Gehorsamkeitsbedingungen meint leben zu können, dann kann das nicht mein Sohn sein. Ich würde ihm anbieten, Sozialarbeiter zu werden – da wird er in seinem Leben glücklicher."

Mit Grauen erinnert sie sich an den Sturm der Entrüstung, den sie mit dieser Bemerkung entfachte. In ihrer ehemaligen Gemeinde kochten die Gefühle hoch. Auf einmal war die Priestertochter eine „Nestbeschmutzerin".

Miriams aktive Kirchenzeit war damals gerade vorbei. Sie zog zu Hause aus und studierte Journalistik. „Ich habe damals einen radikalen Schnitt gemacht. Ich bin nicht mal mehr in die Hochschulgemeinde gegangen. Nicht aus Faulheit, sondern ganz bewusst: Mir kam Kirche zu den Ohren heraus. Ich hatte den Kanal voll, denn Kirche war bei uns zu Hause ständig Hauptgesprächsthema gewesen." Miriam hatte damals ihren ersten Freund und genoss es, fern von ihren strengen Eltern die studentische Freiheit auszukosten. „Ich konnte endlich auf den Putz hauen."

Damals erwog Miriam zum ersten Mal, aus der Kirche auszutreten. Als ihr Vater davon Wind bekam, diskutierte er mit seiner Tochter stundenlang. „Das kann ich mir nur mit seiner Berufung erklären. Ausgerechnet er, der so viel gelitten hat an dieser Kirche, verteidigt sie", sagt die Tochter. Seine Argumente indes seien gut gewesen: „Wenn alle kritischen Geister austreten, dann bleibt irgendwann nur noch eine stinkkonservative Rumpfkirche, in der sich die Opus-Dei-Leute die Hände schütteln." Miriam ist bis heute Kirchenmitglied.

Ihre kritische Haltung hat sie aber nicht abgelegt: „In der Kirche pocht man auf Gemeinschaft und Nächstenliebe, und in der Praxis findet Ausgrenzung und Lebensverneinung statt." Immer wieder stelle sie sich deshalb die Gretchenfrage: „Kann ich diese Institution wirklich noch unterstützen? Oder nehm ich nicht lieber das Geld, das ich jetzt für die Kirchensteuer zahle, und füttere damit irgendwo in Afrika zwei Patenkinder durch." Miriams Mutter versteht die Tochter. Ihr sei schon manchmal danach gewesen, alles hinzuschmeißen. „Aber wenn man drin ist, kann man besser motzen", sagt Maria lächelnd.

Nach dem Studium ging Miriams erste langjährige Beziehung in die Brüche. Beruflich entdeckte die Journalistin ihr Talent als PR-Beraterin. Ihr strenges Motto: „Der Kunde muss erst mal mich überzeugen. Gelingt ihm das, dann vertrete ich sein Anliegen." 1995 begegnete sie ihrem jetzigen Mann – ausgerechnet bei einem Jubiläumstreffen der Katholischen Jungen Gemeinde. „Wir hatten uns Jahre zuvor schon einmal getroffen, aber erst diesmal waren wir beide solo", sagt Miriam. „Mein Mann und ich kommen aus exakt dem gleichen Milieu. Auch sein Vater ist Theologe und beide Eltern Lehrer. Als er mich zum ersten Mal mitnahm zu ihnen, fühlte ich mich schon nach einer Stunde wie zu Hause."

Trotz innerer Vorbehalte gegen die Kirche haben sie und ihr Mann sich entschieden, ihre Kinder taufen zu lassen. „Das fiel uns nicht leicht. Aus unserer Kindheit – wir haben ja beide religiöse Eltern – kannten wir die Diskussion, ob man ein Kind lieber selber über seine Taufe entscheiden lässt, wenn es alt genug ist. Im Prinzip wäre das ja vernünftig. In meiner Klasse waren aber zwei solcher Kinder, die genau aus dem Grund noch nicht getauft waren. Die kamen dann in keinen Religionsunterricht, die gingen nicht mit in die Kirche. Sie hatten überhaupt keine Anbindung an das Ganze. Auf welcher Basis hätten sie sich entscheiden können?"

Eine Frage des Glaubens war das Taufen für Miriam nicht. „Ich hab keinen Kinderglauben – den hat man nicht, wenn die Eltern Theologen sind. Ich kann meinem vierjährigen Sohn nicht von Engelchen, Teufelchen und sonstigem Schrott erzählen – er ist es gewohnt, ordentliche Antworten zu bekommen. Wir beten auch nicht, wir gehen nicht in die Messe." Der in Soziologie belesenen Mutter geht es vor allem um die „kulturelle Einbettung" ihrer Kinder im Christentum. Auch auf die Gefahr hin, dass sie selbst sich vielleicht doch noch ganz gegen die Kirche entscheidet: „Besser, man hat Wurzeln und setzt sich mit denen auseinander. Dann kann man immer noch entscheiden, ob man die eine oder andere lieber abzwackt. Wenn man seine Wurzeln zu schnell aufgibt, dann kommt das Nichts."

Ihrem Vater fiel es damals nicht leicht, bei der Taufe von Miriams Sohn daneben zu stehen. Der suspendierte Priester leidet immer noch darunter, nicht mehr die Sakramente spenden zu dürfen. „Da gehen einem dann Gedanken durch den Kopf wie, ob der jetzt auch zu denen gehört, die in einer heimlichen Beziehung leben. Wenn man selbst ehrlich war, findet man die Perspektive, dass sich andere beides erlauben, natürlich nicht schön."

Acht Monate später ließen sich auch die Eltern des Täuflings kirchlich trauen. Den Segen erteilte ein guter Freund von Jan, ein ehemaliger Mitbruder, der schon Maria und ihn getraut hatte. Der alte Mönch sah den einstigen Mitbruder mit seinem ersten Enkel und machte eine Bemerkung, an die Miriam sich oft erinnert: „Du hast es gut, bei dir geht was weiter."

„Das ist jetzt dein Kind!"

Dorothea Aschenbrenner wurde im April 2003 als Tochter eines katholischen Priesters und einer evangelischen Religionslehrerin geboren. In was für eine Welt wird man hineingeboren, wenn die eigene Geburt ein Skandal und eine Zumutung für die Kirchenoberen ist? Weil ihr Vater, Anton, 41, sich zum Kind und seiner Mutter, Birgit, 38, bekannte, wurde er von seinem Vorgesetzten, dem Bischof von Passau, sofort entlassen.

Es wird schon allmählich dunkel an diesem April-Nachmittag im Bayerischen Wald. Die Landstraßen sind gefährlich glatt. Im dichten Schneetreiben fahren ein Mann und eine Frau vorsichtig zum nächstgelegenen Krankenhaus. Die ersten Wehen haben bereits eingesetzt.

Die Frau heißt Birgit und ist schwanger von dem Mann, der neben ihr am Steuer versucht gelassen zu bleiben. Eigentlich nichts Besonderes, doch der 41-jährige Anton Aschenbrenner ist katholischer Priester. Vor seiner Weihe hat der damals 25-Jährige dem Bischof von Passau feierlich versprochen, für immer ehelos und keusch zu leben.

Das Paar kommt viel zu früh. Die Hebamme schickt die Frau spazieren und den werdenden Vater noch einmal nach Hause, dort sind drei Pferde und ein Hund zu versorgen. Er kommt bald wieder zurück, aber es dauert auch dann noch lange im Kreißsaal des Krankenhauses von Freyung, bis es mit der Geburt losgeht.

Erst kurz nach Mitternacht, am 5. April 2003 um 0.48 Uhr, kommt Dorothea Luisa zur Welt. Dorothea bedeutet Gottesgeschenk. Die Eltern haben den Namen bewusst gewählt. Als Zeichen des Dankes für das Kind übt sich der Vater in einem alten Brauch, von dem ihm die Hebamme erzählt hat: „Ich nahm den Mutterkuchen in der Nacht mit heim und vergrub ihn noch am Morgen unter einem Baum."

Das neugeborene Priesterkind hat wohl noch etwas mehr Magie für ein normales Leben nötig. Auf Dorothea lastet eine schwere Hypothek: Sie ist das lebende Symbol für die Schuld, die der Priester Aschenbrenner nach dem Verständnis seiner Kirche auf sich geladen hat. Wegen seiner Tochter hat er seinen Traumjob verloren. Wird sie sich später mitschuldig fühlen am Unglück ihres Vaters – obwohl sie nichts dafür kann?

Der Bruch im Leben des Geistlichen Aschenbrenner datiert auf den Dreikönigstag des Jahres 2003. An diesem Tag hält der Pfarrer des Örtchens Hintereben im Bayerischen Wald seine letzte Messe. Die Kirche ist bis auf den letzten Platz besetzt. Dicht gedrängt stehen die Gläubigen selbst noch im Eingang.

Zwölf Jahre hat Anton Aschenbrenner mit großem Erfolg seine Gemeinde mit insgesamt 2200 Seelen geleitet. Der Bischof von Passau hat den Kleriker gefeuert, weil der sich öffentlich als Vater bekannt hat. Kurz vor Weihnachten hatte Aschenbrenner seinen Oberhirten informiert. Am Silvestertag schickte der prompt die Kündigung. „Natürlich weiß man, was einem da laut Kirchenrecht blüht", sagt Aschenbrenner, „und doch hofft man insgeheim, dass ein Wunder geschieht. Wie ein Krebskranker." Wunder geschehen, musste Aschenbrenner lernen, aber nur in der Bibel, nicht in der katholischen Kirche.

Gemeinsam mit den jungen Sternsingern zieht er jetzt noch einmal in seine Kirche ein. Er ist blass, doch er lächelt. „Kindern ein Zuhause geben" ist das Motto der diesjährigen Sternsinger-Sammlung – dumm, dass „ich dieses Motto so ernst genommen habe", sagt Aschenbrenner wenig später am Altar. Mehrmals stockt Aschenbrenner bei seiner Predigt, die Stimme versagt ihm, er hat Tränen in den Augen. Doch dann sagt er bitter: „Ich werde dem Bischof gehorchen."

Einen Moment lang ist es ganz ruhig in der Kirche. Dann brandet Applaus auf. Lange und lautstark.

Der letzte Gottesdienst des Pfarrers Aschenbrenner wird zur Demonstration der Gläubigen gegen die Kirchenoberen. Bei den Fürbitten ändert der Geistliche kurzerhand den Text. „Für den Papst und die Bischöfe – dass sie die Zeichen der Zeit verstehen."

Aschenbrenner ist ein volksnaher Mann. Als er die Gläubigen bittet, seinen Nachfolger zu unterstützen, sagt er mit einem Anflug von Selbstironie: „Helft ihm. Er ist wie die Jungfrau zum Kind gekommen – nicht so wie die Birgit."

Dann verliest er den Brief des Bischofs, in dem der Passauer Oberhirte Wilhelm Schraml den Rauswurf seines Pfarrers begründet. Darin steht:

Nachdem Pfarrer Anton Aschenbrenner nicht mehr bereit ist, ehelos und keusch zu leben, wie er es vor seiner Priesterweihe feierlich seinem Bischof versprochen hat, bin ich nach dem kirchlichen Gesetzbuch verpflichtet, ihn mit sofortiger Wirkung von allen priesterlichen Aufgaben und Funktionen zu entbinden. Auch mir als Bischof fällt es schwer, diesen sehr schmerzlichen Schritt zu vollziehen, wobei ich sehr wohl weiß, dass damit der Diözese ein Priester weniger zur Verfügung stehen wird, der sich seit seiner Priesterweihe 1988 als eifriger Seelsorger erwiesen hat. Fürderhin bleibt es Pfarrer Anton Aschenbrenner freigestellt, den Hl. Vater um Versetzung in den Laienstand zu bitten.

Nach dem Ende des Gottesdienstes geht Josef Kellermann, der Pfarrgemeinderatsvorsitzende, zum Altar. Er verliest eine Erklärung: „Dieser Tag wird als einer der schmerzlichsten und traurigsten in die Pfarrchronik Hinterebens eingehen." Der Passauer Bischof habe mit der Suspendierung den für die Kirche „leichteren Weg" gewählt: „Wenn Jesus damals so gehandelt hätte, hätte er sich seinen Leidensweg ersparen können. Es schmerzt uns zutiefst, wie mit dir umgegangen wird."

Die Kirchenbesucher applaudieren erneut. Auch der Hinterebener Gemeinderat Alois Rosenberger macht seiner Empörung Luft: Pfarrer Aschenbrenner habe doch in der Vergangenheit Alt und Jung in der Kirche ein gutes Zuhause gegeben. „Ich verstehe die Entscheidung des Bischofs nicht." Wieder tosender Beifall.

Als Anton Aschenbrenner mit den Ministranten aus der Kirche auszieht, weinen viele der Kirchenbesucher.

Aus Solidarität verfassen die 30 Ministranten der Pfarrei einen

Brief an den Bischof: „Wir können dies nicht verstehen, denn warum sollte ein Priester keine Kinder haben dürfen? Herr Aschenbrenner soll trotz des Kindes Pfarrer unserer Pfarrei bleiben – Kinder sind eine Gabe Gottes."

Zusätzlich fügen die Kinder und Jugendlichen noch ganz persönliche Stellungnahmen bei. „Wir leben in einer modernen Welt. Warum ist die katholische Kirche so altmodisch?", fragt die zehnjährige Barbara. „Ich finde, dass ein Pfarrer mit Kind eine bessere Beziehung zu anderen Kindern aufbauen kann", schreibt die 13-jährige Tanja. Und der zwölfjährige Markus befindet: „Ein Pfarrer mit Kind kann genauso wirken wie ein Pfarrer ohne Kind."

Ministrant Emanuel findet die Suspendierung besonders ungerecht: „Pfarrer Aschenbrenner wurde sozusagen vom Priesteramt entweiht, weil er ein Kind bekommt. Es ist eine Gabe Gottes. Andere Priester, die jahrelang Ministranten missbraucht haben, müssen höchstens eine Versetzung befürchten. Das ist nicht richtig."

Als „eine glatte Frechheit" bezeichnet ein paar Tage später Winfried Röhmel, Sprecher der Erzdiözese München und Freising, diese Formulierung des 13-Jährigen und fügt hinzu: „Wenn ein Pfarrer eine Familie gründen und heiraten will, dann kann er nicht mehr katholischer Priester sein. Er muss sich hier entscheiden."

Aschenbrenner hatte bis zuletzt eine andere Entscheidung seiner Oberen herbeigesehnt: „Ich habe gehofft, dass sie ein Auge zudrücken. Aber ich bekomme so viel zurück an Liebe und Nähe, ich bereue meine Entscheidung nicht."

Der Priester hatte nie ein Geheimnis um seine Beziehung zu einer Frau gemacht. Sie hätte sich in dem Dorf sicher auch kaum lange verbergen lassen. Der schlanke und sportliche Pfarrer lernte die temperamentvolle Birgit 1994 als Kollegin an der Schule kennen, an der er nebenher Religion unterrichtete. Da der pensionierte Pfarrer noch im Pfarrhaus im Ortskern wohnte, lebte sein Nachfolger Aschenbrenner zunächst als Untermieter auf einem Bauernhof am Rande des Ortes. Dort ging Birgit bald ein und aus. Sie fühlte sich „angezogen von seinem Charme und seiner freundlichen Ausstrahlung". Anton und Birgit gehören zusammen, sie sind ein Paar, das war hier jedem klar, auch wenn sie öffentlich nicht Händchen hielten. Einmal im Jahr fuhren sie gemeinsam in Urlaub.

1995 wurde das 100 Jahre alte Pfarrhaus renoviert. Birgit bezog mit Erlaubnis der Kirchenverwaltung des Bistums die neu geschaffene Einliegerwohnung. Offiziell verband die beiden nur „gute Freundschaft". Mehr als sieben Jahre wohnte Aschenbrenner mit seiner Birgit unter einem Dach, die Kirchenoberen fanden nichts dabei. 2002 genehmigte die Diözese sogar ein anderes gemeinsames Domizil: Aus Kostengründen wurde das große, prächtige Pfarrhaus vermietet, das Paar zog ins eigene Einfamilienhaus im Nachbardorf. Die Leitung der Diözese fragte lediglich der Ordnung halber nach, ob die beiden in einer Pseudo-Ehe leben. Beide verneinten, die Kirchenbürokraten waren's zufrieden. Kein Wunder, dass sich bei Aschenbrenner der Gedanke verfestigte, es werde immer so weitergehen.

Doch im Sommer 2002 war klar: Birgit war schwanger. „Zuerst wär ich bald aus den Latschen gekippt", sagt Aschenbrenner. „Ich dachte wirklich an Josef und Maria aus der Bibel. Der Josef will sich nämlich in aller Stille wegen des Kindes eigentlich von ihr trennen, so steht es da. Das geht so lange mit ihm um, bis ihm ein Engel sagt: ‚Steh zu deiner Frau und zu deinem Kind!'" Eine Abtreibung kommt für beide nicht in Frage. „Nichts geschieht in der Welt ohne Gottes Wille", sagt Aschenbrenner lapidar. „Also, dachte ich, meine Lebensgeschichte braucht wohl eine Veränderung. Mensch, Anton, das ist jetzt dein Kind! Du bist jetzt Vater!" Der Priester hatte sich entschieden und informierte seinen Bischof. „Ich wollte nicht, dass mein Kind nicht ‚Papa' zu mir sagen darf."

Gewissensbisse hat der Ex-Pfarrer nicht: „Für mich war der Bruch des Zölibats mit einer Frau kein Problem. Die Beziehung zu einer Frau ist doch keine Sünde." Er habe nur getan, was viele andere Priester auch praktizierten: „Soweit ich mein Bistum überblicke, schätze ich, dass sicher ein Drittel, wahrscheinlich aber die Hälfte aller Priester eine Beziehung zu einer Frau haben."

Warum aber hält die Kirche so erbittert am Zölibat fest? Aschenbrenners Antwort kommt schnell: „Weil Menschen dadurch gefügig werden. Wer nicht in einer Partnerschaft, einer Ehe oder in einer menschlich tiefen Beziehung lebt, der ist letztlich durch die Institution gängelbarer."

Früher habe er anders gedacht. Da war er sehr stark ökologisch, politisch und sozial engagiert. Er wollte wie ein Franz von Assisi auf Seiten der Armen und Entrechteten kämpfen und sich deswegen nicht binden. „Jetzt aber sehe ich eine feste Bindung als größten Reichtum an. Eine Bindung gibt mehr Stabilität, gibt Halt, verändert das Leben ungemein positiv."

Die Menschen im Bayerischen Wald rund um Passau, sagt Aschenbrenner, hätten dafür jedes Verständnis, die klammerten sich nicht an die alten Normen der Kirche. „Der Bruch des Zölibats verletzt hier niemanden." Die Leute von Hintereben hätten es seit langem akzeptiert, dass Birgit und er ein Paar sind. Schon als er neu in der Pfarrei war und noch beim Bauern wohnen musste, „wurde Birgit immer mit eingeladen, saß neben mir, dem Pfarrer, am Tisch".

Und der 90-jährige frühere Pfarrer von Hintereben? „Selbst der hat noch gegen den Zölibat gewettert. Ja, der war schon seit dem letzten Kirchenkonzil, seit 1962 kritisch dagegen eingestellt." Einen Moment hält Aschenbrenner inne, rechnet nach, dass dieser Hoffnungsschimmer katholischen Reformwillens seit über 40 Jahren verglüht ist. „Mein Gott, soll ich auch erst 90 werden, und dann hat sich immer noch nichts daran geändert?"

Die Gläubigen von Hintereben halten zu ihrem geschassten Hirten. Schon bald nach seinem Abschiedsgottesdienst Anfang Januar kamen von allen Seiten Geschenke für das im Frühjahr erwartete Kind. Von der Wiege bis zum Hochstuhl, den die Mutter-Kind-Gruppe der katholischen Gemeinde ihrem Pfarrer zum Abschied geschenkt hat.

Am 31. Januar 2003 heiratet das Paar auf dem Standesamt von Waldkirchen – ohne großes Aufsehen. Birgit ist an diesem Tag über eines besonders glücklich: „Er hat es freiwillig getan, ich hab versucht, ihn nicht unter Druck zu setzen. Sonst trägt die Entscheidung für uns nicht."

Anton Aschenbrenner mit Tochter Dorothea

Dennoch dauerte es noch Monate, bis weit ins Frühjahr hinein, ehe der Pfarrer Anton Aschenbrenner wirklich zu begreifen anfing: Es ist endgültig vorbei mit seinem Pfarrerdasein.

Ständig begegnete er Leuten aus der Gemeinde, die ihn anjammerten: Sie könnten es nicht verstehen, dass er nicht mehr ihr Pfarrer sei. Und immer noch hoffte Aschenbrenner irgendwie auf ein Wunder. Erst Anfang April entschied er sich bewusst, auf Arbeitssuche zu gehen. „Innerlich brauchte ich wirklich lange, bis ich klar wusste: Es ist jetzt aus, ich muss es akzeptieren, es ist sinnlos, weiter zu warten, der Weg zurück ist abgeschnitten, da geht nichts mehr."

Am Tag, als Dorothea geboren wurde, hatte der Ex-Pfarrer gerade seine ersten Bewerbungsschreiben weggeschickt.

Was ging ihm durch den Kopf, als er sein eigenes Kind kurz nach Mitternacht in den Armen hielt?

„Ich dachte in diesem Moment, was aus diesem Mädchen wohl einmal wird? Natürlich hatte ich mich vorher all diese Dinge gefragt, die sicher allen Eltern durch den Kopf gehen: Hoffentlich ist es gesund, hoffentlich ist alles dran. Aber dann überwog diese Sorge bei mir, was kommt wohl auf sie alles zu. Ich spürte in diesem Moment ganz stark: Mensch, Anton, du bist nun für sie verantwortlich. Ich sah sie an und dachte: Ich stehe zu dir, komme, was wolle."

In den ersten Wochen nach der Geburt des Kindes teilte sich das Paar den Tag- und den Nachtdienst auf. Birgit stillte das Kind, tagsüber führte es Anton stundenlang im Tragetuch oder Kinderwagen in seiner Gemeinde spazieren. In den ersten Tagen kam er kaum vom Fleck: „Kann ich mal das Kindlein sehen?", „Wie heißt es denn?", „Ist es schon gewachsen?" Es gab Zuspruch für den Vater und viele Geschenke für den Priesternachwuchs. „Warten Sie, ich hab was für das Kind!" Das Paar wird überschüttet mit Spielsachen, Stramplern und Jäckchen.

Aber am wichtigsten war für Anton Aschenbrenner zu spüren, „dass die Leute es vollkommen akzeptieren, dass ich zum Kind und zur Frau Ja gesagt habe".

Und die Gläubigen taten weiter so, als wäre ihr Pfarrer noch im Amt. Sie kamen immer noch zu ihm, luden ihn zu Fahrten des Altenclubs ein oder baten ihn, das Pfarrfest mit vorzubereiten. Wenn er ablehnte, waren sie enttäuscht.

Der neue Pfarrer hatte kaum Zeit für die ihm zusätzlich auferlegte Pfarrei, er war viel älter und führte die Dinge nicht weiter. Nach und nach brach alles weg, was Aschenbrenner in zwölf Jahren aufgebaut hatte – Kindergruppen, Ministranten, selbst der Altenclub begann sich aufzulösen. „Die Kirche", klagte eine alte Bäuerin, „ist jetzt wie eine Suppe ohne Salz."

Ab und zu salzt Aschenbrenner allerdings doch noch. „Ich darf eigentlich keinerlei Seelsorge mehr ausüben. Die Diözese Passau würde einschreiten, wenn sie erfährt, was hier alles noch geschieht. Ich musste sogar Wortgottesdienste abhalten, als zwei Leute gestorben waren. Der neue Pfarrer war nicht erreichbar, da haben die Leute halt mich geholt. Die Bauern fragen auch heute noch: ‚Wann ist denn mal wieder ein Gottesdienst, den du machst?'"

Hin und wieder ist der Ex-Pfarrer auch noch unterwegs, um Kranke zu besuchen, die nur mit ihm sprechen wollen. Auch das darf er eigentlich nicht mehr. Wie lange braucht ein Priester, um zu vergessen, was er einmal war?

Sosehr seine Gemeinde noch an ihm hängt – viele Mitbrüder schneiden den Abtrünnigen. Studienkollegen, die einst mit ihm befreundet waren, oder seine Nachbarpfarrer, mit denen er stets guten Kontakt hatte, „haben noch nicht einmal nachgefragt, was nun mit dem Kind ist oder ob es schon da ist".

Erst recht lassen ihn die Prälaten in Passau hängen. „Ich gelte in den höheren Kreisen des Klerus als übler Nestbeschmutzer." Er hatte in der Lokalzeitung publik gemacht, dass nach seiner Überzeugung möglicherweise die Hälfte aller Priester des Bistums in ähnlichen Verhältnissen lebten wie er.

Anton Aschenbrenner steht in der schwersten Krise seines Lebens: Wo soll es nun langgehen mit ihm, wo findet er einen Job, der ihn ausfüllt? Bei seinen Bewerbungen holt sich der 41-Jährige eine Abfuhr nach der anderen.

Etwa beim Kloster Niederaltaich, das für seine halbstaatliche Bildungsstätte die Stelle des Leiters ausgeschrieben hat. „Nachdem ich lange nichts gehört hatte, habe ich nachgefragt, was los ist. Unter vorgehaltener Hand wurde mir gesagt, dass es schade sei, doch sie dürften mich nicht einmal einladen, da sei eine Intervention vom Bistum in Passau erfolgt. Meine Qualifikationen wären zwar ideal für diese Stelle, aber sie könnten mich einfach nicht nehmen."

Ähnlich erging es Aschenbrenner, als er sich als Geschäftsführer einer anderen kirchennahen Institution in Niederaltaich bewarb. Auch hier machte er die bittere Erfahrung: „Die wollten mich unbedingt haben. Doch kurz bevor ich von zu Hause wegfuhr, um mich dort vorzustellen, riefen sie mich plötzlich an. Sie sagten, es täte ihnen Leid, gerade eben habe man mit dem Bischofsbüro telefoniert. Die Stelle könnten sie mir nicht geben."

Wolfgang Duschl, Sprecher des Bistums, mag sich zu den Vorwürfen nicht äußern. Er verweist stattdessen darauf, es gebe doch genügend Beispiele dafür, „dass die katholische Kirche früheren Priestern nach einem zeitlichen Abstand berufliche Zukunftsperspektiven eröffnet".

Ein Bekannter schlug schließlich vor: „Mach doch Unternehmensethik!" Das würde boomen. Da ginge es um Personalführung, ein idealer Job für einen Ex-Pfarrer. „Hoffnungsfroh habe ich mich bei einigen Unternehmen und Beratungsbüros gemeldet. Die haben meine Zeugnisse lobend erwähnt. Dann haben alle gesagt, dass sie ausgelastet seien und im Moment niemanden bräuchten." Auch in den Personalabteilungen von großen Unternehmen bekam der Ex-Priester nur Absagen.

Inzwischen fragt sich Aschenbrenner: „Komme ich überhaupt noch mal an etwas ran? Oder soll ich noch mal neu studieren? Rentiert sich das überhaupt noch mit 41 Jahren?"

Vorerst übt sich der ehemalige Seelsorger in der Rolle des Hausmannes – er kocht, putzt, wäscht, striegelt die Pferde und pflegt den Garten. Er wickelt seine Tochter und bringt sie abends ins Bett. Seine Frau Birgit, deren Lehrergehalt die Familie über Wasser hält, sagt: „Einen besseren Vater kann ich mir gar nicht vorstellen, das hätte ich nie gedacht." Wenigstens ihr Job scheint sicher, sie ist weiterhin Lehrerin für Englisch und Erdkunde am staatlichen Gymnasium in Waldkirchen.

Aschenbrenner selbst bekommt ein Jahr lang monatlich 750 Euro von der Diözese als Abfindung. Er ist arbeitslos gemeldet, hat aber keinen Anspruch auf irgendwelche Leistungen. Denn für ihre Pfarrer zahlt die Kirche nicht in die Arbeitslosenversicherung ein.

Aschenbrenner unterbricht das Gespräch und wickelt liebevoll und vorsichtig seine kleine Tochter in ein vier Meter langes orangerotes Tuch und hängt sie sich über die Schulter. So geht er zum Dorfladen, etwas einkaufen. Auf dem Weg dorthin redet er unentwegt mit Dorothea, erklärt und zeigt ihr das Leben auf der Straße. Meist geht er flott, mit schnellem Schritt, als hätte er noch viel zu erledigen. Nur wenn er nachdenkt, geht er ganz langsam. So ist es bei all seinen Spaziergängen. Manchmal denkt er dabei auch einfach laut und erzählt seiner Tochter, was er alles vorhat oder wen er gleich mit ihr besuchen wird.

„Erziehungsurlaub hat nicht meine Frau gemacht, Erziehender bin ich jetzt", betont er, nicht ohne Stolz. Auch die Rentenversicherung hat ihm kürzlich amtlich drei Jahre Erziehungszeit zur Anrechnung auf die Rente bestätigt.

Aschenbrenner weiß, seine Lage „ist wirklich ernüchternd". Er hat keine Lust, den Papst um Rückversetzung in den Laienstand zu bitten. Ein langwieriger, komplizierter Prozess. Doch die Laisierung bräuchte er, um die Zulassung als katholischer Religionslehrer zu erhalten.

Aschenbrenner wechselt lieber die Konfession. Im August 2003 wird er evangelisch, wie seine Frau. Er hofft, als evangelischer Religionslehrer unterzukommen.

Seine bisherige Kirche reagierte auf den Austritt mit einer weiteren Sanktion – sie exkommunizierte ihn höchst offiziell „gemäß Canon 1364 § 1 Codex Juris Canonici". Nun hat Aschenbrenner es schriftlich und endgültig: Mit seiner katholischen Karriere ist es aus.

Doch träumen darf er weiter – „von einer Kirche, die in solchen

Fällen menschlicher reagiert". Man hätte ja auch sagen können, so meint er: „Mensch, das ist jetzt blöd gelaufen, warten Sie, wir haben viele Kontakte, wir helfen Ihnen, damit Sie irgendwo wieder einen Fuß auf den Boden bekommen."

Wie soll aber Priestertochter Dorothea lernen, an das Gute zu glauben, wenn die Kirche dem Vater, der Familie und dem an allem unschuldigen Kind immer neue Steine in den Weg legt?

Im September 2003 glaubt Anton Aschenbrenner es endlich geschafft zu haben. Er erhält einen Lehrauftrag für 14 Wochenstunden evangelische Religion am Adalbert-Stifter-Gymnasium in Passau. Doch seine Freude währt nicht lange. In der letzten Septemberwoche wird er zum Direktor gerufen.

Tja, da gebe es ein Problem. Der evangelische Stadtdekan Walter Schmidt habe sich gemeldet. Der zuständige evangelische Bischof Helmut Millauer habe einen Wink von seinem katholischen Kollegen, dem Passauer Bischof Schraml, bekommen. Darin habe der den evangelischen Kollegen daran erinnert, dass nach einem Abkommen zwischen Katholiken und Protestanten von 1977 Konvertiten wie Aschenbrenner nicht von der evangelischen Kirche im gleichen Sprengel beschäftigt werden dürften. Seine Anstellung verstoße gegen die ökumenische Gemeinschaft beider Kirchen. Es tue ihm leid. Er müsse seine Sachen packen und die Schule verlassen.

Anton Aschenbrenner fuhr nach Hause, nahm seine Tochter und ging lange mit ihr allein spazieren.

Das Wunder von Dreiborn

Matthias, 22, und Anne, 20, sind die „Pastorenkinder von Dreiborn". Sie wuchsen im Pfarrhaus von Bruno Ix und seiner Haushälterin auf wie in einer normalen Familie. Der katholische Pfarrer bekam 1983 von seinem Bischof die Erlaubnis, ein Pflegekind aufzunehmen. Die Gemeinde in der Nordeifel ist stolz auf ihre Pfarrersfamilie.

Zweieinhalb Stunden braucht Anne, um zu ihren Eltern zu fahren, von Hessen bis in die Nordeifel. Einen guten Teil des Weges geht die Fahrt zum Schluss über Landstraßen: Nach Roggendorf kommt Schützendorf, schließlich Morsbach. Dann macht die Allee eine lange Kurve, rechts liegt eine alte Wasserburg. Dahinter erscheinen die ersten Häuser von Dreiborn. „Wenn ich so in der Kurve auf den Ort zufahre, steigen echte Heimatgefühle in mir auf", erzählt die 20-Jährige. Gerade mal zwei Jahre ist es her, dass sie von zu Hause fortzog. „Hier kenne ich doch jeden Winkel, hier bin ich groß geworden, hier leben mein Vater und meine Mutter."

Dreiborn liegt auf einem Hügelrücken, fernab der großen Städte, am Rande des Bistums Aachen. Ein paar alte Fachwerkhäuser, viele neu gebaute Einfamilienhäuser. Die katholische Kirche von Dreiborn, ein schlichter Bau von 1896, ist dem Heiligen Georg geweiht, dem Drachentöter.

Gut tausend Menschen leben hier. Die meisten sind von alters her katholisch. Den Pfarrer nennen sie Pastor. Die Kirche ist Sonntag für Sonntag gut gefüllt.

Auf der Hauptstraße kehrt eine alte Frau das Laub zusammen. Sie kennt den Weg zum Pfarrhaus, das nicht gleich neben der Kirche liegt. Nein, sagt sie, jetzt wohnen die Kinder nicht mehr im Haus. „Aber Matthias und Anne sind und bleiben unsere Pastorenkinder, selbst wenn sie jetzt fortgezogen sind."

Mit bischöflicher Erlaubnis fand in Dreiborn eine Art katholisches Pilotprojekt statt. Im Pfarrhaus wohnte 20 Jahre lang eine richtige Familie zusammen: Pastor Bruno Ix, heute 67, seine Haushälterin Hanne, 57, deren Sohn Matthias, 22, und Tochter Anne, 20.

Als Kaplan lernte Bruno Ix einen Pfarrer kennen, der ihn sehr beeindruckte: In dessen Haushalt wuchs die Tochter seiner allein erziehenden Haushälterin auf. Für das Kind war der Pfarrer eine Art Vater. Das hatte Ix gefallen. „So wuchs auch in mir der Wunsch, ein Kind bei mir aufzunehmen und ihm ein Vater zu sein." Dieser Wunsch sei „immer stärker und stärker" geworden. 1982 trennte er sich von den Schwestern aus dem Dorf, die bis dahin den Pfarrhaushalt vorbildlich geführt hatten.

Dadurch konnte sich Pastor Ix seinen Wunsch erfüllen. Eine Verwandte erzählte ihm von der allein Erziehenden Hanne und ihrem einjährigen Sohn Matthias. Die damals 35-Jährige war bis zur Geburt ihres Kindes Leiterin eines katholischen Kindergartens. Ix gefiel der kleine Matthias auf Anhieb. Im März 1983 zogen der Junge und seine Mutter im Pfarrhaus ein.

Schon bald befanden der Priester und seine Haushälterin, das Pfarrhaus sei groß genug für ein weiteres Kind. Der Junge sollte nicht allein aufwachsen. Also beschlossen sie, noch ein Pflegekind hinzuzunehmen.

Im Jugendamt wollte man die Zustimmung des Bischofs sehen. Der Pfarrer erhielt sie zu seiner Überraschung völlig problemlos. Der Generalvikar der Diözese Aachen gab es dem Kleriker Ix schriftlich: Er habe keine Einwände.

Der Pfarrer und seine Haushälterin wandten sich an den Sozialdienst der Katholischen Frauen. Der vermittelte rasch eine kleine Schwester für Matthias, die ein Jahr alte Anne – Bruno Ix war fortan katholischer Pfarrer mit zwei Kindern. Er ließ Sandkästen und Schaukeln im Pfarrgarten aufstellen, kümmerte sich auch im Alltag um die beiden, wenngleich Hanne als Mutter die Hauptlast trug.

„Natürlich hab ich auch den Kinderwagen durchs Dorf geschoben. Beim ersten Mal hatte ich Angst, wie reagieren die Leute? Was denken die von mir? Es ist ja nicht normal, dass ein Pastor eine

Vaterrolle übernimmt. Sie haben aber ganz toll reagiert. Die Angst war die vor Ablehnung. Aber das war meine Einbildung, und die löste sich in Luft auf."

Die alte Frau aus dem Dorf erinnert sich: „Man sah unseren Pfarrer oft auf der Straße mit seinen Kindern Fußball spielen." Überhaupt sei es sehr lebendig zugegangen im Pfarrhaus, nicht so steril wie beim alten Vorgänger. „Seelenlos war es vorher", sagt die Frau und fügt nicht ohne Stolz hinzu: „Und anderswo ist es das auch. Hier nicht."

Die Kleinen sagten selbstverständlich „Papa" zu Bruno Ix, ob auf der Straße oder in der Kirche. „Wenn man im Pfarrhaus anrief", erzählt eine andere Frau aus dem Dorf, „und eines der beiden Kinder war am Telefon, sagten sie: Moment, da muss ich den Papa holen. Und dann hatte man den Pfarrer am Apparat." „Wir haben uns doch nichts dabei gedacht", sagt Anne, ihr Bruder stimmt zu: „Wir waren eine normale Familie, mein Vater hatte nur einen komischen Beruf."

Für ihre leiblichen Eltern haben sich Matthias und Anne nur kurz interessiert. „Irgendwann mit 15 habe ich mir die ganze Akte reingezogen, die ja immer bei uns im Hause war", erinnert sich Anne. „Da stand alles drin. Es war schon heftig zu lesen. Mein leiblicher Vater soll am goldenen Schuss gestorben sein. Der Mutter habe ich dann mal zwei, drei Briefe geschrieben, habe sie jedoch nie besucht. Ich hab das abgehakt."

Matthias hat sich über seinen leiblichen Vater „nie groß Gedanken gemacht". Er wollte ihn nie sehen und weiß nur über seine Mutter von ihm. Immerhin habe er seinen Unterhalt gezahlt.

„Ich bin schon früh als Kind darauf angesprochen worden", berichtet Anne, „dass mein Vater katholischer Priester ist. Wieso? Ist doch mein Papa, hab ich dann gesagt. Ich konnte mit der Frage nichts anfangen, denn ich wusste doch nichts über die Regeln der Kirche. Ich dachte immer, ich wachse in einer normalen Familie auf. Es gab ein paar heftige Momente später auch in der Grundschule, wo andere Kinder sagten: Na, das ist doch nicht normal. Da ist mir erst das Besondere bewusst geworden."

Kinder mögen nicht, wenn mit ihren Eltern irgendetwas Besonderes ist. Matthias konterte die Fragen meist schnodderig: „Bei Neuvorstellungen als Gymnasiast im Nachbarort hatte ich dann meinen Standardspruch drauf. Ich sagte: ‚Das ist nicht mein leiblicher Vater, aber der zahlt mir das Taschengeld.' Dann war gut. Es wusste schließlich jeder in meiner Clique und in meinem Umfeld, und irgendwann gab es dann keine Fragen mehr."

Als Kinder besuchten Anne und Matthias natürlich sonntags die Messe von Bruno Ix. Beide wurden auch Ministranten und dienten sogar zusammen im Gottesdienst. „Später, mit 13, 14 Jahren wurde es uncool", sagt Anne. Heute gehen beide nur ab und zu in die Kirche. Glauben ohne Kirche, das geht gut, sagen sie. Ihr Vater habe sie schließlich auch nie zwanghaft bekehren wollen.

„Kirchensteuer werde ich weiter bezahlen", meint Matthias, denn er hat seine Zeit am katholischen Gymnasium „wegen der guten Schulbildung" in bester Erinnerung. Jetzt studiert der 22-Jährige Informatik und lebt in einer 16 Quadratmeter großen Studentenbude in Gummersbach. Im Regal steht neben dem „Herrn der Ringe" auch die Bibel. „Mit Theologie kenn ich mich – verglichen mit Gleichaltrigen – natürlich ungewöhnlich gut aus." Schließlich hatte er in der kleinen Grundschule seinen Pflegevater als Religionslehrer.

Seine Schwester ist weiter weg gezogen, nach Hessen. Dort lebt sie in einer kleinen Dachgeschosswohnung mit ihrem Freund. Zwischen den Holzbalken Ikea-Möbel, eine Staffelei. Anne ist kreativ, sie macht eine Ausbildung zur Raumausstatterin. „Ich habe gern in Dreiborn gelebt, aber hier zieh ich jetzt mein eigenes Ding durch. Meine Familie bleibt aber meine Familie. Auch wenn man nicht mehr aufeinander hockt, kann es eine gute Beziehung sein." In Dreiborn ist sie elf Jahre geritten und hat Basketball gespielt. Sie war in der Karnevalstanzgruppe, baute Baumhäuser und bewegte sich sehr viel in der Natur. Heute geht die sportliche 20-Jährige mit den schulterlangen Haaren nur noch ins Fitness-Studio.

„Mein Vater war für mich die Bezugsperson Nummer eins." Sie erzählt, wie sie einmal als 16-Jährige nachts in die Klemme geraten war. „Es war vier Uhr morgens, alles war schief gegangen, ich wollte nur noch nach Hause. Da habe ich ihn angerufen: Kannste mich abholen, ich steh hier gerade vor der Disco, ich brauch dich. Und Papa kam." Am nächsten Tag ging Pastor Bruno zu Anne ins Zimmer und sagte nur: „So was kann passieren."

Heute zeigt er stolz die Bilder und Zeichnungen seiner Tochter, die im Wohnzimmer an den Wänden hängen. In zwei Dutzend Fotoalben sind 20 Jahre Familienleben festgehalten: Der Pfarrer backt Kuchen im Sandkasten und schaukelt mit seinen Kindern, er baut mit Duplo Türme, mit Lego Schiffe. Urlaub mit den Kindern an der See und in den Bergen. Weihnachten mit Geschenken unterm Tannenbaum, Ostern Eiersuche im Pfarrgarten, alle vier zusammen auf Dorffesten. Familie und Pfarrersein, Zölibat hin oder her, alles scheint plötzlich so einfach zu funktionieren, hier in Dreiborn.

„Wir wurden oft eingeladen", erinnert sich Matthias. „Dann waren vier Plätze für uns reserviert. Die wussten alle, unser Pfarrer bringt Frau und Kinder mit – und gut. Wir gingen immer als Familie. Selbst spröde Verwandte wie seinen konservativen Bruder hat er mit uns gemeinsam besucht."

Bischof Klaus Hemmerle aus Aachen hat Bruno Ix alles erlaubt – fast alles. Es waren ja nicht die leiblichen Kinder seines Dieners. Und wie genau Pfarrer und Haushälterin zueinander standen, danach fragte er nicht. Der 1994 verstorbene Bischof war häufig und gern zu Gast im Haus. Manchmal hatte Hemmerle den Bischofskaplan und den Weihbischof mit dabei. Er saß dann mit am Abendbrottisch der Familie und nahm auch schon mal die Kinder auf den Schoß. Die hohen Geistlichen falteten Papierhütchen und setzten sie den Kindern auf den Kopf.

Als Matthias älter war, hat er sich bei so einer Gelegenheit mal über Bud-Spencer-Filme unterhalten.

Andere Geistliche gefielen Matthias weniger, die rümpften ihm zu sehr die Nase über die Verhältnisse in Dreiborn und konnten mit Kindern nicht gut umgehen. „Sie wagten aber nicht, ihr Unbehagen über uns Kinder im Pfarrhaus direkt zu äußern. Sie lächelten aufgesetzt und tätschelten uns Kinder unbeholfen." Ein Priester aus der Gegend habe sie sogar denunziert: So was dürfe es nicht geben, zwei Kinder im Pfarrhaus.

Für die vier war es nicht so wichtig, was andere über sie dachten. „Für uns war es wichtig, dass wir unseren Weg gehen, so wie wir am besten damit zurechtkamen", meint Bruno. An den Schulen, an denen er Religionsunterricht erteilte, hatte der Pastor die volle Unterstützung und Anerkennung des Kollegiums.

„Dem Bischof gefiel es hier im Pfarrhaus", erzählt Hanne, „denn woanders, klagte er, da sei es alles so schrecklich steif und offiziell, mehr eine künstliche Welt." Hemmerle war ein Ausnahmebischof, ein Seelsorger, der auf Sardinien mediterrane Aquarelle malte, in Knickerbockern durch die Eifel wanderte und 700 Kunstwerke hinterließ. Er war für Reformen und Bewegung, um eine lebendige Kirche mit prophetischer Kraft zu schaffen. Seine erste Amtshandlung, nachdem er von seiner schweren Krebserkrankung erfahren hatte, war in Mönchengladbach die Einweihung einer Wohngemeinschaft für Aids-Infizierte.

Doris Lieske, eine engagierte Katholikin aus der Gemeinde, erinnert sich, dass vor 20 Jahren nur kurz ein Raunen durch die umliegenden Dörfer ging, als es hieß: „Der Pastor von Dreiborn hat Kinder." Die Leute fragten sich: „Darf der das überhaupt?"

Der eher schmächtige und zarte Pfarrer Bruno habe sich aber durch sein Familienleben mächtig entwickelt. „Man merkte bald, es weht ein anderer Wind aus dem Pfarrhaus. Alles wirkte viel weltoffener, der Pfarrer konnte auch mit unseren Kindern umgehen. Er wurde viel ernster genommen, weil wir wussten: Auch der hat diese Nächte mit Kindern durchgemacht, Kummer und Sorgen mit ihnen geteilt. Er hat alles selbst erlebt, was man in einer Familie erleben kann."

Im Pfarrhaus herrscht bis heute eine familiäre Atmosphäre. Hanne, die Haushälterin, führt ein offenes Haus. Als sie nach Dreiborn zog, habe sie sich „zunächst mal durchgelächelt". Sie klingelte bei den Nachbarn an, um sich als Neue vorzustellen. Sie ging raus ins Dorf, auf die Leute zu und redete mit ihnen. Hanne trat mehreren Vereinen bei. Die Dorfbewohner konnten sich ihrem Charme nicht entziehen.

Auf diese Weise ebnete die resolute Rheinländerin der ungewöhnlichen katholischen Patchwork-Familie den Weg. Dreiborn ist schon lange kein engstirniges, bäuerliches Eifeldorf mehr. Bauern gibt es ohnehin kaum noch, die meisten Bewohner sind schon seit Jahrzehnten Pendler. Hier ist nichts mehr verkapselt oder abgeschottet. Der Ort ist für seine Geselligkeit in der Gegend bekannt.

„Das Bild, das die Kirchenoberen von den Menschen haben", erzählt der Pfarrgemeinderatsvorsitzende Jürgen Kirch, „stimmt oft nicht mehr. Die meisten sind hier katholisch, aber sehr liberal eingestellt. Die Eifeler haben ein Gespür für das Wesentliche, die reden nicht lange drum herum. Die akzeptierten das damals rasch, dass ihr Pastor eine Familie hat, und finden es bis heute gut." Matthias Dürbaum vom Kirchenvorstand fügt hinzu: „Ein Pfarrer mit Familie und Kindern war im Endeffekt ein Gewinn für die Gemeinde. Bruno hat sich durch die Familie so positiv entwickelt, wie es sonst kaum möglich gewesen wäre."

„Mein Vater war der typische Priester anfangs", meint Matthias, „mehr ein Theoretiker als praktisch begabt. Er war sehr kinderlieb, aber auch sehr unbeholfen. Er kannte das wahre Leben gar nicht richtig. Mein Vater hat mir als kleinem Jungen nicht mal richtig auf den Hintern hauen können, das war eher symbolisch. Er konnte nicht kochen und hat mir nicht wie andere Väter ständig was gebastelt und gebaut. Er hat das aber alles mit viel gutem Willen hinbekommen und sich dabei ungeheuer entwickelt vom unpraktischen Single zum echten Familienvater – das finde ich sehr beeindruckend."

Mitunter empfand Matthias es sogar als einen nicht zu unterschätzenden Vorteil, dass sein Vater der Pastor von Dreiborn war. „Einmal am Heiligen Abend bekam ich eine Videospielkonsole geschenkt. Nur wusste keiner, wie das Ding an den Fernseher anzuschließen ging. Welcher Vater kann dann schon Weihnachten jemand anderen im Dorf um Hilfe bitten? Mein Vater rief noch irgendeinen an, und der kam dann auch sofort. Das fand ich klasse."

Bruno Ix könnte eigentlich mit sich und der Welt zufrieden sein. Mit 67 Jahren könnte er sich pensionieren lassen, er will es aber nicht. Denn der kleine, drahtige Mann würde gern noch ein bisschen seine Kirche verändern.

Seine unpriesterliche Lockerheit hat Bruno Ix sich mühsam erarbeitet. Vor fünf Jahren beschloss er, sich von einer verstörenden Kindheit „gesund und frei zu schreiben". Er verfasste ein Buch mit dem Titel „Ein Priester bricht das Tabu des Schweigens" (Verlag Publik-Forum, Oberursel 1999).

Darin beschreibt der Kirchenmann, wie er als Zehnjähriger von einem Knecht vergewaltigt wurde und dafür von seinem Beichtvater noch obendrein ein Donnerwetter abbekam – als wäre das Kind schuld an seinem Unglück. Vielleicht war es Ix deshalb so wichtig, Kinder glücklich zu machen. Auch für seine Kirche will er einen „neuen Frühling" – mit Priestern zum Beispiel, die verheiratet sind und mit Kindern ihren Gemeinden dienen dürfen.

Seine Haushälterin Hanne wirkt lieber in der zweiten Reihe. Ohne sie hätte alles niemals so gut funktioniert. Sie engagiert sich fürs Pfarrhaus, die Familie und die Dorfgemeinschaft. Derzeit spielt sie die Rolle einer geschwätzigen Nachbarin in der 50-köpfigen Theatertruppe von Dreiborn. Mit ihren Kindern hat sie früher auch viel unternommen – stundenlange Wanderungen und kleinere Radtouren etwa.

„An uns kann man sehen, wie es woanders auch laufen könnte, wenn der Pfarrer Kinder und Familie hat", glaubt Matthias. Und Anne assistiert: „Nur glückliche Familienväter sollten Pfarrer werden können."

Verwaist und verraten

Simone, 25, lebt als Fleischereifachverkäuferin in Niedersachsen. Ihr Vater starb, als sie elf Monate alt war. Ihre Mutter hat 17 Jahre um Halbwaisenrente für Simone gekämpft – umsonst. Die Kirche schob den Fall von Schreibtisch zu Schreibtisch – so, als hätte es den Priester nie gegeben. Seine Tochter bekam statt einer Rente ein Almosen, eine einmalige Spende von 500 Mark. Dass Simone noch zahlendes Kirchenmitglied ist, hat die Kirche nur ihrer Treue zum Vater zu verdanken.

Als Jugendliche hatte ich einmal einen Traum. Vielleicht klingt es lächerlich, aber ich denke oft daran: Es klingelt an der Tür, ich mache auf – und da steht mein Vater! Er lächelt mich an, breitet die Arme aus, und ich stürze mich hinein ... Leider bin ich dann aufgewacht.

Ich finde es nichts Schlimmes, ein Priesterkind zu sein. Schlimm ist es, dass die Kirche ihren Männern untersagt, Frauen zu lieben. Man kann doch auch keinem Vogel das Fliegen verbieten!

Ich habe meinen Vater nie kennen gelernt. Als ich elf Monate alt war, ist er bei einem Autounfall gestorben. Am 27. April 1979 – ausgerechnet am Geburtstag meiner Mutter, ihrem 33. Es gibt ein Foto von damals, total verwackelt, aber ich hänge dran: Da bin ich als Baby in seinen Armen, und er schaut mich an. Ich glaube, er wäre ein toller Vater geworden.

Ich stell ihn mir als lustigen, lieben Typen vor. Herzensgut. Beschreiben würde ich ihn so wie mich – er hat die gleichen Hände gehabt, die gleichen Lippen, wir sind beide klein und mollig. Wenn ich schmolle, sagt meine Mutter immer: „Jetzt bist du genau wie dein Vater." Meine Mutter ist ganz anders als ich – ziemlich temperamentvoll, sie braust auch mal auf. Ich bin ruhig. Gutmütig? Ich weiß nicht, vielleicht, das sollen andere sagen. Ich wünschte mir jedenfalls, ich wüsste, wie mein Vater wirklich war.

Die Zeit nach dem Unfall muss eine furchtbare Zeit für meine Mutter gewesen sein: Mein Vater war ihre große Liebe. Er war von Polen nach Deutschland gekommen, heimlich, über Österreich, um mit ihr zusammen zu sein. Sie hatten sich in Oberschlesien kennen gelernt, als sie auf Familienbesuch war. Meine Mutter ist als Jugendliche von da nach Köln gekommen. Ich glaube, mein Vater und sie hatten noch keine großen Pläne, wie das alles weitergehen sollte mit mir und ihrer heimlichen Beziehung, als er starb.

Ich bin ein Wunschkind – meine Mutter war ja über 30 und wollte unbedingt ein Kind. Er hat mich nach der Geburt nicht oft gesehen: Mama und ich wohnten in Köln, und er war in Siegen Vikar. Meine Mutter hatte eine Gastwirtschaft, um mich kümmerte sich die Oma, wenn sie arbeiten ging. Mein Vater kam zwei- bis dreimal pro Monat zu Besuch – übrigens wusste man in seiner Pfarrei von uns. Sie haben das zugelassen, aber hinterher haben sie sich die Hände in Unschuld gewaschen.

Er wollte beides: eine Familie und seinen Beruf. Natürlich ging das nicht wirklich. Als sie sich einmal deswegen zankten – weil er uns ja auch nicht ernähren konnte –, hat er sich hingesetzt und ein Testament geschrieben. Darin hat er mir alles vermacht. Als er gegangen war, hat meine Mutter den Zettel weggeworfen. Nachts hat sie dann nachgedacht und ihn wieder aus dem Papierkorb geholt. Das war auf den Tag ein halbes Jahr vor seinem tödlichen Unfall! Meine Mutter, seine Eltern und die Kirche haben sich dann acht Jahre lang um die Aufteilung seiner Möbel und seiner Lebensversicherung gestritten. Am Ende bekam Mama für mich etwas über 10 000 Mark, die sie angelegt hat für meine Aussteuer.

Sein Tod hat meine Mutter umgehauen. Die Gastwirtschaft hat sie aufgegeben. Das konnte sie nicht mehr, da wäre sie zur Alkoholikerin geworden. Sie hat dann einen Job als Spielautomatenaufsicht bekommen. Damit hat sie mich, die Oma und sich durchgebracht. Mama war unglücklich, weil sie das Viertel, in dem wir wohnten, nicht gut fand für ein Kind. Aber zu mehr langte das Geld nicht.

Meine Mutter hat sich von Anfang an an die Kirche gewandt wegen Halbwaisenrente für mich. Aber die haben ihr nur die kalte

Foto: M. MITTELSTEINER/ABACUS

Simone als Jugendliche mit dem Foto ihres gestorbenen Vaters

Schulter gezeigt. Erst hieß es, sie müsse beweisen, dass mein Vater wirklich mein Vater sei – da seine Vaterschaftsanerkennung noch nicht beim Jugendamt vorgelegen hatte, ging das nur per Gerichtsentscheid.

Das muss fürchterlich gewesen sein: Sogar meine Oma hat mich damals verleugnet. Sie, die mich als Baby schon in den Armen gehalten hatte, sagte öffentlich: „Nein, mein Sohn hatte kein Kind." Wegen der Schande.

Das Gericht stellte dann aber fest, dass die Vaterschaftsanerkennung rechtswirksam sei. Aber damit war noch gar nichts geklärt. Jetzt behauptete die Kirche: Dein Vater war gar nicht richtig bei uns angestellt gewesen. Und deshalb würden sie nichts für mich zahlen. Ich finde, die katholische Kirche versteht den lieben Gott nicht. So etwas Ungerechtes würde der nämlich nicht zulassen.

Denn meine Mutter hing da, allein mit Kind und ihrer alten Mutter. Sie hat damals viel gearbeitet, auch am Wochenende. Ich weiß noch, dass ich einmal an der Tür vom Kindergarten stand und sagte: „Mama, bitte bleib bei mir, ich möchte da heute nicht hin." Und sie hat dann gesagt, du musst aber, Simone, ich muss doch arbeiten. Ich war in einem katholischen Kindergarten, meine Mutter hat mich katholisch erzogen, Kommunion, Firmung, alles.

Sie hat dann eine Heiratsannonce aufgegeben. So bekam ich mit fünf Jahren einen Stiefpapa, hier in Niedersachsen. Er ist von Beruf Maurer und stammt aus Oberschlesien. Er hat uns gut versorgt, sogar die Mutter meiner Mutter hat er aufgenommen. Aber die große Liebe meiner Mutter ist es nicht geworden. Das war und ist mein Papa.

Als ich sechs Jahre alt war, sind wir zum Grab meines Vaters nach Oberschlesien gefahren. Ich hatte damals die Idee, wir könnten jetzt meinen Papa mitnehmen. „Ich hab einen Löffel mitgenommen", habe ich Mama auf dem Weg zum Friedhof zugeflüstert, „damit grab ich ihn aus." Sie hat geweint und mir erklärt, dass das nicht geht.

Jedes Mal, wenn ich an seinem Grab stehe, ist es, als guckten wir uns durch eine Glasscheibe an. Als ob ich ihn im Gefängnis besuchte. Ich fahre trotzdem immer gern hin, es ist schade, dass er so weit weg begraben ist. Ich habe in meiner Wohnung ein großes Bild von ihm aufgehängt, er trägt darauf sein weißes Priestergewand und lacht. Mit dem Bild muss mein Freund leben, das kommt mir nicht von der Wand. Mein Vater ist immer bei mir in meinen Gedanken.

Ich erinnere mich noch, wie wir damals vor dem Haus meiner Oma stehen. Da ist ein großes grünes Holztor, und meine Mutter flüstert mir zu: Du darfst sie nie vor diesem Tor Oma nennen, Simone, nie! Ich hab dann immer die Luft angehalten, bis wir durch das Tor durch waren. Dass sie sich meiner schämte, fand ich schon damals sehr traurig, denn sie war doch Papas Mama, und ich hatte sie lieb.

Als ich zehn war, wollten wir wieder das Grab besuchen. Meine Mutter schrieb an den Erzbischof von Paderborn – und diesmal reagierte er! Es war das einzige Mal, dass die Kirche anerkannt hat, dass ich existiere und dass der Mann, der mich gezeugt hat, nicht nur ihnen allein gehört: 500 Mark überreichte der Dorfpfarrer meiner Mutter, im Auftrag des Bischofs.

Unserem Pfarrer ist das bis heute peinlich. Denn was Kinder eigentlich kosten und dass die Kirche sich an diesen Kosten hätte beteiligen müssen, davon wollten sie nichts wissen. Wenn er gelebt hätte, hat die Kirche mal geschrieben, hätte mein Vater für mich zahlen müssen. Aber jetzt, wo er tot ist, fanden sie, dass sie uns nichts schulden, denn er hat seinen Bischof sozusagen betrogen, indem er mich in die Welt gesetzt hat. Wirklich, das haben sie geschrieben. Dabei müssen sie doch in eine Pensionskasse für ihn eingezahlt haben, das ist schließlich Gesetz, und auf diese Rente hätte doch ich einen Anspruch. Also ich hab den Bischof nie betrogen – aber er mich.

Ich bin bis heute in der Kirche. Nicht wegen der Kirche, sondern wegen meinem Vater. In den Gottesdienst gehe ich aber nicht. Meiner Mutter haben diese Kirchenmänner immer nur Lügen aufgetischt. Einmal haben sie sogar gesagt, vor Gericht, mein Vater sei nur Hilfspriester gewesen! Dabei war er geweiht wie alle anderen auch. Ich kann mich heute in keine Predigt setzen, denn ich möchte nicht, dass mich jemand anlügt.

Das sind ja solche Heuchler. Wenn man den Fernseher anmacht

und sieht, wie der Papst wieder irgendwo über einen roten Teppich schreitet. Der jettet wie ein Bonze durch die Gegend, zu den armen Menschen in Afrika, um denen zu helfen. Das glaubt doch keiner. Die leben doch total im Überfluss in ihrer Kirche.

Wenn ich bete, bete ich nicht direkt zum lieben Gott. Sondern ich bete zu meinem Vater. Das hab ich als Kind schon gemacht, und das mache ich heute noch so.

Meine Mutter hat nicht aufgehört, für meine Rente zu kämpfen. Wenn mein Vater normaler Angestellter gewesen wäre, hätte sie doch auch etwas für mich bekommen nach seinem Tod. Aber ausgerechnet, weil die Kirche sein Arbeitgeber gewesen ist, sollen wir leer ausgehen? Ich weiß nicht, wie meine Mutter diese Kraft gehabt hat – ich hätte das nicht gekonnt. Sie hat sich die Finger wund geschrieben, hat die christlichen Politiker alarmiert, sogar den Bundespräsidenten! Richard von Weizsäcker war der Einzige, der damals reagiert hat: Er hat uns 500 Mark geschickt. Aber es ist ja auch klar: Die Kirche hat versagt. Da können die Politiker nichts machen.

Fast fünf Jahre lang hat uns ein Kirchenrechtler geholfen, Knut Walf, ein ganz toller Mann. Ich war 14, als er aufgegeben hat, diese Kirche dazu zu bewegen, zu der Verantwortung zu stehen, dass ihr Pfarrer ein Kind gezeugt hat und sie Halbwaisenrente zahlen müsste. Er hat unseren Fall damals in einer kirchenkritischen Zeitschrift veröffentlicht.

Daraufhin bekam er einen Leserbrief:

Düren, den 26. Oktober 1992

Sehr geehrter Herr Walf,

Ihren Bericht habe ich mit Erschütterung gelesen. Da ich das, was Sie dort schildern, für wahr halte, gab es für mich nur eine Konsequenz.

Ich bin heute aus dieser Kirche ausgetreten.

Dadurch werden mir monatlich 80,92 DM mehr überwiesen.

Ich habe also keine Einbuße, wenn ich diesen Betrag (auf 100 DM aufgerundet) monatlich an Frau Ursula K. überweise.

Ich bitte Sie, mir die Zahlungsmodalitäten mitzuteilen.

Herzliche Grüße an Simone.

Ich war überwältigt. Dass da ein Fremder diese ganze Ungerechtigkeit begreift und nicht nur den Kopf schüttelt, sondern reagiert! Dass das einer so ernst nimmt, dass er aus der Kirche austritt. Wir fühlten uns plötzlich nicht mehr so allein. Acht Monate später ist dieser Mann verstorben. Seine Frau rief aber an und überwies meiner Mutter das Geld, was er bis zu seinem Tod für mich angespart hatte.

Meine Mutter bekam damals Depressionen. Sie wurde immer verstörter und ängstlicher. Jedes Mal, wenn ein neuer Brief kam von einem Kirchenamt oder einem Politiker, hat sie gezittert vor Angst. Schließlich musste sie in die psychiatrische Klinik. Sie war insgesamt dreimal da. Ich hab mir furchtbare Sorgen gemacht. Ich hänge mehr als andere Kinder an meiner Mutter – meine Kollegin nennt mich manchmal ein Mamakind. Sie ist meine allerbeste Freundin. Ich besuche sie jeden Tag. Wir haben uns noch nie gezankt, kein einziges Mal.

Als sie damals so krank war, quälten mich Schuldgefühle. Ist es meine Schuld, dass meine Mutter krank ist? Ich weiß, dass ich nichts dafür kann, dass ich geboren bin. Aber damals sind mir diese Gedanken schon gekommen.

Meine Oma, die Mutter meines Vaters, lebt noch. Ich schreibe ihr regelmäßig Briefe. Oft war ich leider nicht da, aber ich lerne jetzt Polnisch. Nicht für sie, sie spricht ja Deutsch, sondern weil ich mich mit der Gegend verbunden fühle. Vor drei Jahren hab ich meine Großmutter zuletzt besucht. Ich wollte damals mehr über meinen Vater wissen – meine Mutter hat mir sein Priestergewand gezeigt, das sie all die Jahre aufbewahrt hat. Ich hab mich plötzlich gefragt, wie mein Vater wohl als Kind war. Wie sah er aus, was hat er gern gegessen, mochte er Musik, was waren seine Lieblingsspiele? – all solche Sachen.

Es war dann ein Schock für mich, wie sehr meine Oma sich immer noch geschämt hat. „Die Leute reden, die Leute reden", hat sie immer wieder gestöhnt – denn ich seh ihrem Sohn, dem Priester, ja so ähnlich. Ich bin ihr einziges Enkelkind, und sie hat mich lieb, aber es ist ihr wichtiger, was die Leute denken, als was ich fühle. Das hat mir sehr wehgetan.

Gottes Vertreter haben meine Mutter kaputtgemacht. Ich weiß, dass die Kirche mir einreden will, dass auch ich mich als was Schlechtes fühle, weil mein Vater Priester war. Dabei hat er nur was getan, was den anderen verboten ist: Er hat seine Liebe weitergegeben. Das Ergebnis bin ich.

„Das Trauma wird weitergegeben"

Professor Horst Petri, 67, Berliner Kinder- und Jugendpsychiater, Psychoanalytiker und Buchautor („Das Drama der Vaterentbehrung", 1999 und „Väter sind anders", 2004), über die seelische Belastung von Priesterkindern und ihren Eltern und über Wege, damit umzugehen

Was bedeutet es für ein Kind, ohne Vater aufwachsen zu müssen?

Der Vaterverlust oder das Nichtvorhandensein des Vaters ist für das Kind immer traumatisch. Ein Mädchen, das ohne Vater aufwächst, wird es später schwer haben, gesunde Männerbeziehungen zu entwickeln. Der Junge ist sogar noch schlimmer dran, denn ihm fehlt der Vater, um seine eigene männliche Identität zu entwickeln. Wie wichtig der Vater ist, dafür gibt es inzwischen empirisch nachgewiesene Belege. Angestoßen worden ist diese Forschung übrigens durch den Feminismus, dessen Vertreterinnen irrigerweise postulierten, Väter seien verzichtbar.

Worin genau besteht das Trauma des vaterlosen Kindes?

Ein Trauma ist ein akutes oder ein chronisches Lebensereignis, das die psychologische Balance des Einzelnen überfordert. Der Betroffene ist nicht mehr in der Lage, die Einflüsse, die auf ihn zukommen, zu bewältigen. Man nennt das Distress. Dauerdistress ist ein Trauma, bei dem der Organismus die Stressreize nicht mehr verarbeiten kann. Der Stress wirkt sich dann pathogen aus – in Krankheiten oder sonstigen Fehlverhaltensweisen.

Es macht also Kinder krank, ohne Vater aufzuwachsen?

Nicht zwangsläufig, denn sie sind ja auch noch anderen Einflüssen ausgesetzt, die ihnen unter Umständen über das Trauma hinweghelfen: die Mutter und die sonstige soziale Umwelt. Kompensieren kann die Mutter den fehlenden Vater aber nicht. Er ist für die kindliche Entwicklung unersetzlich – und zwar von Anfang an. Bereits im ersten Lebensjahr ist der Vater wichtig für das, was wir heute die Dreiecksbildung nennen: Mutter, Kind, Vater – die so genannte Triangulierung, bei der sich das Kind mit Hilfe seines zweiten Bezugsobjekts, des Vaters, von der Mutter ablöst. Diese Loslösung ist entscheidend für die emotionale Entwicklung des Kindes. Es gibt sehr eindrucksvolle Untersuchungen über den schmerzhaften Prozess, den Kinder durchlaufen müssen, um den Konflikt zwischen ihren Symbiosewünschen mit der Mutter einerseits und ihren Individualisationswünschen andererseits zu lösen. Ein existenzieller Konflikt, der eigentlich das ganze Leben durchzieht – der Balanceakt zwischen Bindung und Eigenentwicklung. Und dabei hat der Vater die ganz entscheidende Funktion, die Trennungsängste, die das Kind erlebt, abzupuffern und ihm Orientierung zu bieten. Diese elementaren Funktionen des Vaters sind für die Weiterentwicklung des Kindes außerordentlich wichtig.

Vor allem doch wohl für das ältere Kind.

In allen Kindheitsphasen hat der Vater spezielle Funktionen für das Kind, die sich von denen der Mutter unterscheiden. Das geht bis in die Pubertät und in die Adoleszenz, wo er noch mal eine ganz wichtige Vermittlungsfunktion zum gesellschaftlichen Raum hin hat, in dem sich der Jugendliche orientieren muss und wo dessen eigentliche psycho-sexuelle Identität erst richtig ausgebildet wird.

Zum Problem der Entbehrung des Vaters kommt bei Priesterkindern noch eine andere Dimension hinzu: das große Geheimnis um dessen Identität.

Genau dadurch sind diese Kinder meiner Meinung nach noch viel mehr gefährdet, Schaden zu nehmen. Geheimnisse verletzen nämlich ein Prinzip. Eines der angeborenen Motivsysteme – das hat die Säuglingsforschung bewiesen – ist der Orientierungssinn. Ein Kind, das Mutter und Vater hat, orientiert sich in diesem sozialen Kontext. Wenn dieser Vater nicht da ist, wird sein Orientierungssinn gestört. Ist der abwesende Vater zusätzlich noch von einem Geheimnis umgeben, gerät das Kind in noch größere Nöte. Es bekommt mit, dass da irgendetwas nicht stimmt, und fühlt sich wie in einem Labyrinth. Da ja nur die Mutter vorhanden ist, hat es keine Wahl, als sich mit ihr zu identifizieren. Als Geheimnisträgerin birgt sie aber auch Gefahren für das Kind.

Weil die Mutter ihr Kind permanent anlügt?

Man muss bedenken: Was ist eigentlich ein Geheimnis? Es gibt süße Geheimnisse, die wir alle wunderbar finden und die sehr viel Kreativität und Phantasie auslösen. Die sind aber hier nicht gemeint, sondern hier handelt es sich um vergiftete Geheimnisse, deren Grundlage ein Unrecht ist, eine Sünde, wenn man im katholischen Kontext denkt. Geheim gehalten wird sozusagen ein Verbrechen – der Bruch eines religiös aufgeladenen Gelübdes. Darum ist das Geheimnis umgeben von einer Aura von Schuld und Scham – zusätzlich zu den Ängsten, dass es herauskommt. Und das macht dieses Geheimnis so besonders gefährlich: Es macht auch die Geheimnisträger unberechenbar, in erster Linie die Mutter, manchmal auch den Vater, die ihre Furcht und Scham auf die Kinder übertragen. Die ganze Tragödie sehe ich bei dieser speziellen Thematik in einem schweren Schuld-Scham-Komplex, in den alle Beteiligten eingebunden sind.

Aber das Kind weiß ja nicht, worin das Geheimnis besteht.

Diejenige, die ihm das Geheimnis übermittelt – oder es vor ihm verbirgt –, also die Mutter, ist ja keine Unbeteiligte. Viele dieser Mütter sind ja genauso fromme Katholikinnen wie die Väter, sie leiden also oft selbst an dem Gefühl, dass sie gesündigt haben und dass ihr Kind eigentlich nicht existieren dürfte. Das Kind erfasst die Schuldgefühle seiner Mutter intuitiv als Botschaften: Du bist unerwünscht. Du bist nicht geliebt, du hättest am liebsten abgetrieben werden sollen, du bist ausgestoßen. Diese negativen Zuschreibungen bezieht das Kind auf sich und entwickelt daraus Abwertungen, Selbsthassgefühle, negative Selbstbilder. Es schämt sich für seine Existenz und hat Schuldgefühle, dass es überhaupt existiert.

Für die Eltern ist das Kind der unwiderlegbare Beweis für die begangene Tat – den Bruch des Zölibats – und für die Schuld, die sie sich damit aufgeladen haben. Deswegen sind alle eingespannt in diesen Schuld-Scham-Komplex. Nach außen hin wird das Geheimnis gehütet, innerhalb der Familie ist das Thema tabu. Und daraus entsteht dann dieses Klima von Heuchelei und Lüge – also bei weitem nicht nur aus der Notwendigkeit, die Enttarnung des Vaters vor seinem Arbeitgeber zu verhindern. Unheimlicherweise liegt es in der Natur des Geheimnisses, ständig die Schuld- und Schamgefühle neu zu aktivieren. Dadurch kann sich keine natürliche Beziehung zwischen den Beteiligten entwickeln.

Wie sehen Sie das Modell Pfarrhausfamilie, wenn also die Eltern und die Kinder ganz normal zusammenleben – nach außen hin dadurch getarnt, dass die Mutter bloß die Haushälterin sei, die zufällig nichteheliche Kinder habe? Diese Kinder können zwar nicht „Papa" zu ihrem Vater sagen, aber immerhin entbehren sie ihn nicht.

Dass das spurlos an den Kindern vorbeigeht, glaube ich auf keinen Fall. Geheimnisse sind ja nicht nur innerer Sprengstoff, sondern wirken auch in die Umwelt. Diese Kinder wachsen ja mit dem Gefühl auf: Ich darf nicht sagen, wer meine eigenen Eltern sind oder was wir überhaupt für eine Familie haben. Dieses Mädchen Anna erzählt doch, wie sie ständig gefragt wird: Wer ist denn dein Vater, zeig ihn uns. Wenn man sich so eine Dorfgemeinschaft vorstellt, wie da hinter der Hand getuschelt wird und die Fensterläden zugemacht werden, wenn der Pfarrer mit seiner Familie kommt! Die Kinder spüren ganz deutlich, dass mit ihnen etwas nicht stimmt. Sie sind Fremde in der sozialen Gruppe der Kinder. Sie sind anders als die anderen, weil sie kein normales Familienleben haben. Und dieses Gefühl, nicht dazuzugehören, das nistet sich als innere Fremdheit ein. Da kann die Familie noch so harmonisch sein: Die Lebensaufgabe von Kindern besteht darin, in ihre soziale Gruppe hineinzuwachsen. Die Priesterkinder aber tragen dieses Stigma des nicht Erlaubten, des Sündigen mit sich herum. Das erzeugt innere Entfremdung und Isolation und Misstrauen. Wie stark das dann ausgeprägt ist und ob es wirklich zur Krankheit führt, das ist schwer zu sagen. Aber ich glaube, dass sie das ein Leben lang beschäftigen wird.

Und was halten Sie von solchen Fällen wie dem des Priestersohns Thomas, dessen Familie meint, er habe Krebs bekommen wegen der häuslichen Tragödie?

Darüber habe ich lange nachgedacht. Es gibt schon in der Medizin Theorien darüber, dass auch Krebs eine psychosomatische Krankheit sein kann. In erster Linie spielen bei Tumoren natürlich endokrinologische und zellbiologische Prozesse eine Rolle. Aber Kindheitstraumata kommen solchen Theorien zufolge natürlich auch als Auslöser in Frage. Da wäre in diesem Fall zunächst die Vaterentbehrung bis zum neunten Lebensjahr. Bei der Offenbarung des Vaters wird dann ein so genannter Familienroman zerstört: ein Begriff, den Sigmund Freud geprägt hat für die Art, wie Kinder sich fehlende Väter oder Mütter in der Phantasie denken – Thomas nennt Sean Connery als Vorbild. Das ist ein typischer Familienroman, den er da spinnt. Und plötzlich platzt der, und ein kleiner verhutzelter Mönch kommt zu Tage. Da fühlt der Junge sich natürlich auch in seinem eigenen Selbstwert verraten. Wir nennen das die transgenerationale Weitergabe eines Traumas – von den Eltern auf die Kinder. Sehr eindrucksvoll ist in diesem Fall dann später, wie der Jugendliche sich mit dem Vater prügelt. Und da bricht ja verspätet die klassische ödipale Situation auf: Er will eigentlich den Vater erschlagen. Und der Vater verliert diesen Kampf. Eigentlich müsste er da befreit sein.

In Wirklichkeit hat er sich aber geschämt für seinen schwachen Vater.

Es ist wirklich wie in der klassischen griechischen Tragödie: Ödipus wird von seinem Vater ausgesetzt, eigentlich zum Tode verurteilt. Nur durch Zufall wird er gerettet. Er wächst also ohne Vater auf. Seine Vatersehnsucht lässt ihn aber den Vater suchen und finden – und dann erschlägt er ihn. Deswegen leidet er unter ungeheuren Schuldgefühlen – auch wenn er es unwissend getan hat. So weit ist

Thomas' Reaktion völlig normal. Doch im Gegensatz zu anderen Jungen, die sich von Kindesbeinen an mit einer Vaterkonkurrenz auseinander setzen konnten und diese Rivalität auch gelebt haben, kommt er eben nicht zu dem Punkt, wo er den Vater besiegt, um sich wirklich von ihm zu befreien und die eigene männliche Identität entwickeln zu können. Das konnte dieser Junge nicht, deswegen bleibt er orientierungslos...

... und bekommt Krebs?

Für den Jungen besteht verständlicherweise dieses Erklärungsbedürfnis: Ich bin so krank geworden, weil ich so schwere Belastungen hatte. Das ist nicht der Beweis dafür, dass es auch stimmt. Aber eine gewisse Plausibilität gibt es dafür durchaus. Dass er sensibel ist und zu psychosomatischen Reaktionen neigt, zeigt die Adipositas, die er vorher hatte – diese Fettsucht.

Zu Essstörungen neigen ja auch andere Priesterkinder – dieser Schweizer Junge etwa, der schon als Kind Selbstmordgedanken entwickelt, oder Christian, der in der Pubertät magersüchtig wird.

Da muss man unterscheiden: Die Fettsucht ist eher eine depressive Reaktion. Da frisst sich jemand zu viel an, um sich tatsächlich einen Schutzpanzer zuzulegen. Fressen-Kotzen dagegen ist ein bulimisches Syndrom. Da geht es bei Mädchen wie bei Jungen um die Verweigerung, erwachsen zu werden. Und die Jungen, die kein männliches Ich entwickeln konnten auf Grund mangelnder Identifizierungsmöglichkeiten, haben natürlich ungeheure Angst und Hemmungen, diesen Schritt zu tun, und wollen möglichst lange nicht Mann werden. Es ist sehr typisch, dass die Jungen krankhafter auf die Vaterentbehrung reagieren als die Mädchen, weil die Jungen einfach ihre Väter für die eigene Identität dringender brauchen als die Mädchen. Das ist die Tragik solcher Söhne.

Gibt es auch eine spezielle Tragik vaterloser Töchter?

Viele können sich nicht von der Mutter lösen. Selbst wenn sie gleichzeitig heftige Hassgefühle auf ihre Mütter entwickeln, sind sie viel zu fixiert auf sie, um die notwendige Abnabelung zu schaffen. Gleichzeitig leiden auch die Töchter unter Brüchen in ihrem weiblichen Identitätsgefühl, weil Weiblichkeit sich in erster Linie durch die Spiegelung durch den Vater entwickelt.

Vaterlose Jungen, das schreiben Sie in Ihrem Buch, sind stärker als andere Kinder gefährdet, kriminell zu werden. Schützt Priesterkinder die Bildungsschicht, aus der sie stammen, vor diesem Schicksal?

Bei dem Zusammenhang zwischen Vaterlosigkeit und Kriminalität spielen in der Tat so viele andere Faktoren – Existenznot der Mütter, Verwahrlosung, eventuell auch die Ausländerproblematik – eine Rolle, dass man schwer sagen kann, welcher Einfluss entscheidend ist. Auffällig ist aber, dass viele vaterlose Kinder, insbesondere Jungen, im Vergleich zu ihren Vätern einen sozialen Abstieg erleiden. Auch die von Ihnen beschriebenen Priesterkinder erreichen ja in der Regel nicht den sozialen Status ihrer Väter.

Wie beurteilen Sie denn den Priestersohn Günter, der ja beteuert, glücklich zu sein mit seinem Schicksal?

Seine Geschichte zeugt in eindrucksvoller Weise von einem ganz anderen Mechanismus, wie man mit der Traumatisierung fertig werden kann: nämlich durch totale Verleugnung und Verkehrung ins Gegenteil. Die Idealisierung fängt bei den Pflegeeltern an. Die sind über 70, als er dahin kommt, und er ist das 36. Pflegekind. Das war eigentlich kein adäquater Elternersatz, was nicht heißt, dass die ihm nicht auch sehr viel an emotionaler Geborgenheit und an elementarer Bedürfnisbefriedigung gegeben haben – so wie das ja auch gute Adoptiveltern tun. Es ist anrührend, wie glückselig dieser Mann ist mit seinem Leben und seiner Frau und mit seinem Beruf als Lokführer. Günter macht sozusagen das Beste aus seinem Schicksal.

Wie viel Anteil hat daran die Begegnung mit dem wirklichen Vater, die ja erst stattfand, als er schon 36 war?

„Das wichtigste Erlebnis in meinem Leben", wie er sagt. Das erlebe ich immer wieder in der Therapie: Da kommen erwachsene Leute, die jahrelang verleugnet haben, dass der Vaterverlust für sie überhaupt ein Trauma war. Die sagen dann immer: „Ich hab's ja nicht anders erlebt, also warum sollte ich mich da nach meinem Vater sehnen." Und irgendwann beginnt dann doch die Neugier und die Suche nach dem Vater. Und diesen Vater gefunden zu haben ist ein ganz elementares Ursprungsgefühl: Jetzt bin ich endlich bei mir angelangt. Jetzt habe ich meine Identität gefunden. Und wenn dieser Vater einem dann noch „die Hand gibt, wie noch nie in meinem Leben mir ein Mensch die Hand gegeben hat"...

Warum, meinen Sie, versagen Priester als Väter so kläglich?

Im Grunde sind auch sie tragische Existenzen. Priester stecken in einem unglaublichen Dilemma, das die Kirche produziert. Die katholische Kirche verlangt Armut, Keuschheit und Gehorsam – drei Tugenden, die zur Heiligkeit und zur Erleuchtung führen. Das sind die drei Tugenden, die unsere elementaren Triebbedürfnisse betreffen, nämlich: Oralität – das Besitzenwollen, Sexualität und Aggressivität. Dahinter verbirgt sich eine mittelalterliche Vorstellung: Wenn ich den Menschen so weit wie möglich in seinen Triebbedürfnissen einschränke, kann ich die soziale Ordnung erhalten und für den Einzelnen mehr innere Harmonie schaffen. Weil der Mensch von seinen bösen – ergo sündigen – Triebkräften und Bedürfnissen einfach zu sehr umgetrieben wird, als dass er darüber Herr werden kann. Die Priester sind Vertreter dieser Ideologie, und die eigentliche Frage lautet: Wieso ergreift einer diesen Beruf?

Die Entscheidung fällt in der Regel früh, manchmal sogar noch in der Pubertät, in der Regel mit 19 oder 20.

Genau. Die Jungen verschwören sich einem Ideal, in dem diese drei Gebote existieren, zu einer Zeit – der Pubertät oder der Adoleszenz –, die von starken Identitätskrisen geprägt ist, wo asketische Ideale, Weltfremdheit, Weltflucht eine große Rolle spielen. In dieser Orientierungskrise bietet die Kirche die entsprechenden Auffangmöglichkeiten und auch familiären Ersatz – in einem Kollektiv, das sich Regeln unterwirft, um mit diesen inneren Kräften besser fertig zu werden. Das ist genau wie in den vielen Sekten, die Sexualität streng tabuisieren. Und die Jungs stammen ja aus entsprechenden religiösen katholischen Milieus; sie sind also geradezu infiziert von dieser Idee, dass alles, was mit Triebbedürfnissen zu tun hat, Sünde sei. Ich vermute, dass es unter den Priestern auch viele vaterlose Schicksale gibt – also Jungen, die die Triebintegration, die ja nur über die ödipale Reifung möglich ist, nicht erreicht haben. Und das heißt, dass sie zur Zeit der Pubertät auch noch keine männliche Identität haben. Sie stecken also in einer besonders schweren Identitätskrise, deren Lösung für sie in der Hinwendung zum Glauben besteht. Die Berufung zum katholischen Priester ist vielleicht eine der neurotischsten Berufswahlen überhaupt, die es gibt.

Und weil sie so neurotisch sind, werden sie schlechte Väter?

Nein: Sondern weil sie nie lernen, Verantwortung zu übernehmen. In keinem anderen Beruf wird so viel Verzicht auf individuelle Bedürfnisse und Triebbefriedigung verlangt wie in diesem. Ohne diese Kräfte kann ich aber überhaupt gar keine Individualität, gar keine Identität entwickeln, sondern ich werde Werkzeug. Ich bin dann Mitglied einer religiösen Gemeinschaft, die mir die Verantwortung für mich abnimmt: Ich bin ja nur Diener. Nun werden diese Männer aber älter. Und irgendwann – oft erst mit 30 oder mehr – entdecken sie: Es geht nicht mehr. Die Abwehrformation, die in der Pubertät noch gehalten hat, bricht zusammen. Die Triebbedürfnisse melden sich stärker. Sie können sie natürlich weiter verdrängen. Das führt dann oft zu psychosomatischen Symptomen oder zu Süchten wie Alkoholismus. Oder es kommt zu Triebdurchbrüchen, die nicht gesteuert werden können, entweder pädophiler oder homosexueller Art, oder zu Gewaltausbrüchen. Oder diese Männer gehen eben sexuelle Beziehungen ein.

Bei denen dann ein Kind entsteht …

… und das ist dann, wie schon gesagt, der unwiderlegbare Beweis für das Scheitern des Vaters, für seine Schuld. Außerdem muss er plötzlich erwachsen werden. Auf einmal muss er Verantwortung übernehmen – etwas, was er nie gelernt hat. Ich glaube, nur vor diesem Hintergrund kann man verstehen, warum diese Männer zwangsläufig daran scheitern. Die schaffen es einfach nicht. Die meisten unternehmen viele Anläufe, um sich zu lösen. Das dauert Jahre. Vielleicht übernehmen sie für eine Zeit sogar diese Verantwortung, und dann brechen sie es doch wieder ab und verlassen die Familie wieder. Diese Männer geraten in einen Wahnsinnskonflikt, wenn sie Väter werden: nicht nur mit der Kirche, sondern mit ihrer eigenen Ideologie. Man nennt das eine ichsyntone Abwehr. Die ichsyntone Abwehr besteht in der festen Überzeugung, dass das, was ich glaube, richtig ist: Ich bin der Überzeugung, dass Gott existiert und dass ich keusch sein muss und dass ich nicht sündigen darf. Ideologien sind deshalb sehr verfestigte Abwehrformen, weil sie ichsynton sind.

Und wenn ich doch sündige, bin ich dran.

Diese Männer leiden unter einem Höchstmaß an Schuldgefühlen und Bestrafungsängsten, weil sie ja ihr Gelübde abgelegt haben gegenüber einem idealisierten Gott oder Papst. Der ist ja auch der große „heilige" Vater; diese Götter sind ja alle Vaterfiguren. Deswegen kam ich drauf, dass viele vielleicht keinen Vater gehabt haben. Die Bischöfe, der Papst und Gott sind für sie Ersatzväter, denen sie sich blindlings unterwerfen. Wenn dann das Kind kommt, ist das die absolute psychische und soziale Katastrophe. Man kann diese Priester nicht gleichsetzen mit zivilen Vätern, die – davon gibt's ja im Alltag genug – ihre Verantwortung nicht wahrnehmen, weil sie selbst nicht verantwortungsvoll aufgezogen wurden. Die dann abhauen und ihre Frau und Kinder allein lassen. Das ist ja alles schrecklich genug, aber hier wirkt noch eine andere, verheerende Psychodynamik.

Heißt das, dass nicht die Priester schuld sind an ihrem Versagen, sondern letztlich die Kirche, die sie zu Versagern erzieht?

Die Kirche berücksichtigt nicht, dass, wenn sie junge Menschen in diesen Zwang nimmt, sie sich zwangsläufig einhandelt, dass es dann zu Durchbrüchen kommt, zu Dingen schrecklichster Art. Weil diese Abwehr, die sie den jungen Menschen auferlegt, auf Dauer eben nicht hält – zumindest nicht bei allen. Da offenbart sich der mittelalterliche Charakter der Kirche: Sie nimmt diese psychologische Dimension überhaupt nicht zur Kenntnis, sondern macht ihre Priester zu Werkzeugen, die eigentlich im Geiste der Kirche positiv wirken sollen. Gerade diese Priester sollen ja die soziale Ordnung herstellen und den Menschen einigermaßen in seinem eigenen Gleichgewicht halten. Aber dass diese Erwartung völlig unpsychologisch ist, das erinnert tatsächlich an ganz primitive Vorstellungen, wie sie im Mittelalter ja auch bestanden haben.

Wo die Priester sich aber auch schon nicht an den Zölibat gehalten haben.

Natürlich nicht. Da hätte spätestens die Erfahrung und der Wandlungsprozess einsetzen müssen. Und deswegen haben wir ja nicht umsonst die Reformation gehabt.

Wieso suchen Frauen sich nun ausgerechnet solche Männer als Partner aus?

Ein Hinweis ist schon der große Altersunterschied bei den meisten Paaren. Viele dieser Frauen haben sich Vatersurrogate gesucht – vielleicht, weil sie selbst vaterlos waren, vielleicht, weil sie gewalttätige Väter hatten, manche der Frauen haben ja auch als Kinder Missbrauch erlitten. Andere bringen schon Kinder mit und suchen einen Vater für diese. Sie vertrauen sich diesen Männern an, sozusagen Vaterersatzfiguren mit Heiligenschein. Eigentlich ist es die Vereinigung mit Gott, mit dem übergroßen Vater, die diese Frauen eingehen. Und die Realität kommt dann in Form eines Kindes. Zwar wussten diese Frauen ja, was sie taten, wenn sie sich mit einem Priester oder Mönch einlassen. Aber ob sie es nun halb bewusst taten oder aus einer persönlichen Notlage heraus – mit den Kindern kommt das Gefühl von Schuld, das dann, wie bereits gesagt, weitergegeben wird. Und deshalb belasten auch diese Mütter genau wie die Väter ihre Kinder viel mehr, als Kinder bei normalen Scheidungen belastet werden.

Zumal die Mütter dann ja oft auch noch Probleme haben, Alimente einzuklagen – wie etwa diese Leipzigerin, die zwei Jahre lang kämpfen musste, bis der Orden ihres Ex-Geliebten minimale Alimentezahlungen übernahm.

Bei dieser Geschichte hat mich ein ziemliches Unbehagen beschlichen – besonders bei dem Brief, den die Mutter für ihre Tochter geschrieben hat. Das kommt mir problematisch vor. Da schreibt die Mutter ja, dass sie alles Gute für das Kind wolle. Aber letztlich suggeriert sie doch dem Kind, was der Vater für ein Schwein ist: Ja, er hat dich lieb, aber er will dich nicht sehen, denn wenn er dich dann noch lieber gewinnen würde, dann könnte er sich nicht mehr von dir trennen. Das sind doppelte Botschaften, denen sich das Kind kaum entziehen kann. Da muss das Kind ein sehr gespaltenes Vaterbild entwickeln.

Aber das ist ja ein Brief für später. Heute ist das Kind gerade vier und baut sich ein Nest aus Fotos von dem unbekannten Vater.

Man kann nur hoffen, dass es irgendwann zu einer Begegnung mit dem realen Vater kommt. Nur dann kann das Kind ein realistisches Vaterbild entwickeln.

Bilder vom guten Vater als innerliche Stütze bei der seelischen Entwicklung funktionieren also nur, wenn der Vater verstorben ist, nicht bei einem, der noch irgendwo lebt, aber keinen Kontakt zum Kind hat?

Ich fürchte, ja. Simone ist dafür so ein Beispiel. Ihr Vater ist tot, aber bis heute, mit 25, hängt sein Bild noch an ihrer Wand, denkt sie ständig und liebevoll an ihn. Das ist wie bei den Kindern von im Krieg gefallenen Vätern, denen Heinrich Böll in seinem Roman „Haus ohne Hüter" ein Denkmal gesetzt hat – oft Kinder mit einem guten Vaterbild, das sie bei aller Entbehrung stützt. Simone konnte am Grab ihres Vaters trauern – das können die Kinder nicht, deren Vater lebt, der aber nicht da ist.

Das klingt ja beinah, als wäre es noch schlimmer, wenn ein heimlicher Priestervater lebt, als wenn er tot ist.

Schauen Sie sich das Beispiel Christian an. Erst muss der Junge seinen Vater verleugnen. Wütend werden darf er aber nicht deswegen – sein Vater verkörpert ja das Gute, wie sein religiös erzogener Sohn weiß. Im Gegensatz zu etwa dem Kind eines im Gefängnis einsitzenden Vaters muss er ihn nicht verschweigen, weil er ein Böser ist, auf den dann das Kind seine ganze berechtigte Wut auf die Zumutung, lügen zu müssen, projizieren kann. Christian rebelliert erst spät – nämlich, als er feststellt, dass er umsonst loyal war: Der Vater hatte nebenbei eine Geliebte. Auf den Wutausbruch des Sohnes hin verstößt ihn der Vater. Darin kommt im Grunde zum Ausdruck, dass er den Sohn nie angenommen hat. Das ist ja das Schlimme, dass diese Väter ihre Kinder gar nicht annehmen können. Die Kirchenideologie, die sie verinnerlicht haben, hat sie gelehrt, dass man das Böse ausstoßen muss – und ihre eigenen Kinder sind „Frucht des Bösen".

Was sollen die Betroffenen eigentlich tun? Eine Mutter hat uns ganz praktisch gefragt, wann sie eigentlich dem Kind sagen soll, wer sein Vater ist.

Bei Adoptivkindern sagt man, dass drei, vier Jahre ein gutes Alter ist – sehr früh also, nämlich, wenn das Kind beginnt, sein eigenes Ich abzugrenzen.

Das geht vielleicht in dem Fall, dass der Vater wirklich verschwunden ist, wie der Vater der Mönchstochter Catharina. Aber wie verhält es sich bei Familien, wo die Kinder das Geheimnis bewahren müssen, weil der Vater noch seinen Beruf ausübt?

Mein Tipp wäre, die Kinder dann spätestens mit Schulanfang einzuweihen, und zwar in Form eines „süßen Geheimnisses", nach dem Motto: Wir sind eine besondere Familie. Dein Vater darf eigentlich kein Vater sein, weil seine Kirche das nicht erlaubt, aber eigentlich ist es ganz toll, dass er dein Vater ist, und eines Tages wird die

Kirche auch erkennen, dass das gut ist, und den Zölibat abschaffen. Und dann darfst du vor allen Leuten stolz auf deinen Vater sein. Wichtig daran ist, dass das Kind sich und seine Eltern als zusammengehörig empfindet.

Was für Wege der Heilung gibt es für die, bei denen schon alles schief gelaufen ist, die mit Verleugnung und Heimlichkeit aufgewachsen sind?

Man muss nicht alles gleich therapeutisch behandeln. Ein wichtiges Kriterium ist, ob die Kinder in irgendeiner Weise auffällig sind, also entweder, ob sie Schulschwierigkeiten haben oder psychosomatische Symptome wie Fettsucht oder Depressionen. Das sind in der Regel dann Alarmzeichen, bei denen die Mütter einen Therapeuten aufsuchen und diesem auch die spezielle Problematik, die dahinter steckt, offenbaren sollten. Der oder die Expertin soll dann entscheiden, ob das Kind oder besser die Mutter therapiert werden soll – oder vielleicht beide. Heutzutage behandelt man bei Verhaltensauffälligkeiten von Kindern häufig lieber die Eltern, in diesem Fall die Mutter.

Und wenn die Kinder nicht auffällig sind?

Alle sollten zum Reden ermuntert werden. Den Müttern und Vätern empfehle ich Selbsthilfegruppen – offenbar haben sich viele der Frauen ja auch schon organisiert. Den betroffenen Kindern und Jugendlichen sollte man Mut machen, Freunde zu suchen und sich zu öffnen, von ihrem großen Geheimnis zu sprechen. Das Geheimnis ist ja deswegen so zerstörerisch, weil es eingekapselt bleibt. In dem Moment, wo ich mich öffne, ist der Bann, ist die Macht des Geheimnisses oft schon gebrochen. Es wäre übrigens auch wichtig, mehr Wissen über dieses Thema in den therapeutischen Institutionen zu etablieren. Bisher ist diese Problematik wissenschaftlich ein blinder Fleck. Das muss sich ändern.

Der Streit um den Zölibat

> „Als ein dem Zwangszölibat verpflichteter Priester weiß ich nach 20 Jahren, was diese widernatürliche Lebensform mit sich bringt: bedrückende Einsamkeit in einem leeren Pfarrhaus, Sehnsucht nach Gemeinsamkeit, Angst vor dem Älterwerden, Gefühl des Verlassenseins. Ständig muss ich mir alberne, aber doch berechtigte Äußerungen zu dieser Existenzform anhören und darauf irgendeine Antwort finden. Ich möchte keinem jungen Menschen raten, freiwillig den Zölibat auf sich zu nehmen, da dieses fragwürdige Opfer letztendlich in keinem Einklang mit den priesterlichen Aufgaben steht."
>
> *Dr. Martin Schubert, 50 Jahre alt, Pfarrer in St. Mauritius in München*

Die Verpflichtung der katholischen Priester zu sexueller Enthaltsamkeit und Ehelosigkeit gehört zu den umstrittensten Vorschriften der Kirche, seit der Priestermangel in manchen Teilen der Welt für die Existenz der Institution bedrohliche Formen annimmt. Der Zölibat gilt als einer der Hauptgründe für den Niedergang.

Der Umgang der kirchlichen Obrigkeit mit Kaplänen, Pfarrern und Ordensgeistlichen, die gegen die Zölibatsverpflichtung verstoßen, ist geprägt von Heuchelei: Sie belässt einen Priester im Amt, solange seine Beziehung zu einer Frau geheim bleibt und die beiden nicht zusammenleben. Steht er hingegen öffentlich zu seiner Liaison, darf er selbst als bewährter Seelsorger seinen Beruf nicht mehr weiter ausüben. Erst recht nicht, wenn er Vater wird.

Die Folge: Viele Priester sind aus Existenzangst zu dauernder Heuchelei gezwungen, Leidtragende sind vor allem die klandestinen Kinder. Rund ein Viertel bis die Hälfte aller Kleriker in Deutschland hält sich nach Schätzungen von Pastoraltheologen nicht an den Zölibat.

Der Zölibat ist nur ein Kirchengesetz. Im geltenden katholischen Kirchenrecht heißt es im Canon 277: „Die Kleriker sind gehalten, vollkommene und immer währende Enthaltsamkeit um des Himmelreiches willen zu wahren; deshalb sind sie zum Zölibat verpflichtet, der eine besondere Gabe Gottes ist, durch welche die geistlichen Amtsträger leichter mit ungeteiltem Herzen Christus anhangen und sich freier dem Dienst an Gott und den Menschen widmen können."

Der Papst, der die katholische Kirche absolutistisch regiert, könnte den Canon 277 jederzeit mit einem Federstrich revidieren. Dass die Kirchenführung trotzdem stur am Zölibat festhält, hat verschiedene Gründe. Fromme Prälaten wie Papst Johannes Paul II. sind zutiefst davon überzeugt, dass der Priester nur durch den Verzicht auf jede zu enge zwischenmenschliche Bindung seiner Berufung gerecht werden kann, das Reich Gottes zu verkünden. Für ihn ist der Zölibat wesentlich für das katholische Priestertum. Daher ist eine Abschaffung der priesterlichen Ehelosigkeit für ihn unvorstellbar – selbst wenn der Priestermangel eine nationale Kirche zusammenbrechen lassen sollte.

Doch für viele Hierarchen hat das Festhalten an der priesterlichen Ehelosigkeit auch einen handfesten machtpolitischen Grund: Die Kleriker sind für die Struktur der katholischen Kirche unverzichtbar, mit ihrer Hilfe regieren Papst und Bischöfe das riesige religiöse Imperium von über einer Milliarde Mitglieder. Diese Elitetruppe ihrerseits ist ohne sexuelle oder familiäre Bindungen straffer zu führen und leichter zu beherrschen.

In der Kirchengeschichte spielte zudem über Jahrhunderte ein anderes Moment eine wichtige Rolle: Priester, die weder Frau noch Nachkommen zu versorgen hatten, waren in der mittelalterlichen und in der feudalen Gesellschaft kaum in Gefahr, sich am Kirchenvermögen zu vergreifen oder sich in Erbstreitigkeiten zu verstricken.

Aus dem Neuen Testament ist die zwanghafte Verknüpfung von Priesteramt und Ehelosigkeit nicht zu begründen. Aus der Sicht der Zölibatsbefürworter preist Jesus im Matthäus-Evangelium zwar die Ehelosigkeit um des Himmelreiches willen, aber er fügt gleich an: „Wer es fassen kann, der fasse es."

Damit ist klargestellt, dass der Verzicht auf Sexualität mit der besonderen Berufung verknüpft sein soll, die nur wenigen gegeben ist. Auf diesem theologischen Fundament basieren seit anderthalb Jahrtausenden, seit den Zeiten des Benedikt von Nursia, eines der Urväter aller Mönche, die katholischen Orden.

In den Ostkirchen, die mit der katholischen Kirche verbunden sind und den Papst als Oberhaupt anerkennen, hat es immer verheiratete Popen gegeben. Selbst der Vatikan zieht eine solche Verbindung von Bibel und Zwangszölibat nicht: Evangelische und anglikanische Geistliche können ihre Ehe mit ausdrücklicher Billigung Roms fortführen, wenn sie zum Katholizismus konvertieren – und sie können weiter als Priester amtieren.

In der Tschechoslowakei wurden mit Genehmigung des Vatikans während der kommunistischen Herrschaft mehr als 30 verheiratete Männer heimlich zu Priestern geweiht, zur tschechischen Untergrundkirche gehörten sogar verheiratete Bischöfe. Das bunte Nebeneinander in der Weltkirche macht die Verteidigung des Zwangszölibates für den Rest des katholischen Reiches schwierig.

Und auch in deutschen Diözesen arbeiten verheiratete ehemalige evangelische Pfarrer heute als katholische Seelsorger – wie etwa der 41-jährige Robert Ploß, den der Regensburger Bischof Gerhard Ludwig Müller im Juni 2003 zum Priester weihte. Ploß, Vater von drei Kindern, darf trotzdem seine Ehe fortführen. Er verließ nach acht Jahren die evangelische Kirche in Selb und trat in den Dienst des Bistums Regensburg, denn ihm sei „bewusst geworden, dass mir die katholische Kirche eher eine Heimat bieten kann". Ein seltener, aber nicht einmaliger Fall: „Allein im Bistum Regensburg gibt es seit den siebziger Jahren ein halbes Dutzend verheirateter Priester", erklärt Bistumssprecher Gregor Tautz.

In der Urkirche war der Zölibat unbekannt. Ein Teil der Apostel war eindeutig verheiratet. Das Matthäus-Evangelium erzählt ganz unbefangen, dass Jesus die Schwiegermutter des Petrus vom Fieber heilte. Auch der Apostel Paulus dachte so wie Jesus: „Haben wir nicht das Recht, eine gläubige Frau mitzunehmen wie die übrigen Apostel und die Brüder des Herrn und wie Kephas (= Petrus)?"

Paulus pocht hier auf sein und seiner Mitarbeiter Recht, eine Frau auf Missionsreisen mitzunehmen, wie es auch die anderen Apostel, allen voran Petrus, taten.

Es finden sich noch viele Belege dafür, dass die ursprünglichen Kirchenväter keinen Pflichtzölibat praktizierten. Im 1. Timotheusbrief wird sogar verlangt, dass ein Bischof, damals der Vorsteher einer Gemeinde, verheiratet sein muss, damit er ein guter Bischof sein könne. Es heißt dort: „Der Bischof soll ein guter Familienvater sein und seine Kinder zu Gehorsam und allem Anstand erziehen. Wer seinem eigenen Hauswesen nicht vorstehen kann, wie soll der für die Kirche Gottes sorgen?"

Viele Zölibatskritiker meinen darum, das geltende Kirchengesetz sei nicht nur von den Jahrhunderten überholt, sondern nach der Heiligen Schrift auch ein fortwährendes Unrecht.

Erst im vierten nachchristlichen Jahrhundert sind – örtlich begrenzt – kirchenrechtliche Regelungen zur priesterlichen Ehelosigkeit nachweisbar. Ideologisch spielte dabei die aus antikem Denken übernommene Leibfeindlichkeit griechischer, römischer und jüdischer Herkunft, etwa der Gnostiker oder der Manichäer, eine Rolle. Der Manichäismus, begründet von dem Perser Mani, breitete sich ab dem vierten Jahrhundert im Orient bis nach Indien und China sowie im römischen Imperium aus. Der Manichäismus lehnte die Welt des Fleisches radikal ab und propagierte dagegen eine reine Welt des Lichtes. Auch unter den Christen gewann diese Lehre viele Anhänger.

Mit der Synode von Elvira (um 306) begann die offizielle Diskriminierung der Priesterehe. Die Kirchenversammlung forderte, „dass den Bischöfen, Priestern und Diakonen sowie allen Klerikern, die den Altardienst versehen, zu befehlen sei, sich des ehelichen Verkehrs mit ihren Ehefrauen zu enthalten und keine Kinder mehr zu zeugen". Das Konzil von Nizäa lehnte es noch 20 Jahre später ab, dieses Gesetz der ganzen Kirche aufzuerlegen. Doch Kirchenväter wie der Bischof Ambrosius von Mailand (339 bis 397) forderten bereits vehement, dass sich Priester des Geschlechtsverkehrs mit ihren Frauen enthalten sollten.

In der Westkirche wird bis ins elfte Jahrhundert heftig um den Zölibat gestritten. Wohl erließen mehrere Konzile Edikte gegen die Priesterehe und bekämpften die Päpste erbittert das Sexualleben ihrer Geistlichen. So ordnete auf der Synode zu Pavia im Jahr 1022 Papst Benedikt VIII. gemeinsam mit Kaiser Heinrich II. an, dass Geistliche nicht mehr heiraten dürften. Verstöße dagegen wurden mit harten Strafen bedroht. Aber vielerorts scherten sich die Priester nicht um das Verbot.

Erst im Jahr 1139 erhob das Zweite Laterankonzil den Zölibat zum verbindlichen Gesetz. Es erklärte die Priesterehe generell für ungültig. Begründung: Da die Priester „Tempel Gottes, Gefäße des Herrn und Heiligtum des Heiligen Geistes sein müssen, ist es unwürdig, dass sie dem Ehebett und der Unreinheit dienen".

An diesem Verdikt hat die römische Kirche seitdem grundsätzlich festgehalten, doch in der Praxis haben die klerikalen Kader immer wieder gegen die Zölibatsdisziplin verstoßen – nach der biblischen Devise: Der Geist ist willig, aber das Fleisch ist schwach.

Grausam verfuhr man im Lauf der Geschichte mit den Frauen von Priestern. Der Kirchenlehrer Petrus Damiani (1006 bis 1072), der als Heiliger verehrt wird, beschimpfte die Priesterfrauen im elften Jahrhundert als „Lockspeise des Satan, Auswurf des Paradieses, Gift der Geister, Schwert der Seelen, Wolfsmilch für die Trinkenden, Gift für die Essenden, Quelle der Sünde, Anlass des Verderbens, Eulen, Nachtkäuze, Wölfinnen, Blutegel, Metzen, Buhlerinnen, Lustdirnen, Suhlplätze fetter Säue". Das von einer Bischofsversammlung verfasste spanische Rechtsbuch „Fuero Juzgo" schrieb seinerzeit für jede verheiratete oder unverheiratete Frau, die mit einem Kleriker geschlechtlich verkehrte, harte Strafen vor. Von Spanien bis Ungarn übergaben die Kirchenoberen Frauen, die mit Priestern verheiratet waren, häufig dem Staat zum Foltern und für den Kerker.

Der Augustinermönch Martin Luther hat sich schon zu Beginn der Reformation gegen den Zölibat ausgesprochen, er heiratete eine ehemalige Nonne, Katharina von Bora. Mit der Reformation bekamen Ehe und Familie einen neuen Stellenwert. In protestantischen Ländern wurden die Klöster aufgehoben, der Pflichtzölibat der

Pfarrer abgeschafft. Die Pfarrersfamilie avancierte zum Vorbild für viele protestantische Bürger.

Die Reformatoren zogen vor allem gegen die Heuchelei der katholischen Kirche zu Felde. Denn auch zu Luther-Zeiten lebten viele Geistliche im Konkubinat, hatten Kinder und zahlten ihrem Bischof dafür permanent Strafgelder. Diese Strafgelder machten sogar einen erheblichen Teil der Einkünfte der Oberhirten aus. Der ehemalige Franziskaner Sebastian Meyer, der sich zur Reformation bekannte, schätzte 1521 in einer Flugschrift, es kämen im Bistum Konstanz jährlich durchschnittlich 1500 Pfaffenkinder zur Welt. Für jedes Kind erhalte der Bischof vier Gulden. Gegen eine entsprechende Abgabe war sogar eine Erbregelung für Priesterkinder möglich.

Der Reformator Ulrich Zwingli, der als katholischer Pfarrer von Anfang 1522 an in heimlicher Ehe lebte, stellte sich wie Luther auf den Standpunkt, dass die Bibel den Geistlichen das Heiraten nirgends verbiete. Zusammen mit einer ganzen Schar Gleichgesinnter reichte er im Juli 1522 beim Bischof von Konstanz eine Petition ein, in der er die Aufhebung des Zölibats verlangte. Zwingli zitiert eine lange Liste von Päpsten, die Söhne von Priestern waren. So rückte Anno 931 der angebliche Sohn von Papst Sergius III. und seiner Geliebten, der Fürstin Marozia, als Johannes XI. zum Pontifex auf.

Die Päpste mehrten gegen jede Kirchenmoral den Christennachwuchs. Der deutsche Theologe Alois Uhl hat sich intensiv mit den noch vorhandenen Originalquellen über Päpste und deren Kinder befasst. Seine Erkenntnis: Zahlreiche Stellvertreter Christi, wie sich die Päpste selbst nennen, haben im ausgehenden Mittelalter und zu Zeiten der Renaissance den Zölibat zwar nicht in Frage gestellt, für sich persönlich aber außer Kraft gesetzt. Von den 9 Päpsten, die im 15. und 16. Jahrhundert amtierten, sind mindestens 20 Nachfahren nachweisbar. Nicht weniger als 16 von 39 Kardinälen waren im Jahr 1520 Väter eines oder mehrerer Kinder, die sie mit ihren Geliebten zeugten.

Viele Papstkinder wurden von ihren Vätern sogar in das oberste Kollegium der Kirche gehievt. Von den Müttern dagegen ist kaum etwas bekannt: Sie verschwanden in der Anonymität der Geschichte – wie zumeist auch die Töchter. Eine der seltenen Ausnahmen ist Lucrezia Borgia, die Tochter von Papst Alexander VI. 1492 wurde der Kleriker aus der Familie der Borgia durch Bestechung Papst. Allein aus seinem Konkubinat mit der römischen Adelsfrau Vanozza Catanei und anderen Schönen der Stadt gingen urkundlich belegt zehn Kinder hervor. Die meisten von ihnen zeugte er während seiner Amtszeit als Kardinal. Als Alexander zu Verhandlungen in die italienische Stadt Sermoneta reiste, stellte er seiner Tochter Lucrezia einen Kardinal als Assistenten zur Seite und übertrug ihr die Führung der laufenden Geschäfte der Weltkirche.

Familienbande spielten für Alexander VI. eine wichtige Rolle. Er nutzte seine Amtszeit, um das Vermögen seiner Kinder durch Postenschacher und eine geschickte Heiratspolitik zu vergrößern. Der Borgia-Papst trieb es in Rom ziemlich wüst. Sein deutscher Zeremonienmeister Johannes Burckhard hat die bizarre Szenerie eines „Kastanienballs" beschrieben, der am 31. Oktober 1501 in Gegenwart des 70-jährigen Pontifex und seiner Kinder Lucrezia und Cesare stattfand: Bei diesem Ball tanzten Diener mit 50 Kurtisanen um Kerzenleuchter herum, später mussten die nackten Frauen zwischen den Flammen kriechend die ausgestreuten Kastanien einsammeln. Am Ende wurden Preise ausgesetzt für diejenigen, „welche mit den Dirnen am öftesten den Akt vollziehen" konnten. Die Preisverleihung, so der Augenzeuge, fand öffentlich statt.

Alexanders Nachfolger Julius II. (1503 bis 1513) war da weitaus diskreter. Er empfing seine drei Töchter nur noch heimlich in seinen Gemächern zum Abendessen. Von Paul III. (1534 bis 1549) weiß man, dass er vier Kinder ins Amt mitbrachte, drei Söhne, eine Tochter.

Auf die Kritik der Reformatoren antwortete die römische Kirche mit einer Erneuerung des Heiratsverbots. Das Konzil von Trient (1545), das in der Kirche in der Mitte des 16. Jahrhunderts die Gegenreformation einläutete, verfügte kirchenweit die konsequente Durchsetzung des Zölibats und verklärte das Ideal der Jungfräulichkeit theologisch: „Wer sagt, der Ehestand sei dem jungfräulichen Stand oder der Ehelosigkeit vorzuziehen, und es sei nicht besser und seliger, in Jungfräulichkeit und Ehelosigkeit zu bleiben, als eine Ehe einzugehen, der sei ausgeschlossen."

Doch auch die Trienter Reformversammlung, deren Beschluss bis heute verbindlich ist, konnte den Widerspruch zwischen Theorie und Praxis nicht beseitigen. Sexuelle Fehltritte sind nicht nur im gemeinen, sondern auch im höheren Klerus bis heute verbreitet. Bischofskinder gibt es in Diözesen weltweit.

Einen Schock in der katholischen Welt löste 1992 der populäre Bischof Eamon Casey aus. Zunächst wurde bekannt, dass der damals 65-jährige Ire nicht nur eine langjährige Geliebte – eine Cousine – hatte, sondern auch Vater eines 17-jährigen Sohnes war. Daraufhin trat der Geistliche zurück. Später flog auf, dass Casey zur Bezahlung der Alimente im Laufe der Jahre rund 95 000 Euro Kirchengelder veruntreut hatte. Der lebenslustige Oberhirte, der seine Leidenschaft für schnelle Sportwagen nie verborgen hatte, setzte sich nach Amerika ab – zu einem Strafverfahren kam es nicht. Doch die Mutter seines Sohnes, Annie Murphy, brach 1992 ihr lange Jahre erkauftes Schweigen in einem Buch namens „Verbotene Frucht", in dem sie genüsslich ausbreitet, wie ihr christlicher Onkel sie als jugendliche Mätresse umgarnte – und wie schlecht er sich als Vater gebärdete.

Selbst das mit so viel Hoffnungen begonnene Zweite Vatikanische Konzil, das von 1962 bis 1965 tagte und viel dazu beitrug, die Kirche für die Probleme der modernen Gesellschaft zu öffnen, hat am Zölibat nicht gerüttelt. Immerhin stellten die Konzilsväter ausdrücklich klar, dass die Ehelosigkeit nicht an das Wesen des Priestertums gekoppelt ist.

Seither ist die Debatte nicht mehr verstummt. Zahlreiche Bischöfe und Theologen in der ganzen Welt haben sich in den vergangenen Jahren immer wieder für die Zulassung verheirateter Priester eingesetzt. Schon 1995 forderte der Mailänder Kardinal Carlo Martini, der jahrelang als potenzieller Nachfolger von Johannes Paul II. galt, in der amerikanischen Zeitschrift „National Catholic Reporter": „Die Kirche sollte offen sein und den römisch-katholisch geweihten verheirateten Priester zulassen ..."

Oberhirten aus allen Kontinenten haben sich dieser Forderung angeschlossen. Doch bei Johannes Paul II. stießen sie auf taube Ohren. Sein unumstößliches Credo: Der Zölibat sei ein „Geschenk des Herrn an seine Kirche und muss sorgfältig geschützt werden".

Priestern, die heiraten wollen, bleibt nach wie vor nur das Bittgesuch an den Papst, sie von ihren Priesterpflichten zu entbinden und in den Laienstand zurückzuversetzen – es sei denn, sie kehren ihrer Kirche ohne deren Segen den Rücken. Damit aber werden sie automatisch aus der katholischen Gemeinschaft ausgestoßen.

Papst Paul VI. handhabte die Dispens in den sechziger Jahren großzügig. Denn, so seine Begründung, ein heiratswilliger Priester sei ohnehin nicht mehr umzustimmen. Deshalb müsse die Kirche ihn rasch in den Laienstand zurückversetzen, damit der „unglückliche Sohn" sein sündhaftes Verhältnis durch eine kirchliche Eheschließung sanieren könne.

Doch seit Johannes Paul II. regiert, weht für amtsmüde Kleriker ein scharfer Wind. Jahrelang stapelten sich auf dem Schreibtisch des Papstes die Gesuche, der indes weigerte sich kategorisch, sich damit zu befassen. Ihn übermannten jedes Mal die Tränen, wenn der deutsche Kurienkardinal Joseph Ratzinger eine neue Liste vorbeibrachte. Inzwischen ist der Greis etwas milder gestimmt.

In einem „Kleinen Wegweiser" für Priester mit Laisierungswunsch, verbreitet von der deutschen „Vereinigung katholischer Priester und ihrer Frauen", heißt es: „Es muss mit vielen und stichhaltigen Argumenten bewiesen werden, dass zum Zeitpunkt der Weihe keine Eignung für das Priestertum vorlag. Die mangelnde Eignung wurde möglicherweise zum Zeitpunkt der Weihe gar nicht oder unklar erkannt und wurde erst später manifest. Zum Beweis dienen mündliche und schriftliche Aussagen des Antragstellers, von Zeugen oder Gutachtern über Zweifel, Schwierigkeiten, Aufschübe von Weiheterminen, intime Beziehungen, Krankheiten, psychische Störungen des Antragstellers."

Nur wenn er diese Voraussetzungen erfüllt, hat der Petent eine Chance. Doch auch dann nur, wenn er schon älter ist oder psychisch krank. Der „Wegweiser" warnt: „Selbst bei erwiesener Nichteignung zur Priesterweihe erteilte der Heilige Stuhl die beantragte Dispens in der Regel nicht, wenn der Antragsteller jünger als 40 ist und wenn dieser Beziehungen zu einer geschiedenen Frau hat."

Fraglich ist, wie lange der Vatikan an seiner starren Linie noch festhalten kann. Zwar wird sich zu Lebzeiten Johannes Pauls II. nichts ändern, doch die prekäre Lage der Kirche könnte seinen Nachfolger schon bald zum Handeln zwingen, denn in vielen nationalen Kirchen bricht der Priesternachwuchs seit Jahren weg. Auf ihrer Vollversammlung Anfang 2003 schilderten etwa die nordkanadischen Bischöfe die dramatische Situation in ihren Sprengeln: Der Klerus sei „völlig überaltert", in einigen Gegenden könnten nur noch zwei- oder dreimal im Jahr Gottesdienst gefeiert und Sakramente gespendet werden.

In der Region leben 125 000 Katholiken, die von 84 Priestern betreut werden. Bereits 1997 hatten die kanadischen Bischöfe den Vatikan gebeten, die Priesterweihe „bewährter" verheirateter Männer zu genehmigen. An geeigneten Kandidaten sei kein Mangel.

Für Deutschland insgesamt wies die Statistik Ende 2002 nur noch 16 777 Priester aus, vor 40 Jahren wurden noch 27 000 gezählt. Überall im Land werden Pfarreien zusammengelegt.

Die deutschen Bischöfe machen bislang keinen Druck in Rom, obwohl auch hier zu Lande die Lage desolat ist, die Reformdebatte läuft an ihnen vorbei. Vor allem die erzkonservativen Kardinäle von Köln und München, Joachim Meisner und Friedrich Wetter, blocken die Diskussion ab. Die Ehelosigkeit der Priester, verkündet Wetter unbeeindruckt, sei „eine Quelle geistiger Kraft für den, der sie überzeugt lebt".

Und für die anderen, für die der Zölibat eine jahrelange oder gar lebenslange Qual ist?

„Strangulierte Liebe"

Der Paderborner Theologe Eugen Drewermann, 63, über Priesterkinder und Kirchenväter

Welche Schuld lädt sich die Kirche mit der Verheimlichung der Kinder von Priestern auf?

Eine größere Anhäufung an Leid von Kindern, Müttern und Vätern lässt sich schwer denken. Dieselbe Institution, die die Liebe über alle Maßen als von Gott gegeben preist, erlaubt sich jeden Würgegriff, um die Liebe zu strangulieren, wenn sie in den eigenen Reihen vorkommt.

Welche Zwangsmaßnahmen meinen Sie?

Normalerweise erklärt die Kirche die Frau dafür schuldig, dass sie ein Kind von einem ihrer Priester bekommen hat. Die kirchlichen Vorgesetzten sagen ihm, dass er in fortgesetzter Sünde lebt, wenn er die Beziehung zu ihr aufrechterhält. Ist die Sache in der Gemeinde ruchbar geworden, wird man ihn zwangsversetzen, weit entfernt von der Mutter seines Kindes. Sollte sie selbst in einem kirchlichen Dienstverhältnis stehen, wird sie entlassen. Man hat am Ende ein System, das für die Alimentezahlung sorgt, die Liebenden voneinander trennt und das so entstandene Kind in die Lage bringt, seinen Vater entweder gar nicht oder erst sehr spät kennen zu lernen. Dann ist das Leid unermesslich.

Gibt es Auswege?

Eine sehr traurige Notlösung besteht in der Abtreibung. Ausgerechnet innerhalb der Institution, die öffentlich den Schwangerschaftsabbruch am schärfsten verurteilt, wird dieser Weg gar nicht so selten gewählt.

Was ist, wenn der Priester zu seiner Vaterschaft steht?

Im Prinzip ist das die einzige Lösung aus dem ganzen Drama. Dann allerdings wird die Kirche ihn augenblicklich aus ihrem Dienst entlassen und ihn wirtschaftlich ruinieren. Er muss mitunter viele Jahre neu studieren, um wieder einen vergleichbaren Beruf auszuüben. Dazu fehlt den meisten das Geld, sie müssen mit einem sozialen Abstieg in ihrer Ehe rechnen. Die Frau und die Kinder erleben einen traumatisierten Mann und Vater, der ihnen immer ein Stück Schuld zuschieben wird. So bestraft die Kirche nicht nur ihre abtrünnigen Diener, sondern auch deren Familien.

Gibt es überhaupt ernst zu nehmende theologische Begründungen für den Pflichtzölibat?

Es gibt keine, außer den Zweck, dass man Mensch und Gott voneinander trennt, Seele und Körper, Priester und Gemeinde. Kurz: dass man genau die Spaltungen zwischen Denken und Fühlen will, die man dann machtpolitisch ausnutzen kann.

Beim Zölibat geht es also um Macht?

Und um Geld. Sie haben im Protestantismus zum Beispiel auch deshalb einen ständigen Kapitalnotstand, weil die Pfarrer mit ihren Familien versorgt werden müssen. Der Zölibat erlaubt der katholischen Kirche Gehältereinsparungen, die immens sind. Und in aller Regel hält sich die Kirche am Erbe der unverheirateten Priester noch einmal schadlos.

Geld und Macht sind gleichrangig?

Der psychische Faktor ist wohl wichtiger. Man kann Menschen abhängig und manipulierbar halten, wenn man sie gelehrt hat, ihre ganz normalen Gefühle, die Sehnsucht nach Liebe, nach Sexualität, nach Partnerschaft, zu unterdrücken und als Sünde zu betrachten. Wem es gelingt, normale Triebbedürfnisse mit Schuld zu infizieren, der hat auch das Denken seiner Untergebenen in der Hand. Diejenige Macht ist total, die es schafft, dem Menschen die Liebe zu verbieten. Es ist das Reich von George Orwells „Großem Bruder“.

Hält der Vatikan deswegen so verbissen am Zölibat fest?

Der Zölibat ist ein wichtiger Pfeiler der sozialpsychologischen Grundstruktur der katholischen Kirche. Er ist nicht eine Nebensache. Sigmund Freud hat schon vor 70 Jahren den ödipalen Grundkonflikt beschrieben, mit dem die archaischen Institutionen Militär und Kirche arbeiten, um sich der Bedrohung durch den Feind – das Böse – zu erwehren.

Wie funktioniert das?

Man unterwirft die Person der Triebzensur, Vaterautorität und einem ambivalenten Frauenbild – Heilige oder Hure. Man schwört sie ein auf Dogma und Ritus. Denken Sie doch bloß an den Papst! Er ist umso strenger, als er marianisch, also an der Mutter Gottes orientiert ist. Er ist umso totalitärer, als er triebrepressiv ist. Man sollte nicht glauben, dass am Anfang des 3. Jahrtausends diese archaische Sozialpsychologie – kurz die Zerstörung des Einzelnen durch Tradition und Institution – immer noch religiös gerechtfertigt wird.

Gibt es keinerlei Aussicht auf eine Veränderung?

Wir werden noch lange warten müssen, bis darüber offen gesprochen und sogar Änderungen durchgesetzt werden können. Diese Änderungen hätten ja eine enorme Rückwirkung auf ebendiese Sozialpsychologie der katholischen Kirche. Es wird also Übergangsschritte geben.

Katholische Diakone dürfen heute schon heiraten ...

... ebenso darf ein protestantischer Priester, der zum Katholizismus konvertiert, mit seiner Familie ins Pfarrhaus ziehen. Auch die griechisch-katholischen Melkiten, die dem orthodoxen Ritus folgen, aber der hierarchischen Gewalt des Papstes unterstehen, haben verheiratete Priester.

Sind das nicht exotische Ausnahmen?

Es gäbe genügend Anknüpfungspunkte, um diese Modelle von den Rändern ins Zentrum der Kirche zu holen. Das Entscheidende ist: Es muss das Argument verschwinden, dass Gott das Opfer will und die Zerstörung des persönlichen Glücks verlangt.

Und was will Gott Ihrer Meinung nach?

Die Liebe, die man für Sünde erklärt, ist gottgegeben. Die Kirche muss weg von ihrem Zwang und hin zur Freiheit. Vor Jahren habe ich eine Rede gehalten vor katholischen Priestern und ihren Frauen. Vorweg hatte ein ernst zu nehmender Moraltheologe gesagt, die katholische Kirche müsse ein Ethos des Scheiterns anerkennen. Priester, die geheiratet haben, müssten sich mit der Kirche versöhnen dürfen. Ich sagte: Das geht nicht durch! Wollt ihr die Frau, die jetzt neben euch auf der Bank sitzt, wirklich betrachten als die Sünde für euer Leben? Wollt ihr nicht ehrlich sagen: Sie ist wie ein Engel in unser Leben gekommen, und wir sind Gott dankbar dafür?

Erfahrungen bei der Arbeit an diesem Buch

Keine Klingel. Die Reporterin klopft an der Tür. In dem schmucken, rosenumrankten Bauernhaus rührt sich nichts. Er hat doch gesagt, dass er Frühaufsteher sei, da kann es doch nichts ausmachen, eine halbe Stunde zu früh da zu sein? Also noch mal: Tock, tock, tock.

Was ist das bloß für ein Rauschen im Haus? Sie klopft stärker, das Rauschen hört auf. Aha, die Dusche! – Im nächsten Moment schon öffnet sich die Tür. Priestersohn Günter sieht aus wie der in die Jahre gekommene Heiland höchst persönlich: nackt bis auf die Unterhose, dazu lange, lockige Haare. Sein Gesicht strahlt, „wie schön, dass der SPIEGEL solche Frauen wie dich beschäftigt", danke, aber Sie hätten sich wirklich nicht so zu beeilen brauchen ... – „I bi so, wie der liebe Gott mi g'schaffa hot, des macht mir gor nix."

Für den Journalisten ist Routine eine willkommene Erholung von der ständigen Abwechslung. Eine morgendliche Begegnung wie diese gehört allerdings zu den ganz speziellen Unvorhersehbarkeiten des Berufs. Bei den Recherchen für unser Buch gab es ziemlich viele solcher Situationen, und sie lösten sich nicht alle so selbstverständlich auf wie diese: Die Reporterin findet die Küche, erkundigt sich nach der Kaffeemaschine und tönt: „Ich mach das gern, und Sie können sich derweil anziehen."

Drei Dinge erschwerten die Arbeit. Erstens die Suche: Priesterkinder stehen nicht im Telefonbuch. Sie gehören zu keinem Verein. Wie also findet man Menschen, die gelernt haben, über ihre Herkunft zu schweigen? Zweitens: Das Besondere an Priesterkindern ist, dass sie einen Vater haben, der keiner hätte werden dürfen. Ihre Geschichte ist also die eines Konflikts: dem zwischen Vater und Kind, in den logischerweise auch die Mutter verwickelt ist. Deshalb haben wir, wenn möglich, alle drei befragt. Was aber, wenn die drei sich nie gegenseitig die Fragen beantwortet haben, die ihnen – unter vier Augen – von uns gestellt wurden? Vor allem da ja unsere Vorgabe war – Hürde Nummer drei –, dass alle Beteiligten die Geschichte, in der sie namentlich vorkommen, schriftlich autorisieren sollten.

Günter etwa: Von dem wussten wir anfangs nur Namen und Beruf: Lokführer. Also schickten wir an verschiedene Personalbüros der Deutschen Bahn in Bayern eine Nachricht an Günter. Der Brief muss für Außenstehende geheimnisvoll geklungen haben: „Wir erfuhren von Frau und Herrn H. aus München, dass Sie Lokomotivführer geworden seien, wovon Ihr Vater immer geträumt habe. Es wäre wunderbar, wenn Sie unsere Recherche um Ihre Erfahrung bereichern möchten." Da wir ja nicht wussten, ob dieser Brief in fremde Hände fallen würde, wagten wir nicht, ihn direkt auf seine Herkunft anzusprechen.

Wir hatten schon aufgegeben, uns Hoffnung auf eine Begegnung mit dem Mann von der Bahn zu machen, da klingelte das Telefon – sechs Wochen, nachdem wir den ominösen Brief abgeschickt hatten. Eine fröhliche Stimme sagte: „Grüß Gott, hier ist der Günter" – und jaja, gewiss, er spreche gern über sein Schicksal.

Nach diesem langwierigen Anlauf klappte die Zusammenarbeit dann wie am Schnürchen. Günter hatte größtes Vertrauen, dass wir Journalisten unser Bestes geben würden, um seine Geschichte wahrheitsgetreu zu erzählen. Am liebsten hätte er sie nicht mal gegengelesen: „Ihr wisst, was ihr tut." Dieses Gottvertrauen hatten andere nicht.

Vor den Kindern stehen meistens die Mütter. Manche von ihnen sind in nationalen, manche zumindest in nachbarschaftlichen Selbsthilfegruppen organisiert. Bei diesen Gruppierungen begannen wir mit der Recherche. Doch die Frauen haben nach jahrelanger Heimlichkeit ihr Misstrauen, völlig zu Recht, verinnerlicht. Es erstreckt sich in der Regel sogar auf den volljährigen Nachwuchs. „Ich glaube nicht, dass meine Tochter/mein Sohn reden will", hörten wir oft – und waren erleichtert, wenn nach langen Gesprächen eine Mutter sagte: „Na gut. Ich frag mal nach. Aber machen Sie sich keine Hoffnung."

Anna ist dafür ein Paradebeispiel. Von ihr hörten wir über die 32-jährige Frau eines Priesters. „Ich weiß von einer 15-Jährigen, die ist Tochter eines hohen Ordensmannes." Die Dame versprach, Annas Mutter anzurufen und die Telefonnummer des Reporters weiterzugeben.

Zwei Wochen später klingelte das Handy, am anderen Ende eine unsichere Frauenstimme. Sie könne ihren Namen nicht sagen, und ihre Tochter wolle sie da raushalten. Aber wir könnten uns in einer Pizzeria treffen. Sie werde da ab acht Uhr abends warten. „Heute noch?" Ja, heute noch. Zum Glück war der Reporter gerade bei einer Pfarrersfamilie in der Nähe.

Pünktlich um acht nickte in besagter Pizzeria eine Frau im verabredeten Outfit dem Reporter freundlich zu, ganz wie bei einem Blind Date. Anfangs war sie verschlossen wie eine Auster – nicht einmal ihren vollen Namen gab die scheue Frau preis. Zögernd erzählte sie ihre Geschichte: die Tragödie einer 13-jährigen heimlichen Beziehung, die endete, als sie herausfand, dass der Priester sie all die Jahre mit einer zweiten Frau betrogen hatte.

Etwas später nennt sie doch ihren Namen. Da hat sie auch schon von ihrer Therapie erzählt, die sie seit zwei Jahren macht. Wie Anna, ihre Tochter, all dies verkraftet habe? Die Mutter zögert. Ob man mit ihr sprechen könne? Reflexartige Abwehr: „Auf gar keinen Fall!" Wenn auch – sie überlegt – „vielleicht sollten wir uns noch mal bei mir zu Hause unterhalten. Vielleicht".

Viele Telefonate und Wochen später kam das Treffen zu Stande. Und siehe da: Anna war auch zu Hause. Die 15-Jährige war froh, jemandem ihre Geschichte erzählen zu können. Sie kramte sogar Tagebücher und Gedichte hervor: gereimte Hasstiraden auf ihren Vater oder Verse voller Sehnsucht nach einem „normalen Leben". Am Ende verfasste sie für den SPIEGEL-Artikel im Dezember 2002 einen höchst eindringlichen Text über ihr Leben, die Momentaufnahme einer Priestertochter in der Pubertät. Für das Buch wollte sie ein Jahr später nichts daran ändern, obwohl sich nach dem Artikel ihr Vater wieder bei ihr gemeldet hatte. „Wir kommen uns langsam etwas näher. Dabei würde Öffentlichkeit nur stören", sagt Anna. Zu dem Frustschreiben von damals stehe sie, „heute bin ich in der Auseinandersetzung aber weiter".

Von Christian erfuhren wir per Zufall bei Freunden aus Süddeutschland. „Auf meine Schule gingen auch zwei Priesterkinder“, prahlte einer in der Runde. „Eine Schulfreundin von mir hat einen geheiratet“, übertrumpfte ihn seine Freundin. Sie kicherte: „Er war ‚Son of a Preacherman‘ und sie angeblich das Ergebnis einer unbefleckten Empfängnis.“

„Christian“, meldete sich der „Preacherman Son“ ein paar Tage später. Er war freundlich und zuvorkommend, fand die Idee des Buches gut und hatte über sich einiges zu erzählen. Nach dem stundenlangen Interview kochte er für die Reporterin aus Hamburg und schickte uns Kopien des brisanten Briefwechsels zwischen ihm und seinem Vater, Belege einer Tragödie von Verleugnung und Verdrängung.

Doch als Christian sein Leben aufgeschrieben las, erschrak er. Er würde, mailte er, jederzeit gern unser Buch lesen. Aber seinen Fall sollten wir bitte herauslassen, ihn, seine Familie, seine Mutter – das ginge nicht, nein, nicht mal nach Anonymisierung aller Beteiligten. Im Übrigen, dieses öffentliche Jammern, „das bringt doch nichts“. Ob wir eigentlich wüssten, was wir da täten, wenn wir den Menschen so nahe kämen mit unseren Geschichten – wir hätten ja schließlich keine Therapiepraxis an der Hand, um sie aufzufangen, wenn sie mit der Veröffentlichung nicht zurechtkämen.

Christians Mail traf uns tief. Mit Wucht wurde uns bewusst, dass dieses Buch ein sehr sensibles Unterfangen war. Außerdem: Was, wenn noch andere beim Lesen der von ihnen selbst so freimütig erzählten Geschichten zurückschrecken würden? Maria etwa, die gegen ihren Willen ein Priesterkind hatte abtreiben müssen. Oder Christina, die mit zwei Vätern und einer Mutter aufgewachsen ist, in einer Dreierkonstellation also, die zwar nicht selten ist, aber zu der sich zu bekennen doch ungeheuer viel Mut kostet. Zumal ja außer Tochter Christina beide Väter – ihr biologischer, der Priester, und ihr „sozialer Vater“, der Ex-Mann ihrer Mutter – und natürlich ihre Mutter den Text freigeben mussten.

Es klappte. So wie auch Christian sich am Ende zu einer fragmentarischen Version seiner Lebensgeschichte durchringen konnte, so haben mehr als ein Dutzend Priesterkinder plus dazugehörige Geschwister, Mütter und oft auch Väter ihr Einverständnis gegeben. Jeder und jede sagte zu, obwohl sie enorm viel von sich preisgeben. Ihre Entschlossenheit und ihr Mut zeigen, wie wichtig es ihnen ist, endlich zu Wort zu kommen und ernst genommen zu werden. Manche können zwar auf Grund der Verhältnisse – etwa wegen des katholischen Arbeitgebers eines Elternteils – nur anonymisiert in Erscheinung treten, doch alle haben offen gesprochen und verantworten ihre hier abgedruckte Geschichte.

Ihr Zeugnis trägt zu einer fälligen Enttabuisierung bei: Denn fast zwangsläufig regt das Bekenntnis zu einer solchen Herkunft, die Nennung des Berufs ihres zur Enthaltsamkeit verpflichteten Vaters die Phantasie ihrer Mitmenschen an. Das Stigma von Priesterkindern hat Ähnlichkeit mit dem der „Kuckuckskinder" von Mägden anno dazumal, dem von Aids-Kranken und sogar dem von Kindern von Prostituierten: Jeder, der davon erfährt, denkt fast automatisch eher an Triebe denn an Liebe. Das wahre Drama dieser Menschen verschwindet dahinter. Ein französischer Priestersohn, der sich und seinen Vater letztes Jahr outete, hat dadurch den Zorn seiner Schwestern auf sich gezogen. Er leidet darunter, sagt aber: „Es musste sein. Endlich habe ich die zur Rechenschaft gezogen, die verantwortlich sind für unser Leid und unsere Schmach. Ich habe damit allein leben müssen, während mein Vater und seine scheinheilige Kirche ihr Ansehen gewahrt haben."

Wir haben alle 27 Bistümer angeschrieben und Fragen gestellt, angefangen mit harmlosen wie „Wie viele Priester gibt es derzeit in Ihrem Bistum?" bis hin zu „Wie viele Priester wurden seit 1960 Vater eines Kindes?" Von den 27 Bistümern antworteten 20 auch auf Nachfrage nicht. Besonders schroff wies uns die Pressestelle von Bischof Walter Mixa in Eichstätt ab: „Wir haben Ihre Anfrage zur Kenntnis genommen, sehen aber keinen Anlass, auf die gestellten Fragen näher einzugehen."

Dass unsere Recherchen in einer Sackgasse endeten, erlebten wir bei den von uns aufgesuchten Priesterkindern glücklicherweise nur ein einziges Mal. Die Geschichte der betroffenen Klerikertochter konnte am Ende nicht in unser Buch aufgenommen werden – ein Fall, der uns vergleichsweise harmlos erschienen war: Die Eltern – er Mönch, sie Nonne – hatten ihre Heimlichkeit weit vor der Geburt ihrer Kinder aufgegeben und danach geheiratet. Während wir in der Regel Priesterkinder beschreiben, die zumindest in den ersten Lebensjahren ihren Vater verschweigen mussten oder von ihm verschwiegen wurden, hatten die Kinder dieser Familie überall und immer „Papa" und „Mama" zu ihren Eltern sagen können.

In ihrem Fall hat aber offenbar dieser Umstand die Tragödie nicht gemildert, die fast immer entsteht, wenn Priester zu sehr lieben. Er, der Vater, hatte ein Leben lang der Kirche gezürnt, die seine Dienste als verheirateter Priester nicht mehr wollte. Mit seiner Unzufriedenheit hatte er seine Kinder schwer belastet. Manchmal warf er ihnen sogar vor, sie seien so „missraten", dass er sich wünsche, er wäre Priester geblieben.

Vielleicht war es daher von seiner volljährigen Tochter naiv anzunehmen, sie könnte in einem Buch ihr Schicksal erzählen und ihr Vater würde diese Darstellung absegnen. Statt seines Segens erhielten wir eine an den Chefredakteur gerichtete Beschwerde über die von uns zu Papier gebrachten Ausführungen seiner Tochter. Immerhin trugen wir offenbar zu einem neuen Familienzusammenhalt bei: Wir Reporter waren der gemeinsame Feind, der diese zerstrittene Kirchen-Familie wieder einte – das zumindest bescheinigte uns später verstohlen die Mutter.

Anmerkung der Autoren

Christina, Christian, Günter, Miriam, Simone, Thomas und die Eltern des Ungeborenen, Maria und Volker, porträtierte Annette Bruhns. Peter Wensierski porträtierte Anna, die Kinder von Bruno Ix, Catharinas Mutter, die Familie von Pfarrer Martin, Lenas Mutter und Anton Aschenbrenner.

Adressen von Initiativen

DEUTSCHLAND

Initiativgruppe der vom Zölibat betroffenen Frauen
Barbara Kremmer
Ederstraße 2
85077 Manching
Tel.: 08459 / 323945
und
Maria Leunissen
Lessingstraße 9
86720 Nördlingen
Tel./Fax: 09081 / 290382
E-Mail: zoelibat-Frauen@gmx.de
Homepage: www.zoelibat-Frauen.de

Vereinigung katholischer Priester und ihrer Frauen e. V.
Vorsitzender: Ernst Sillmann
Libellenweg 9
63741 Aschaffenburg
Tel.: 06021 / 46650
Fax: 06021 / 455116
E-Mail: e.sillmann@t-online.de
Homepage: www.vereine.nwn.de/vkpf

SCHWEIZ

ZöFra –Verein der vom Zölibat betroffenen Frauen
Gabriella Loser Friedli
Riaux 68
1746 Prez-vers-Noréaz
Tel.: 026 / 4701832
Fax: 026 / 4701208
E-Mail: zoefra@kath.ch
Homepage: www.kath.ch/zoefra

„Priester und Beziehungen"
Paul Jeannerat-Gränicher
Längenrüppstraße 58
3322 Schönbühl-Urtenen/BE
Tel.: 031 / 8593346
E-Mail: graenicher.jeannerat@gmx.ch
Homepage: www.kath.ch/priester-in-beziehungen

ÖSTERREICH

Anni und Hans Chocholka
Feldbacherstraße 1
8083 St. Stefan/R
Tel./Fax: 03116 / 81142
E-Mail: hans.chocholka@aon.at
und
Rosi und Herbert Bartl
Gewerbelagerweg 32-34/8
2345 Brunn/Gebirge
Tel.: 02236 / 35386
E-Mail: h.bartl@gmx.net
Homepage: www.priester-ohne-amt.org

Plattform „Wir sind Kirche"
Vorstand: Ing. Hans Peter Hurka
Mosergasse 8/7
1090 Wien
Tel.: 01 / 51551 / 31500
Fax: 01 / 51551 / 31509
E-Mail: hans-peter.hurka@gmx.at
Homepage: www.we-are-church.org/at

GROSSBRITANNIEN

Seven-eleven
Anne Edwards
PO Box 521
Coventry CV5 6ZH
E-Mail: a-edwards521@lineone.net

Sonflowers
West-Wing Drayton Manor
Drayton
Daventry England
NN11 5 EX
Tel.: 01327 / 79399

FRANKREICH

Plein Jour
c/o Temps Present
68, rue de Babylone
75007 Paris
Tel./Fax: 02 / 33734028
E-Mail: pleinjour@9online.fr
Homepage: www.plein.jour.free.fr

NIEDERLANDE

Internationale Föderation
verheirateter Priester
Lambert van Gelder
Archipelstraat 286
6524 LR Nijmegen
Tel.: 024 / 3233749
Fax: 024 / 3228305
E-Mail: gelder-lambert@planet.nl

Stichting Magdala:
vor vrouw en priester
Adrie de Jong
Maaseikstraat 28
5628 PZ Eindhoven
Tel.: 040 / 2421981
E-Mail: adr.jong@planet.nl
Homepage: www.magdala.nl

ITALIEN

„Donne Co-Si"
(COntro il SIlenzio)
Homepage: www.donne-cosi.org
E-Mail: donnecosi@tiscalinet.it

Italian Association
of Married Priests
Mauro Del Nevo, president
Via Abruzzi 6
57124 Livorno
Tel.: 0586 / 852001
E-Mail: vocatio@ticino.com
Homepage:
www.ticino.com/usr/alfag/vocatio